浙江金融职业学院中国特色高水平高职学校建设系列成果

（项目编号：20220125）

高校分为应用实践型和研究型两种，是根据社会的发展需要而确定的。将职业教育作为一个分支纳入学位教育的轨道是一种政治决策，需要提供相应的政策扶持，可以根据企业界代表、相关政府部门和高校的协商来选定和建立新的学习模式和体系。

——德国汉诺威应用科技大学法尔克•霍恩博士

应用型本科院校转型发展研究

张小敏　著

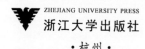

ZHEJIANG UNIVERSITY PRESS

浙江大学出版社

·杭州·

图书在版编目(CIP)数据

应用型本科院校转型发展研究 / 张小敏著. —杭州：
浙江大学出版社,2022.12
ISBN 978-7-308-23308-8

Ⅰ.①应… Ⅱ.①张… Ⅲ.①高等学校—教学研究
Ⅳ.①G642.0

中国版本图书馆 CIP 数据核字(2022)第 226113 号

应用型本科院校转型发展研究

张小敏　著

责任编辑	汪淑芳
责任校对	张培洁
封面设计	周　灵
出版发行	浙江大学出版社
	（杭州市天目山路 148 号　邮政编码 310007）
	（网址：http://www.zjupress.com）
排　　版	浙江时代出版服务有限公司
印　　刷	广东虎彩云印刷有限公司绍兴分公司
开　　本	710mm×1000mm　1/16
印　　张	18.25
字　　数	270 千
版 印 次	2022 年 12 月第 1 版　2022 年 12 月第 1 次印刷
书　　号	ISBN 978-7-308-23308-8
定　　价	75.00 元

目　录

第一章　在不确定性中寻找确定性

高等教育的功能在社会冲击中发生着演变，不同的社会经济发展阶段，形成了不同的高等教育功能和结构，历史上的工业革命和产业变革时代，都会对高等教育提出新的要求。欧美等发达国家会在高等教育系统、学术框架、专业设置和办学模式等方面进行调整，形成一个适应国家经济发展的高等教育新框架。新框架的形成一般涉及国家、政府、地区、高校、学生等利益相关者之间的博弈，通过博弈形成一个相对合理的高等教育新系统。

在工业革命浪潮冲击下，各个国家都特别重视应用型高等教育的推进。英国建立了"一元体制多元模式"的学位资格框架，增加基础学位、高等教育文凭和专业学位，打造了30所多科技术学院作为契合经济发展的应用技术型大学。美国的"加利福尼亚高等教育规划"便是著名的高等教育适应产业结构的行动计划。澳大利亚的TAF职业教育体系，突出技能培训，打造了"立交桥式"的职业教育体系。韩国建立了政府层面的职业培训体系。中国打造高等职业教育，以应对新科技、新技术的发展需求。中国特色的高等职业教育是以高等学校学历教育框架为基础，是基于经济社会发展需要和中国国情的选择，中国特色的高等职业教育重视融入产业、行业、企业、职业和实践五大要素[1]。为构建中国特色职业教育体系，国家进一步推行应用型本科转型发展策略，力图通过地方本科院校、新建本科院校推进"应用"建设。综观这些国家出台的应用型高等教育的政策目标，基本包括以下几个方面的内容：一是高等教育与经济和社会的适切性；二是高等教育为地方提供技能、知识

---

① 马树超.中国特色高等职业教育再认识[J].中国职业技术教育,2008(23):1-6.

转移和新的投资；三是高等教育为地方提供一种不同的文化生活。

在转型过程中，欧美国家的政策是"自上而下"和"自下而上"推动的，政府和学校之间有一个"中介"机构，负责转型发展期的质量保证和信息传达。比如英国的高等教育质量保障署、美国的高等教育基金拨款委员会。中国的政策推进以"省级统筹"为实施路径，试图通过"试点先行、示范引领"的模式打造应用型本科院校，从中央的宏观理念到地方的具体落实，其间有一个实施策略空间，这也说明应用型本科转型存在着"不确定性"要素，比如"应用型""应用学科专业"等关键办学概念的不确定，比如国家还没有在顶层设计中建立合适的学位体系框架，也没有建立分类的评价体系等。因此，新一轮应用型本科转型之际，国家给出了一个宏观理论导向，需要各省和试点院校根据区域发展和自身发展特点进行重构。

第一节　新中国高等教育结构调整政策推进的历史进程

一、新中国高等教育结构调整的3个历史阶段

新中国高等教育结构的演变，交织着经济、科技发展和国家政策驱动，特别是受到工业化进程的影响。中国的工业化进程基本上可以分为3个阶段：一是有计划的工业化阶段（1949—1978）；二是市场导向的工业化阶段（1978—2002）；三是新型工业化阶段（2000年后）。伴随着3个阶段，在国家政策的驱动下，中国高等教育经历了苏联模式专业教育阶段（1952—1984）、基础和应用并进阶段（1984—2008）和高等教育多元化趋势阶段（2010年至今）。

（1）苏联模式专业教育阶段。新中国成立初期，我国的高等教育还是承续欧美的普通教育模式，1952年国家对全国高等学校进行较大规模的院系调整，解决当时的高等教育结构不适应以"苏俄模式"为主的社会主义工业化发

展模式,即"实行计划经济,以重工业为主推进国家工业化"模式的问题。院系调整基于满足快速工业化、加快发展重工业及国防工业的需要。教育部出台《关于1952年全国高等学校院系调整的计划》文件。根据"以培养工业建设人才和师资为重点,发展专门学院和专科学校,整顿和加强综合大学"的方针,制定院系调整原则:一是高等教育"根据国家建设的整个计划和各地区的具体情况,有计划有步骤地开始进行全面或重点调整,预计两年内基本完成"。二是调整重点为"整顿与加强综合大学,发展专门学院,首先是工业学院"。三是效仿苏联高等学校类型调整我国的高等教育结构,分为综合大学(文理学科)和专门学院(按工、农、医、师范、财经、政法、艺术、语言、体育设置)两种。四是院系调整以大行政区为单位。高等教育的结构调整以满足重工业为先导的工业化发展需要为主,集中力量发展工科、师范和综合性大学的理科。大力发展高等工业学校,建设钢铁、地质、矿冶、水利等符合重工业导向工业化需要的专门学院,大力培养工业化急需的工程技术人才。在第一个五年计划时期,国家建设168个重大项目,这些项目的实施以及国家建设国防工业的需要,推动了理工科特别是工科人才的培养。到1978年,中国建立了比较完整的工业体系和国民经济体系,高等教育应用型理工科人才培养发挥了独特的作用。清华、交大、浙大、哈工大等一大批工科高校及一批地方工科学校为工业化推进提供了强有力的人才支撑。这个时期高等教育结构调整按照计划经济的逻辑加以推进,是"自上而下"的政策推进过程。苏俄模式高等教育体系具有局限性,依托行业管理的高校,按照工业化及行业发展需要设置专业,"学科逻辑"被"应用逻辑"和工具理性严重抑制,"通识教育"被专业教育取代,财经、政法等人文社会科学学科受到严重削弱,专业设置过细导致通才培养的缺失,人才虽有一技之长却适应面狭窄,更缺乏创新创造的能力,财经等服务类型人才的缺乏影响了第三产业的发展。

(2)市场导向工业化中的高等教育精英与大众化。1978年党的十一届三中全会确定改革开放政策,经济体制向市场导向转变,市场机制推动工业化从重工业转向重、轻工业同步发展,也驱动农业和第三产业的快速发展。管理权力的下放和区域经济的竞争,推动工业化从"行业工业化"向"区域工业化"转变,高等教育管理从中央集权向中央与地方分级管理、分级负责转变,轻工业和服务业的发展,特别是大量中小企业的产生,以及市场流通领域的扩展,对高等教育人才的需求规模不断扩大,人才类型更需多样化。这个阶段有3个关键性政策推动高等教育发展。第一,1985年5月27日,中共中央公布《中共中央关于教育体制改革的决定》,提出关于高等教育改革的八大方面。一是改革高等学校招生计划和毕业生分配制度。二是扩大高等学校办学自主权。三是实行中央、省(自治区、直辖市)、中心城市三级办学的体制。四是高等教育结构要根据经济、社会和科技进步需要进行调整和改革。五是建设中的学科发挥科研优势。六是改革教学内容、方法和教学制度。七是改革人民助学金制度。八是高等教育后勤服务工作社会化。这扩大了高校自主权,使高校开始积极适应当地经济和社会发展需要,调整专业设置,积极发展应用性学科①。如江苏省高校在科技情报工程、应用物理、应用数学、应用电学、观赏园艺、食品加工、淡水养殖等数十种短缺专业上加以发展,并建立起一批新兴学科,包括环境化学、环境生物学、环境监测、环境工程、生态学、生物化学、信息工程、生物医学工程与仪器专业等。上海高校新建了一批短缺、新兴、交叉学科和专业,包括生物工程、信息科学、审计学、国际新闻、经济法、对外汉语等,以及一批契合第三产业的专业,例如服装工程、食品工艺、保险学、税务等。第二,1993年2月13日,中共中央、国务院正式颁发了《中国教育改革和发展纲要》,第一次明确提出建设教育的基本原则。1994年全国教育工作会议,进一步贯彻《中国教育改革和发展纲要》中提出的教育体制改革,扩大高校自主办学权。到1996年8月北戴河高等教育管理体制改革工作座谈会,基本形成了"共建、调整、合作、合并"体制改革八字方针。1998年底,全国已有31个省区市、50多个部委参与了改革,涉及高校648所,主要有"合并、共建、划转、合作、协作"五种改革形式。具体来看,合并:全国248所高校(其中成人高校49所)合并调整为102所普通高校,形成一大批文、理、工、农、医各大学科门类齐全的综合性大学,如浙江大学、扬州大学、延边大学等。共

---

① 郝维谦,等.中华人民共和国高等教育史[M].北京:新世界出版社,2011:433.

建:包括中央部委与省、中央部委与市、省与市、部与部、省与市与部共建,共有 182 所。划转:全国有 9 所中央部属高校划转地方,8 所省属高校由厅局划转省教委,72 所成人高校划转地方管理。合作:全国有 229 所高校开展校际合作办学,形成 163 所合作办学体,总计 373 校次。协作:全国 217 所高校与企事业单位开展各种形式协作办学,参与企业近 5000 家,有百所高校成立了校董事会。经过改革,全国高校从 1994 年的 1680 所减至 1022 所。调整结构后的高等教育还开展了修订专业目录、调整专业结构,并开始实施"211 工程"和创建一流大学。大学科技产业迅速发展,1997 年,全国高校科技企业有 1558 个,年销售额为 184.9 亿元,利润总额 18.20 亿元。高校科技企业年收入超过 5000 万元的有 35 家,超过 1 亿元的有 1 家。校办高科技企业在沪、深两市上市的公司有 9 家。

(3)新型工业化与高等教育多元化趋势阶段。1999 年 1 月 13 日,国务院批准教育部《面向 21 世纪教育振兴行动计划》,与 1993 年发布的《中国教育改革和发展纲要》相衔接,是跨世纪的教育规划,其总目标是:到 2000 年,高等教育毛入学率达到 11% 左右;瞄准国家创新体系的目标,培养造就一批高水平的具有创造力的人才;加强科学研究使高校高新技术产业为培育经济发展新的增长点做贡献;深化改革,建立起教育新体制的基本框架,主动适应经济社会发展。到 2010 年,高等教育规模有较大扩展,入学率接近 15%,若干所高校和一批重点学科进入或接近世界一流水平;基本建立起终身学习体系,为国家知识创新体系以及现代化建设提供充足的人才支持和知识贡献。该文件特别提出要积极发展高等职业教育,除对高等专科学校、职业大学和独立设置的成人高校进行改革、改组和改制,并选择部分符合条件的中专改办发展成高等职业教育院校外,部分本科院校可以设立高等职业技术学院。挑选 30 所现有学校建设示范性职业技术学院,发展非学历高等职业教育,逐步研究建立普通高等教育与职业技术教育之间的立交桥。

这段时期的高等教育主要表现为规模扩大,大批学校实现合并、升格以及高等职业教育实现独立发展,高等教育的"学科逻辑"与"应用逻辑"均得到较充分的发展,以满足经济快速发展对各类人才的广泛需求。一方面,基于

"学科逻辑"的综合性大学得到长足发展;另一方面,基于"应用逻辑"的学校与专业设置超越了前期限于工科、师范等专业的限制,财经、政法等其他应用类专业得到快速发展。同时,高等职业教育随着中小企业的活跃而如日中天,满足中小企业乃至诸多大中型企业对技术技能人才的需要,高等职业教育占据高等教育的半壁江山。高等教育为经济持续接近两位数的增长提供了重要的人才支撑,特别是应用型人才的支撑。随着对外开放,欧美高等教育理念传入,通识教育受到重视,一些综合性大学学科得到全面发展,与其他高校大幅拉开距离。

这个阶段的主要问题是经济规模扩张对人才需求量扩大后,特别是2002年全国高校大规模扩招导致学校设置与升格的冲动,高校发展只注重规模扩张而忽视应用与特色发展,"985""211"项目的实施,加剧地方为争夺资源而进行同质化的竞争,追求学校的规模与学科门类的大而全。总体而言,这一阶段高等教育内在结构的调整、自身的发展及其人才培养,大体上与经济社会发展的需要相适应,只是对应用型人才的需求尚未得到充分满足,特别是高层次、高水平应用型人才不足。

二、高等教育多元化倾向及其相关政策

在新型工业化背景及"互联网＋"背景下,经济转型升级,从投资驱动转向创新驱动。高等职业教育提供的技术技能人才不能满足新型工业化和创新驱动战略对应用型人才的需求,一大批新兴本科高校存在人才培养模式趋同、学生的实践能力和应用能力不足等问题。2008年8月起,国务院科技教育领导小组启动研制2020年教育发展规划纲要工作,2008年和2009年,高等教育界开展了"建设高等教育强国"的重大研究,2010年7月8日,中共中央、国务院颁布《国家中长期教育改革和发展规划纲要(2010—2020年)》,到2020年,高等教育的毛入学率达到40%。新增劳动力平均受教育年限由

12.4 年提高到 13.5 年①。高等教育的发展任务有 5 个方面:第一,全面提高高等教育质量;第二,提高人才培养质量;第三,提升科学研究水平;第四,增强社会服务能力;第五,优化结构办出特色。该文件对优化高等教育结构提出"重点扩大应用型、复合型、技能型人才培养规模,加快专业学位研究生教育"的要求。强调建立高校分类体系,实行分类管理,发挥政策指导和资源配置的作用,引导高校合理定位,克服同质化倾向,在不同层次、不同领域办出特色,并提出要建立"中等和高等职业教育协调发展的职业教育体系"。2012年开始,相继出台《教育部关于"十三五"时期高等学校设置工作的意见》《教育部关于印发〈普通高等学校本科专业目录(2012 年)〉〈普通高等学校本科专业设置管理规定〉等文件的通知》等文件,加强优化高等教育结构。目前,我国已基本形成了以硕士学位为主,博士、硕士、学士 3 个学位层次并存的专业学位教育体系。硕士层次专业学位有金融硕士等 40 种,博士层次专业学位有口腔医学等 5 种,学士层次专业学位有建筑学 1 种②。教育部、人力资源社会保障部《关于深入推进专业学位研究生培养模式改革的意见》提出:一是明确改革目标。以职业需求为导向,以实践能力培养为重点,以产学结合为途径,建立与经济社会发展相适应、具有中国特色的专业学位研究生培养模式。二是改革招生制度。积极推进专业学位与学术学位硕士研究生分类考试、分类招生。三是完善培养方案。培养方案应合理设置课程体系和培养环节,加大实践性课程的比重。鼓励培养单位结合区域经济社会发展特点和自身优势,制订各具特色的培养方案。培养方案的制(修)订工作应有相关行(企)业专家参与。四是改进课程教学。着重考察研究生运用所学基本知识和技能解决实际问题的能力和水平。五是加强实践基地建设。培养单位应积极联合

---

① 国家中长期教育改革和发展规划纲要(2010—2020 年)[EB/OL].(2010-08-02)[2020-10-15].http://www.moe.gov.cn/jyb_xwfb/s6052/moe_838/201008/t20100802_93704.html.

② 教育部 人力资源社会保障部关于深入推进专业学位研究生培养模式改革的意见[EB/OL].(2013-11-13)[2018-10-15].http://www.moe.gov.cn/srcsite/A22/moe_826/201311/t20131113_159870.html.

相关行(企)业,建立稳定的专业学位研究生培养实践基地。共同建立健全实践基地管理体系和运行机制,明晰各方责任权利。六是强化学位论文应用导向。培养单位应根据各专业学位研究生教育指导委员会意见,分类制定专业学位论文标准,规范专业学位论文要求。专业学位论文应与学术学位论文分类评阅。七是推进与职业资格衔接。推进专业学位研究生培养内容与特定职业人才工作实际有效衔接……十是完善质量保障体系。国家按专业学位类别(或领域)制订博士、硕士专业学位基本要求,建立与特定职业岗位要求相适应的质量评价标准。十一是鼓励开展联合培养。这个阶段高等教育发展从量的扩张转向质的提升,一方面在"学科逻辑"下推动世界一流大学和一流学科建设,为国家培养拔尖创新人才;另一方面加强"应用逻辑"高校建设,推动新建本科高校向应用型转变,开始推进高等职业教育质量提升工程,提出"职业教育高地"建设和"职业技术本科"建设试点规划……截至2019年,全国各类高等教育在学总规模4002万人,高等教育毛入学率51.6%。全国共有普通高等学校2688所(含独立学院257所),比上年增加25所,增长0.94%。其中,本科院校1265所,比上年增加20所;高职(专科)院校1423所,比上年增加5所。全国共有成人高等学校268所,比上年减少9所;研究生培养机构828个,其中,普通高等学校593个,科研机构235个。普通高等学校校均规模11260人,其中,本科院校15179人,高职(专科)院校7776人。[①] 2021年1月,教育部印发《普通高等学校本科教育教学审核评估实施方案(2021—2025年)》,对"十四五"新发展阶段普通高等学校本科教育教学审核评估工作做出整体部署和制度安排。该方案主动适应高等教育普及化阶段多样化发展需求,依据不同层次不同类型高校办学定位、培养目标、教育教学水平和质量保障体系建设情况,提出以评估分类引导科学定位的办法。采

① 2019年全国教育事业发展统计公报[EB/OL]. (2020-05-20)[2021-11-07]. http://www.moe.gov.cn/jyb_sjzl/sjzl_fztjgb/202005/t20200520_456751.html.

取柔性分类方法,提供导向鲜明的两类四种"评估套餐"由高校自主选择①,第一类审核评估针对具有世界一流办学目标、一流师资队伍和育人平台,培养一流拔尖创新人才,服务国家重大战略需求的普通本科高校。重点考察建设世界一流大学所必备的质量保障能力及本科教育教学综合改革举措与成效。第二类审核评估针对高校的办学定位和办学历史不同,具体分为三种:一是适用于已参加过上轮审核评估,重点以学术型人才培养为主要方向的普通本科高校;二是适用于已参加过上轮审核评估,重点以应用型人才培养为主要方向的普通本科高校;三是适用于已通过合格评估五年以上,首次参加审核评估、本科办学历史较短的地方应用型普通本科高校。第二类审核评估重点考察高校本科人才培养目标定位、资源条件、培养过程、学生发展、教学成效等。

　　至此,高等教育开始走向多元、开放,不同层次、类型高校在新型工业化进程中承担不同的分工。这个阶段的应用型,既不同于第一阶段专业细化、突出工程技术,也不同于第二阶段着力推进高等职业教育和培养技术技能人才。"互联网+"和新型工业化赋予应用型以新的内涵和特征。教育部也开始倡导新工科、新文科,工科的应用型内涵进一步扩展、充实,新的文科增强其应用性,而不局限于传统文科特别是人文教育,新工业化、新兴商业模式的不断涌现,互联网、人工智能、大数据、电子商务、新商业模式、新商业形态、文化创意产业的发展,拓展了应用型的边界,更多体现为学科交叉与融合,为应用型本科转型提供了广阔的空间和舞台。中国高等教育的"学科逻辑"与"应用逻辑"走向平衡,也为中国高等教育走向结构合理、充满活力提供了广阔的前景。可以预见,在一流大学不断走向世界前列的同时,一大批应用型本科院校也将走向新型大学,具有创新活力的职业技术本科也将为科技发展提供强大人力支撑,助力高等教育多元发展格局的形成。

---

① 教育部关于印发《普通高等学校本科教育教学审核评估实施方案(2021—2025年)》的通知[EB/OL].(2021-02-03)[2021-11-15].http://www.moe.gov.cn/srcsite/A11/s7057/202102/t20210205_512709.html.

第二节　应用型本科院校转型发展动因和政策驱动

一、新一轮应用型本科院校转型的动因

1. 高等教育规模扩张和同质化趋势

中国高等教育从 1999 年开始扩大规模,到 2017 年,根据教育部统计结果,全国各类高等教育在学总规模达到 3779 万人,高等教育毛入学率达到 45.7%。全国共有普通高等学校和成人高等学校 2895 所,其中,普通高等学校 2613 所(含独立学院 265 所),成人高等学校 282 所。普通高校中本科院校 1243 所,高职(专科)院校 1388 所。普通高等教育本专科在校生 2753.59 万人,普通高等学校校均规模 10430 人,其中,本科学校 14639 人,高职(专科)学校 6662 人。① 1999 年之后成立或升格的本科院校 427 所,独立学院 265 所,新建本科院校占全国普通本科院校的 72.1%。高等教育规模扩大的同时,中国高校也出现了同质化和学术漂移现象。主要表现在几个方面:一是学科专业设置追求"大而全",原有一批具有鲜明专业特色的院校被弱化,像汉语言文学、法学、计算机、英语、财经、会计等专业几乎成了所有高校必然开设的专业,丝毫不能凸显学校自身的办学特色和竞争优势②。二是许多地方本科院校或新建本科院校"忙"着"升大学",高职院校"忙"着"升本"。三是学术本位的评估标准促使院校趋同。"本科院校设置标准""本科教学水平评估"和"学

---

① 2017 年全国教育事业发展统计公报[EB/OL]. (2018-07-19)[2020-10-15]. http://www.moe.gov.cn/jyb_sjzl/20180719_343508.html.

② 何青颖,刘寒雁.高等教育同质化发展的危害及对策[J].教育探索,2011(12):81-85.

科评估"等,基本是以学术本位建立的评估体系。比如教育部印发的《普通本科学校设置暂行规定》的通知(教发〔2006〕18号)规定:称为大学的应拥有3个以上学科门类作为主要学科,每个主要学科门类中的普通本科专业应能覆盖该学科门类3个以上的一级学科①。因此,院校在实际办学中出现了一些"千校一面"的现象,按现有分类法计算出的综合大学、理工院校、农业院校、林业院校、师范院校、政法院校的开设学科门数都在8门以上,即学科覆盖面达到72.73%②。

2. 地方本科院校的发展存在院校自身无法解决的难点

我国应用型本科的提出始于20世纪90年代,最初是从探讨应用型人才培养定位开始的。随着我国高等教育大众化进程的推进,一批地方专业性院校和新建本科院校随之产生。潘懋元先生在高等教育分类研究中把这些院校与联合国的"国际教育标准分类法"相对应,即将对应教育标准分类中的5A2类型定义为"应用型本科"。这批院校在发展过程中由于面对同一的学术本位的评价体系,因此出现了定位模糊、目标不适切、人才培养模式与传统大学趋同等问题,被称为传统大学的"压缩饼干",毕业生就业率低,2011年的初次就业率仅为75.8%,是三类高校中最低的。这些问题导致这批院校处于"上不着天,下不着地"的境地。2013年,应用技术大学(学院)联盟、地方高校转型发展研究中心发布了《地方本科院校发展实践与政策研究报告》,报告提出地方本科高校面临八大问题:①办学定位趋同,盲目按照惯性思维发展;②学科专业无特色,与地方产业结构脱节;③人才培养"重理论、轻实践",人才培养体系不完善;④科学研究"重科学、轻技术",服务地方经济发展能力低;⑤师资队伍"重学历、轻能力",教师专业实践能力低;⑥办学经费短缺,实践教学硬件条件明显不足;⑦产学研合作教育不深入,企业参与合作育人缺乏

---

① 教育部关于印发《普通本科学校设置暂行规定》的通知[EB/OL]. (2010-06-02)[2020-10-17]. http://www.moe.gov.cn/s78/A03/ghs_left/s181/201006/t20100602_88612.html.

② 刘向东,吕艳.高等学校分类的实证研究——基于75所教育部直属高校和19所地方共建高校的分析[J].清华大学教育研究,2010,31(4):45-51.

必要保障;⑧新建本科院校及独立学院问题更加突出。① 报告进一步提出:地方本科院校的发展存在院校自身无法解决的难点。

二、新一轮应用型本科院校转型的政策驱动

1. 应用型本科院校转型的政策驱动

基于上述动因,国务院、教育部等根据调研情况,结合目前经济社会发展对人才的需求,借鉴高等教育发展过程中国外高等教育结构调整的经验,出台了系列政策,推动应用型本科转型。

2014 年 6 月,国务院召开全国职业教育工作会议,对引导地方普通本科高校转型发展做出战略部署,印发《关于加快发展现代职业教育的决定》,提出:"引导普通本科高等学校转型发展。采取试点先行、示范引领等方式,引导一批普通本科高等学校向应用技术类型高等学校转型,重点举办本科职业教育。独立学院转设为独立设置高等学校时,鼓励其定位为应用技术类型高等学校。建立高等学校分类体系,实行分类管理,加快建立分类设置、评价、指导、拨款制度。招生、投入等政策措施向应用技术类型高等学校倾斜。"②教育部等六部门联合印发《现代职业教育体系建设规划(2014—2020 年)》,进一步提出:"推进高等学校分类管理。建立高等学校分类体系,探索对研究类型高校、应用技术类型高校、高等职业学校等不同类型的高等学校实行分类设置、评价、指导、评估、拨款制度。鼓励举办应用技术类型高校,将其建设成为直接服务区域经济社会发展,以举办本科职业教育为重点,融职业教育、高等

---

① 地方本科院校转型发展实践与政策研究报告[EB/OL]. (2013-10-11)[2020-11-15]. http://gjs.xxu.edu.cn/info/1011/1075.html.

② 国务院关于加快发展现代职业教育的决定[EB/OL]. (2014-05-02)[2019-10-14]. http://www.moe.gov.cn/jyb_xxgk/moe_20140622.

教育和继续教育于一体的新型大学。"①2015 年 11 月,教育部、国家发改委、财政部联合印发《关于引导部分地方普通本科高校向应用型转变的指导意见》,提出要采取试点先行、示范引领等方式,确定一批有条件、有意愿的试点高校率先探索应用型(含应用技术大学、学院)发展模式,充分发挥评估评价制度的导向作用,以评促建、以评促转,使转型高校的教育目标和质量标准更加对接社会需求、更加符合应用型高校的办学定位。②

2. 转型政策文本分析

关于新一轮应用型本科转型,从政策文本分析,转型的动因是解决高等教育结构性矛盾突出问题,适应经济结构深刻调整,特别是根据产业升级、社会文化建设不断推进和创新驱动发展战略实施过程中的社会需求,增强地方高校为区域经济社会发展服务的能力、为行业企业技术进步服务的能力、为学习者创造价值的能力。转型的着力点是"破解转型发展改革中顶层设计不够、改革动力不足、体制束缚太多"等突出问题。转型的基本思路是坚持"顶层设计、综合改革;需求导向、服务地方;试点先行、示范引领;省级统筹、协同推进"。转型目标是"把办学思路真正转到服务地方经济社会发展上来,转到产教融合校企合作上来,转到培养应用型技术技能型人才上来,转到增强学生就业创业能力上来,全面提高学校服务区域经济社会发展和创新驱动发展的能力""以服务新产业、新业态、新技术为突破口,形成一批服务产业转型升级和先进技术转移应用特色鲜明的应用技术大学、学院"。关于新一轮应用型本科转型,教育部发展规划司前副司长陈锋认为,应用型本科的转型是指"将应用技术型高校建立成为直接融入技术进步过程和产业链价值创造过

---

① 教育部等六部门关于印发《现代职业教育体系建设规划(2014—2020 年)》的通知[EB/OL].(2014-06-23)[2019-10-15]. http://www. moe. gov. cn/srcsite/A03/moe20140623.

② 教育部 国家发展改革委 财政部关于引导部分地方普通本科高校向应用型转变的指导意见[EB/OL].(2015-11-13)[2019-10-18]. http://www. moe. gov. cn/srcsite/A03/moe_1892/moe_630/201511/t20151113_218942.html.

程,和地方、行业、企业共同成长的新型大学"①。这就意味着我国对应用型本科的认识超越了过去的观念,开始倾向于把应用型本科建设成一种符合时代发展的新型大学模式。

第三节 应用型本科院校转型发展核心问题和关键环节

一、应用型本科院校转型发展面临的问题

从"转型"的实践层面分析,在各级政策推动下,全国目前已有300多所应用型本科转型试点院校,试点院校都有转型方案和规划。但是,在各省统筹应用型本科转型政策实施过程中,围绕着转型实践产生的问题还是很多,关于转什么、怎么转、转到哪里去等问题仍然有不少认识误区,在概念和内涵上还缺乏明确的指向。

从国家层面分析,主要问题集中在两个方面:第一,对应用型本科转型试点的落脚点理解不同,目前全国15个省(区、市)地方本科高校转型方式主要有专业转型、二级学院转型和高校整体转型三种。采取高校整体转型单一方式的有8个省(区、市),比重近六成;采取高校整体转型与专业(集群)转型相结合的方式的有5个省(区、市),比重超三成;还有一个市(上海市)选择专业转型方式,吉林省选择整体、专业、二级学院结合方式②。第二,缺乏适切的应用型本科评价体系,国家政策中对应用型本科的定位、办学目标等虽然有明

① 陈锋.关于部分普通本科高校转型发展的若干问题思考[J].中国高等教育,2014(12):16-20.

② 张伟,徐广宇.政府视域下地方本科高校转型发展方式与推进路径[J].教育与职业,2016(10):6-10.

晰的表述,但是没有出台应用型本科分类评价的配套措施,导致转型院校面对多种不同取向的评估,影响转型发展进程。

从省级层面分析,根据"试点先行、示范引领,省级统筹、协同推进"的原则,各省份在具体的试点实行中仍然遇到很多问题。问题一:对应用型本科转型试点院校的界定不同。目前我国对应用型本科的办学实体认定包括地方普通本科院校、独立学院和民办学院,这些院校办学历史短,大部分是1999年后升格为本科,一部分地方院校办学时间长些,一般是20世纪80年代从专业学院扩建成多科技术学院。但也有些省把百年名校也列入其中。问题二:如何对应用型本科转型院校进行业绩考核?认知模糊导致各省没有明确的对转型院校的评价体系。问题三:缺乏适切的应用型本科评价体系。比如浙江省对转型试点示范院校的中期检查,在每一项一级指标中都加设了创新指标,而对于转型中的关键概念,如"什么是应用型专业?""'双师双能'型师资是怎样的?""应用研究和服务如何定位?"等等,没有明确的概念界定和评价标准。

这些问题集中到具体的院校,表现为在转型中更复杂的问题。问题一:多重评价体系的冲突;问题二:转型中的关键概念没有明确的概念界定和评价标准;问题三:产教融合是应用型本科转型的关键,在应用学科专业建设、应用型师资建设和应用研究协同创新中起着纽带作用,但目前缺乏长效机制和法定环境等。以两所不同起点的应用型本科院校为例。一所是20世纪80年代升本的地方科技院校,学校于1984年作为浙江省中德合作项目签订双方政府协议。根据协议要求,中方接受德方资助,学校学习借鉴德国举办应用科学大学的经验,创办具有中国特色的培养高层次应用型人才的现代化高等学校,30余年来形成了"德国模式,中国特色"的应用型本科高校办学特色。学校已于2013年1月通过硕士学位授予单位整体验收,现有3个硕士学位授权一级学科。这类学校面临的是如何在做精做强原有办学特色的基础上,探索具有专业硕士、博士授予权的应用技术大学。这类高校在新一轮应用型本科发展中思考更多的是如何"建设"新型大学的问题,学校内部对此转型的争论也比较多。主要纠结在:(1)值不值得"转"?在人们的习惯认识中,普通教育与职业教育有"尊卑"之别,不少本科院校怕"职业教育"的提法降低了办学层次,甚至出现"转型就是本科回专科"的谣传。(2)愿不愿意"转"? 前些年,高校习惯以"升格"为荣,面对理性回归的要求,难以说服与动员教职工,教师层面的不解与抵触也比较强烈。(3)"转"得过来吗? 职业教育的办学成本要高于普通教育,职业教育强调的实践学习不仅对实验实训的设施要求较高,对课程、教学以及师资都有新的要求,本科院校需对已有师资与课程如何转身进行思量。(4)学生愿不愿意来? 目前家长对孩子的期待有些偏高,学生专业选择时的倾向与就业形势有些脱节,是迁就家长学生还是服务产业与经济市场? 从调研情况看,转型试点院校对什么是应用型本科没有明晰的认识,大部分人认为是把应用型本科与高等职业教育相结合,因此表现出抵触、不理解、不愿转型等态度。另一所是 21 世纪初升格本科的地方高校,是第一批应用型本科转型试点示范学校。该校对应用型本科转型问题认识明显不同于前所学校,表现在 3 个方面:①对转型持积极态度,以入选省级应用型本科试点示范院校为荣;②认为转型的目标还是"建设",即建设成契合国家政策推动中的应用型本科大学,需要在实践中探索和创新学科专业发展、产学合作模式、"双师双能"型师资队伍建设;③对转型中的质量保证持科学态度,期望通过学生学业评价、实践环节的效能、协同创新的效益等调研和测评,推动应用型本科转型发展。由此可看到,这类院校对应用型本科转型不再持犹豫观望态度,问题也不再局限在"要不要转""转型会不会倒退"等问题上,而是集中在对应用型本科转型提出的"四个度"的探索和实践上,即:高校人才培养与地方经济社会发展需要的契合度,高校为地方经济社会发展的贡献度,毕业生对自身职业发展现状的满意度,用人单位对学生的满意度[①]。总体来说,在转型建设过程中,突出的问题表现在 3 个方面:①"应用型学科专业"如何界定? 是否从高等教育学科专业分类去界定? 如何遵循政策导向中的

---

① 浙江省教育厅 浙江省发展和改革委员会 浙江省财政厅关于积极推进更多本科高校加强应用型建设的指导意见[EB/OL]. (2021-10-07)[2021-11-19]. http://www.zjedu.gov.cn/news/142966928014060606.html.

对接区域产业设置专业？②"双师双能"型师资的概念如何界定？如何突破"双师"浮于"双证"的困境？如何使"双师双能"型师资建设落到教学中？③应用型本科的"校企合作、协同创新"如何与传统大学及高职院校相区别？优势在哪里？"产学研合作协同创新"平台作为衡量应用型本科院校发展水平的重要组成部分，如何评价？与应用型本科人才培养关系如何？

上述问题表明，国内对应用型本科缺乏统一的认知。关于应用型本科研究，国际上没有通用的名称，目前有"应用科学大学""应用技术大学""多科技术学院""新大学"等类似名称，国内目前以"地方大学""新建本科院校""独立学院"为代表，归入"应用型本科"，共同之处是要求这些大学与经济发展接轨，承担高等教育规模扩大后的结构调整重任。按照德国学者 Hendrik Lackner 的论述："应用科学"在高校中没有做出详细界定，是一个类似于普通条款的上位概念，具有不确定性，需要对它进行价值补充①。国内研究界以分类理论分析了应用型本科的合理性，但缺乏分类应用研究，比如分类标准和评价等。因此，在缺乏系统理论支撑和明确界定标准的情境下，应用型本科是个行走的矛盾体，类似"高等职业教育"命题，需要院校根据契合经济发展原则进行实践创新，实现"价值补充"。

基于诸多不确定性因素，国家层面试图通过"试点先行，示范引领"的办法解决这些问题，使部分高校成为转型示范，引领应用型本科转型的标准建设，科学合理地引导转型。那么，这些院校在缺乏系统理论指导、概念模糊的前提下，如何融合政策导向和院校自身发展需求实现转型发展呢？面对应用型认知模糊、适切性评价体系缺失问题，各院校应在办学实践中重构应用型认知体系、创立新的机制和制度，在政策策略空间中转型为应用型大学。

---

① HENDRIK LACKNER.应用科学大学 50 年：德国应用型高校的成功模式及其发展前景[J].应用型高等教育研究，2019,4(2):1-9.

二、研究方法和技术路线

　　基于上述情境,本书的研究问题以探究性、描述性和"过程性"为主,一类是根据研究主题设计的,比如:转型政策背景下的应用型本科院校内涵和指标要求是什么? 应用型本科转型试点示范院校学科专业发展的现状如何? 传统大学的协同创新主要以科技创新、学科建设为主,高职院校目前主要提供校企合作技术创新平台,应用型本科的校地合作产学研平台(育人、研发创新)如何定位? 还有一类是根据案例院校的具体情景设置的,如:学院如何认证和评估应用型专业? 学院是如何评定应用型课程和课程团队的? 传统的学科知识体系课程结构如何转型? 例如财务管理专业在本科院校和高职院校均有设置,应用型本科在财务管理专业设置和建设中,是如何与传统本科和高职院校区别的? 应用型教师如何评价和管理? 学院如何开展"双师双能"型师资建设和培养?

　　本著作资料收集路径分以下几种:一是文本收集;二是问卷访谈;三是目的性选择抽样访谈。由于应用型本科转型中政府决策是主要因素,因此本著作中访谈以学校政策推动者和执行者层面为主,主要关注转型发展中新的认知和成效,主线是办学内涵指标建设,访谈对象以学校决策部门、行政管理部门和学科专业带头人为主。教师个体和学生层面的访谈有可能涉及,但不是最关键的认证因素。因为在应用型本科转型过程中,普通教师会受本人学科教学的认知局限而对要不要转型缺乏系统认识,或者因对转型没有宏观的认知而反对转型,这些思考虽有价值,但不是本著作的主要内容。本著作设计了 6 份调研访谈问卷,分别是"应用型本科转型建设中的问题调研问卷""应用型本科转型中的评估问题访谈提纲""中期检查导向性评估体系关键指标调研提纲""应用型本科转型专业建设访谈提纲""应用型本科转型师资建设访谈提纲""应用型本科转型'应用研究与社会服务'建设访谈提纲",访谈问题34 个,访谈人员从院校领导到中层行政管理者、二级学院院长、专业带头人、课程团队负责人和"双师双能"型教师等,分析试点示范院校如何破解难题,建立应用型本科转型的新认知和新实践。

　　本著作采用案例研究的方法,案例研究可以根据研究问题和研究情景采用相应资料搜集策略[①]。有学者根据案例研究的不同目的,将案例研究分为发展理论和评估政策两类。本著作是探究应用型本科院校转型发展,属于发展理论类,这类案例研究一般采取定义研究问题、挑选案例、确定研究工具——进入现场、收集数据和资料——分析资料——形成假设——进行文献比较——得出结论的流程[②]。本著作选取单一研究的多案例方式,对同一问题以试点示范院校的案例分析,提高研究的建构效度,并采取不同证据来源的方式进行研究。

　　本著作侧重于组织转型的技术路线,在教育组织中"技术"功能覆盖教学的实际过程,即应用型本科的内涵建设、关键指标的变化和院校办学机制的变化等。研究对象锁定在 2015 年政策推进中的示范院校,分析示范院校的转型措施、转型中内涵建设呈现的新特征、转型成效因素和趋势。从组织理论的角度,根据帕森斯的观点,"在特定的具体情境的条件下,就系统的目标而言,价值使必须实施价值的主要功能运行模式合法化"[③]。价值除了使目标类型及其高于一切的地位合法化外,还会使各种相当具体的子目标和运行程序合法化,以利于这些目标的实现。因此,转型中的示范院校需要解决核心价值问题,即"认知模糊和评价体系的缺失"。在省域高等教育系统中研究应用型本科院校转型,可以构建以下分析框架:

　　转型——核心价值——合法化——子目标运行程序的合法化——实现转型目标。

　　政策驱动的应用型本科转型中,存在两个核心价值:一是政策驱动的目标导向;二是应用型本科院校的自身发展需求。从高等教育哲学层面分析,

---

　　① JOHANSSON ROLF. Case Study Methodology [C]. A key notespeech at the International Conference "Methodologies in HousingResearch" organised by the Royal Institute of Technology Incooperation with the International Association of People-Environment Studies,Stockholm,22-24 September,2003.

　　② 唐同军.案例研究方法及其在国内教育研究中的应用述评[J].教育学术月刊,2011(12):14-17.

　　③ 帕森斯.现代社会的结构与过程[M].梁向阳,译.北京:光明日报出版社,1988:19.

即政治论和认识论的融合,这两个核心价值在转型中存在认知模糊问题,需要在省域高等教育系统中通过一定程序的合法化得以实现,即重新定义政策驱动下的应用型本科转型院校,重新定义适切的评价体系。从政策驱动层面分析,属于实施机制的第一套决策,即在一般的层次上确定如何达到目标的决定。在核心价值合法化的基础上,在省域层面建立起"应用"大学建设的法定框架,使子目标运行程序合法化。第二套决策有利于组织资源利用的实施,示范院校在此系统中,通过院校内部应用建设质量保证体系的建立、"应用"建设关键指标的认定和评估、校企深度融合办学机制的突破等核心措施,整合组织转型资源。第三套决策是通过促进合作和处理组织内部关系维系整合,比如院校治理模式的转变,应用学科专业、师资和应用研究与服务功能的变化,达到"效能",实现转型。在此过程中,本著作结合知识生产模式变迁理论,对新一轮应用型本科院校转型的内涵、特征和成效因素做进一步的分析,审视在新的时代,我们应以什么理念去看待应用型本科,"新大学"需要突破哪些固有观念,"示范"院校究竟实现了哪些价值补充。

三、应用型本科院校转型发展关键环节

1. 在不确定性中寻找确定性

新一轮应用型本科转型是高等教育结构调整中的一个政策导向,是中国高等教育大众化进程中的一个变革现象,在高等教育哲学、高等教育管理、高等教育史等方面具有研究价值。应用型本科是高等教育大众化、政策推动和知识生产模式变迁共同影响下的产物,从高等教育哲学层面讲带有明确的政治论观点,但从应用型本科院校的内部质量控制看,也交织着认识论的质量观。伯顿·克拉克在《高等教育系统——学术组织的跨国研究》中强调,高等教育是个底部沉重的系统[①]。因此,转型中的应用型本科院校办学特征或质

---

① 伯顿·R.克拉克.高等教育系统——学术组织的跨国研究[M].王承绪,等译.杭州:杭州大学出版社,1994:36-39.

量评价是高教研究的持续话题。转型变化中的应用型院校的形态、学科专业、人才培养、科学研究特征等,出现了既类似传统大学又区别于传统大学的新气象,也突破对应用型本科的旧认知。这一类大学的办学状态不同是因为层次不同,还是其正在转型成一种新类型大学呢?因此,需要进行历史性的实证研究,为构建应用型大学评估体系提供新的理论认知。

2. 不确定性中的4个转型关键环节

这些先行试点示范院校承担着解决不确定性因素出现的问题,包括转型落脚点的不确定、转型院校的不确定、转型中关键指标概念的不确定、缺乏适切性评价体系等,这些问题成为应用型本科转型的困境。政策推进中采取试点先行的方式破解这些困境。浙江省是经济强省、职业教育强省,浙江省高等教育传统上有"经世致用"的哲学思想。试点示范院校主要分布在杭州、宁波和衢州,这些院校的学科专业设置与区域经济发展和产业布局联系紧密,具备较好的应用建设基础,对当地优势产业的科技开发、技能改造和人才培养起着支撑作用。浙江省确定了应用型本科转型六大要素:办学理念、办学机制、培养模式、师资队伍、学科专业、创新创业能力。试点示范学校在转型机制、转型路径和转型内涵等方面破解难题,转型的关键环节包括4个方面:一是办学定位与地方经济发展契合度,包括学校学科专业结构与当地文化和经济的匹配度;二是学校与当地政府、企业的联盟性,包括地方政府的财政支持力度、政策支持力度,以及与当地企业的产学研合作力度;三是推动当地社会文化科技文明发展的贡献度,包括社会培训、继续教育和社会服务,运用新型学习模式开发课程、创新学习环境等;四是学校开拓新局面和新的可持续发展,包括办学机制的创新,国际化程度的加深,树立品牌能力的提升和治理模式的改革创新等。

第二章　应用型本科院校转型发展理论探讨

关于应用型本科的探讨是高等教育大众化进程中的新话题,国内前期以概念辨析为主,研究主要从应用型本科教育和人才培养模式开始,进一步探讨什么是应用型本科,应用型本科的内涵和特征是什么,哪些院校属于应用型本科,以及应用型本科专业设置、实践教学、师资建设、课程改革、创业教育等方面的问题。随着国家政策对应用型本科转型的推进,应用型本科转型探讨成为热点,主要以将应用型本科某个特征作为关注点的分类评价研究为主。研究中有关于应用型本科的"地位之争"、学科专业的架构之争和应用型本科办学实体之争,研究基本局限在"是什么"的层次,还没有深入"为什么"的理论分析。研究中提到的分类评价,建立了适合应用型本科的院校评价理念,但缺乏相关实证研究和理论研究。国外关于应用型本科没有对应的概念,相类似的概念有非大学学院、多科技术学院和应用科技大学等。这些探讨起初以非大学高等院校中的科学研究定位、学生来源、新的学习方式、以工学结合为特色的课程组合等为主题,发展到以"学位体系"变化、对高等教育的重新定义为重点。随着知识生产模式变迁理论的提出,更多探讨集中在应用技术大学或应用科学大学的科研定位和学科发展等方面。国内学者的比较研究也基本以这类院校为研究对象。从国内外理论探讨来看,应用型本科产生的背景基本一致,外力冲击主要包括经济科技、高等教育大众化等因素,是在经济科技发展到一定阶段,对高等教育提出新的需求,需要打破原有结构进行重组的背景下产生的。不同的经济和科技发展阶段产生了不同内涵的应用型本科,应用型本科大学名称也从"应用技术学院"发展为"应用科技学院""应用技术大学""应用科技大学"。

第一节 应用型本科概念和理论研究

一、应用型本科研究概念的不同指向

国内关于应用型本科的概念没有统一的术语,从中国知网 20 年研究资料看,主要集中在以"应用型本科教育""应用型本科人才培养""应用型本科院校"为标题的研究上。分析这 3 个相似名称的相关研究,发现我国学界对应用型本科在概念上没有形成共同的视界。

1. 应用型本科教育的概念

我国关于应用型本科教育的概念辨析是伴随着办学实践进行的。分析具有代表性的相关研究,可得知关于应用型本科教育的概念主要有两种观点:一种观点是把应用型本科教育作为分类教育体系,认为应用型本科教育是高等教育多元化的体现,体现了层级和类型之分,是不同于传统学术型高等教育的一种新类型。2001 年,马树杉以常州工学院在办学过程中的思考和实践为基础,提出应用型本科教育是地方本科院校在 21 世纪的新任务。从 20 世纪 70 年代我国战略重心转移到经济发展开始,职业大学,即"地方举办的综合性高等专科学校"相继出现,这类大学结合社会需要提出了培养高等应用型人才的改革思路。20 世纪 80 年代,随着对应用技术人才需求的增加,一些高等专科学校也提出培养高等工程技术人才的改革思路,并取得良好的办学效果。自此,培养高等应用型人才逐渐成为地方职业大学、高等工程专科学校以及各类专科院校的办学定位。进入 21 世纪,随着科技的发展,专科层次的应用技术人才不能完全适应社会经济发展需求,因此培养应用型本科人才成为这批院校提出的新命题,应用型本科教育的概念被明晰地提出。马树杉提出:应用型本科教育是顺应国际高等教育发展趋势和高等教育大众化的产物。结合 20 年高等专科学校的办学经验,应用型本科教育主要是指面向现代社会的高新技术产业的人才要求,培养德、智、体、美等方面全面发展的,擅长在现代社会的生产、建设、管理、服务等一线岗位,直接从事解决实际技术问题、维持工作正常运行的高等技术应用型人才的本科教育。① 这是应用型本科教育发展初期较早的完整概念界定,这一阶段对应用型本科教育的探索基本以此类院校在办学中的经验总结为主。2006 年,北京联合大学高林等编著了《应用性本科教育导论》,该书以高等教育分类理论为依据,以北京联合大学的发展探索为实践研究,提出了新建本科院校发展应用型大学的观点,其中对应用型大学的基本特征做了分析,认为应用型大学的基本特征包括 6 个方面:一是以为地方或区域经济发展服务为宗旨;二是以培养应用型人才为目标;三是以地方或区域社会经济发展为导向,以专业发展为龙头,以学科为专业发展支撑;四是应用型大学的师资队伍应具备较强的应用能力素质;五是校外实践教学基地是应用型大学实践教学环境的重要组成部分;六是产学研结合是实现应用型人才培养的根本途径。② 2008 年,陈小虎在研究应用型本科内涵基础上,提出了应用型本科的概念界定:应用型本科教育是我国高等教育体系的重要组成部分,是以各行各业的专门知识为主,是为学生提供学术和职业准备,以培养应用科学和现代技术领域的高级管理岗位上的工程师和技术师为目标,将高新科技转化为现实生产力的应用教育体系。③ 2015 年,高林等发表《再论应用性本科教育》,文章对应用性本科教育做了一个明晰的概念界定,应用性本科教育包括:工程应用性本科、技术应用性本科、服务应用性本科等与经济社会生产生活服务紧密联系的本科教育④。邵波认为,"应用型"鲜明地体现了作为高等教育多元形态体系中的分支,应用

---

① 马树杉.应用型本科教育:地方本科院校在 21 世纪的新任务[J].常州工学院学报,2001,14(1):85-88.

② 高林,等.应用性本科教育导论[M].北京:科学出版社,2006:235-240.

③ 陈小虎."应用型本科教育":内涵解析及其人才培养体系建构[J].江苏高教,2008(1):86-88.

④ 高林,鲍洁.再论应用性本科教育[J].北京联合大学学报,2015,29(2):1-6.

型不同于传统精英学术型高等教育的类型特征,而"本科教育"则指明其作为一种高等教育类型所处的层次性质①。邵波从高等教育的历史发展角度进行了阐述,认为高等教育的发展是交织着学术性和职业性的,应用型本科教育区别于传统学术教育的特征是本科阶段的专业性,从类型上讲应用型本科具有职业性、专业性,从层次上讲又是指高等教育的本科阶段,必须具备高等教育追求"高深学问"的基础,因此,又有基础性的特征。

　　另一种观点是把应用型本科教育作为高等教育改革的新趋势,提出应用型本科教育是所有高等教育类型本科教育的主要目标。2005 年,上海机电学院刘晓保老师发表《"应用型本科教育"辨析》一文,从我国应用型本科教育提出的背景分析,认为应用型本科教育是新建本科院校在思考办学定位以及大学生就业出现结构性失调的背景下提出的。通过对应用型本科教育的几个基本问题探讨,即培养专才还是通才、应用型本科教育与高职高专有何区别、应用型本科教育是不是新建本科院校的专利等,刘晓保老师提出:应用型本科人才培养是所有高等教育类型的主要目标但不是唯一目标②。在 2008 年的应用型本科教育国际研讨会上,朱高峰院士认为教育类型的分类并非绝对,所有高校的本科教育都要培养应用型人才和为培养研究型人才打基础③。人才的不同分类并不绝对对应高校人才培养,应用型人才并不都是新建本科院校培养的人才,应用型本科教育也不是完全等同于新建本科院校教育,研究型人才有科学研究型人才、技术研究型人才和工程研究型人才,从社会需求看,应用型人才需求已大于研究型人才需求。

　　在关于应用型本科教育的概念辨析中,还有学者提出应用型本科的特征,它定"性"在行业,定"向"在应用,定"格"在复合,定"点"在实践④。还有些

　　①　邵波.论应用型本科教育的本质属性[J].职教论坛,2014(13):9-13.
　　②　刘晓保."应用型本科教育"辨析[J].上海电机学院学报,2005,8(4):28-31.
　　③　吴智泉.2008 应用性本科教育国际研讨会会议综述[J].北京联合大学学报(人文社会科学版),2008,6(4):132-136.
　　④　史秋衡,王爱萍.应用型本科教育的基本特征[J].教育发展研究,2008(21):34-37.

研究者就当前我国对此类教育的不同称谓进行了辨析,比如对技术本科教育、技术应用型本科和应用型本科等不同称谓进行分析,提出统一名称,避免概念混淆和办学实践混乱,即统一为应用型本科①。

这些争论出现的缘由有两个:一是对应用型本科没有一个科学的概念界定,以"应用型本科教育"为角度进行概念辨析,势必会出现分类和分层的观点。认为应用型本科教育只涉及新建本科院校和地方本科院校是分层的观点;认为应用型本科教育是指本科阶段的应用型教育,在地方本科院校和研究型大学都有涉及,是分类的观点。二是在应用型本科教育的实践中,交织着学术性还是职业性的矛盾、高等教育地位高低的矛盾心理、高等教育资源分配的不平等因素、对学术本位的本科教学水平评估中的矛盾冲突等困境。因此,关于应用型本科教育概念辨析的过程是相应办学实体寻求办学规律、办学地位、办学优势的过程。

2. 应用型本科人才培养的概念

以"应用型本科人才培养"为题的研究,其范围和实践面更广。在宏观层面上,学者们主要结合应用型本科人才培养目标,对人才培养模式的构建方式、保障条件等进行讨论,并对国外具有代表性的应用型人才培养模式进行了研究。徐理勤、顾建民提出,应用型本科人才培养的特点是:应用性、行业性和社会性;培养规格是:基础适度、口径适中、重视应用、强化素质;培养方式是:打破学科本位、开展项目教学、加强实践教学环节②。宋思运认为,应用型本科人才既不是学术型人才也不是技术技能型人才,而是工程型人才,应用型本科人才培养目标可以概括为:以市场为导向,以通识教育为基础,以能力培养为本位,培养学生具备应用知识和技术解决实际问题的能力以及创新力,并提出了树立应用型人才培养质量观,突出区域特色、就业率指标,加强

---

① 普林林.应用型本科教育解构及其人才培养模式的建构[J].教育与职业,2009(27):8-10.

② 徐理勤,顾建民.应用型本科人才培养模式及其运行条件探讨[J].高教探索,2007(2):56-59.

师资队伍建设,加强应用型实践环节等人才培养模式实施的保障措施①。李定清等认为,应用型人才培养模式的构建应从需求导向出发,实施人才培养方案制定、实践教学体系构建、校企合作平台建设、师资队伍建设、学生素质拓展渠道建设等措施②。

王立人、顾建民、毕雪阳、杨春春、刘俊萍等学者,对国外应用型本科人才培养模式进行了研究,重点集中在德国的"双元制"模式、英国的"工读交替"模式、美国的"回归工程"模式③,英国的"三明治"模式④,美国的"合作教育"模式、澳大利亚的"TAFE"模式、日本的"官产学研"模式等方面⑤,并在比较视角下讨论了对我国应用型本科人才培养模式的启示。

微观层面上,不少学者结合实践探索经验,开展了人才培养模式的个案研究,研究对象覆盖理学、工学、农学、医学、经济学、法学、管理学、艺术学等学科门类下的本科专业。宏观来看,理科专业有关研究成果多于文科专业。相当部分的研究成果属于协同育人模式(或称联合培养模式)的研究领域,包括校企协同、校校协同、校地协同、院校行业协同等,这些类别从合作阶段来看,又可以分为"订单式""3+1""2.5+1.5""2+2""工学交替"模式等。有关这方面的研究成果数量众多,重要原因在于绝大部分应用型本科院校都是以"服务区域经济发展、实现双赢互利"为办学价值取向,指导人才培养实践。个案研究成果对应用型本科院校具有良好的参考意义和借鉴价值。例如,李万木、谢明荣比较分析了应用型本科和普通本科以及高职高专教育的区别和

---

① 宋思运.应用型本科人才培养模式的构建[J].徐州工程学院学报,2005,20(A1):
11-13.

② 李定清,等.需求导向应用性本科人才培养模式研究[M].成都:西南交通大学出版社,2012:56-59.

③ 杨春春,刘俊萍.中外应用型本科教育人才培养模式比较研究[J].南京工程学院学报(社会科学版),2007,7(3):25-28.

④ 毕雪阳.应用型本科人才培养的国际比较[J].中国大学教学,2008(8):89-92.

⑤ 王立人,顾建民.国际视野中的本科应用型人才培养[M].杭州:浙江大学出版社,
2008:69-72.

联系,并以计算机类专业教育为例做了比较说明①。也有研究者对应用型本科教育课程设计的两难问题提出了思考,即课程设计取向是个体为本还是社会为本、课程目标是着眼现实还是面向未来、课程内容选择是重理论还是重实践、课程内容组织是以学科为中心还是以问题为中心、课程评价是重视结果还是关注过程五大两难问题。此项研究从微观角度剖析了应用型本科在教学层面面对的新问题。课程是人才培养的核心,应用型本科课程设计中的这种"两难"境地②,反映了应用型人才培养中"学术"与"职业"的平衡问题。

以应用型人才培养为视角的研究,研究的主体范围相对较广,既可以是研究型大学中的应用型人才培养,也可以是职业技术学校中的技术技能型人才培养,因此研究起步相对较早。总结上述相关研究,关于应用型本科人才培养的观点如下:一是不同于学术型人才的培养定位,要以应用性、创新性、实践性、地方性和服务性为特征;二是人才培养的模式注重实践教学,应该建立适应我国应用型本科人才培养的体系,比如开展模块化教学、项目制教学,借鉴国外应用型人才培养经验,开展"三明治"教学、合作教学、"双元制"模式等;三是应用型人才培养的运行机制,既要有"双师"型师资的保障,也要有产学研合作的良好运作机制,更要建立适应应用型人才培养的院校评估机制和教学评价机制。

3. 应用型本科院校的概念

以"应用型本科院校"为题的研究,相对前面的概念出现稍晚些,是以常州工学院这类院校为代表的地方本科院校提出的。2001 年,常州工学院马树杉老师发表《应用型本科教育:地方本科院校在 21 世纪的新任务》,文章在分析地方本科院校的办学历史的基础上,提出地方本科院校要继承原有培养职业技术人才的优势,服务地方经济,成为应用型本科教育的办学主体③。2010

---

① 李万木,谢明荣.应用型本科教育与普通本科和高职高专教育之比较[J].职业教育研究,2006(10):20-21.

② 严丽萍.应用型本科教育课程设计中的两难问题[J].江苏高教,2013(3):85-87.

③ 马树杉.应用型本科教育:地方本科院校在 21 世纪的新任务[J].常州工学院学报,2001,14(1):85-88.

年,潘懋元先生的《什么是应用型本科?》,从学术研究层面提出明晰的应用型本科院校这个概念。潘懋元先生在文章中比较具体地概括了应用型本科院校的共同特征:第一,以培养应用型的人才为主,不是所有学科专业都只能培养应用型人才。应用型高校可以培养非应用型人才,但是主要的、大量的任务应该是培养应用型人才。第二,以培养本科生为主。某些学科专业可以培养研究生,许多院校已经有研究生了,但当前不应以培养研究生为主。第三,应用型本科应该以教学为主。应用型的高等学校以教学为主,同时也要开展应用性的、开发性的研究。第四,应用型大学以面向地方为主。某些专业也可面向地区,甚至面向全国,但它主要是面向地方,为地方服务①。刘志鹏等从应用型本科院校的创新与实践角度,提出应用型本科院校必须以面向生产、建设、管理、服务第一线的高素质的高级工程技术应用型本科人才为主要培养目标。其层次定位是介于研究型、教学研究型大学和高职高专之间的大学,在类型上属于教学应用型本科院校,培养应用型工程技术人才。其学科专业定位是适应社会需求,在关注所在地区制造业、高新技术产业发展对生产一线人才知识、能力等需求变化的基础上有所为有所不为,制定学科专业建设框架。其服务定位是以地方区域经济建设和社会发展为主要服务对象②。上述研究对应用型本科院校做了界定,即:应用型本科院校指的是培养应用型人才的办学主体。

从上述与应用型本科相关的研究中可知,我国近20年的应用型本科研究没有明晰统一的名称和概念。研究界和办学实践中以应用性本科教育、应用型本科教育、应用型人才培养、应用型本科院校等称谓进行研究,有些说的是同一层次同一内涵的问题,有些用着同一概念其实是在研究不同的实体,比如"应用性本科教育""应用型本科教育"研究的是如何培养应用型人才,所面对的实体可能是地方本科院校,也可能是传统大学。而"应用型人才培养"更

　　①　潘懋元.什么是应用型本科?[J].高教探索,2010(1):10-11.
　　②　刘志鹏,杨祥,陈小虎.应用型本科院校发展模式的创新与实践[J].中国高等教育,2010(11):34-36.

是一个宽泛的概念,可以包括学术型大学中的应用型人才培养,地方本科院校、新建本科院校的应用型人才培养,也可以是高等职业院校的应用型人才培养。"应用型本科院校"是应用型人才培养中的一类办学实体。在应用型本科研究中始终交织着"为学术"还是"为职业"的争论。

二、应用型本科相关理论基础探讨

目前关于应用型本科的理论探讨较少,这也是研究中的一个难点问题。目前有学者以高等教育分类理论、知识生产模式变迁理论和符应原则分析应用型本科。

我国著名学者潘懋元以联合国教科文组织和卡内基教育基金会的分类法为基础,在 2003 年关于应用型本科的研究中,提出介于研究型大学与高等职业教育之间还有大量的中间类型高校的观点。这些高校的共同特点可以对应《国际教育标准分类》中的 5A2 类型,5A2 不是为研究做准备,而是应用科学理论从事高技术要求的专业工作。它可以培养专业硕士研究生,但以培养本科生为主;它可以进行科学研究,但以应用理论研究和开发研究为主。同时,它虽面向行业,但与面向具体职业的高职高专不同①。在 2009 年的研究中,潘懋元先生结合国际标准分类和我国高校发展提出了分类观点,认为我国高校应分三类:一是学术型大学;二是应用型本科高校;三是职业技术高校②。

北京大学陈洪捷先生对知识生产模式的转变和博士质量的危机进行了阐述。知识生产模式的转变,导致了博士培养的多样化,从世界范围看,学术型博士与专业型博士的二元划分已经不能囊括当代博士生教育的丰富性。除了专业博士,"新制博士"(new route Ph. D)、实践型博士(practice-based

---

① 潘懋元,吴玫.高等学校分类与定位问题[J].复旦教育论坛,2003,1(3):1-5.

② 潘懋元,董立平.关于高等学校分类、定位、特色发展的探讨[J].教育研究,2009(2):33-38.

Ph. D)也在悄然兴起。实践型博士主要存在于艺术和设计领域,主要包括音乐博士、建筑学博士等①,对博士质量的评价也不再局限在博士论文上,其他技能和团队合作能力等也成为质量评价的指标。蒋逸民进一步阐述了知识生产模式 2 对高等教育的冲击,提出知识生产模式 2 对中国高等教育改革的启示:一是要及时应对外部环境的变化,逐步提高高校服务经济与社会发展的贡献率;二是要优化学科专业结构,加强与外部世界的研究者和创新者的合作研究和超学科研究;三是要转变办学理念,加强与各类企业、研发机构、政府部门和非政府组织建立各种伙伴关系;四是要质量控制的变异,从传统的同行评议向更加综合的多维度评价转变,应用的语境需要社会、经济、政治等领域的知识分子参与质量控制②。因此,在大学的内部转型中要实现四个转变:一是院系结构从学科为本向问题为本或项目为本的转变;二是实行完全学分制的转变;三是教学从以学科为本向以学生为本的转变;四是教学目标从知识到能力的转变。张宏岩通过对北京大学软件与微电子学院人才培养改革的分析,提出知识生产模式 2 的理论,认为最新最前沿的知识并非在传统的高校中产生,而更可能最先出现在与社会需求息息相关的一些学科③。这些学科的人才培养有几个特征:教学理念为培养高素质、实用性和复合性的国际化产业人才;管理体制是理事会领导下的院长负责制;院系设置以跨学科为特色;师资建设以大量吸纳企业专家师资为特色;多方位深层次实现校企合作,建立实验室和研究中心;质量保证以全程监控为理念,严把入口和出口关。万淼从知识生产模式转型与我国专业学位人才培养的创新为研究切入点,提出专业学位人才培养的跨学科性、双导师制,以及多方利益相关者

---

①　陈洪捷.知识生产模式的转变与博士质量的危机[J].高等教育研究,2010,31(1):57-63.

②　蒋逸民.新的知识生产模式及其对我国高等教育改革的启示[J].外国教育研究,2009,36(6):73-78.

③　张宏岩.知识生产模式对高校人才培养模式的影响——北京大学软件与微电子学院的案例分析[J].教育学术月刊 2013(3):8-14.

评价体系的建立以适应知识生产模式 2 的特征①。尹宁伟对知识生产模式变化与应用型本科人才培养做了研究,知识生产模式转型是应用型本科产生的根源,应用型本科人才培养在培养目标上更关注社会需要,突出应用;在专业设置上突出行业性;在课程设置上注重理论与实践结合,兼具学术性与职业性;在培养途径上注重与业界合作;在培养评价上注重评价主体和评价标准的多元化②。

还有学者用符应原则对应用型本科改革进行分析。"符应原则"是新马克思主义者鲍尔斯和金蒂斯提出的观点,意思是通过教育体系与生产制度内社会关系之间在结构上的符应,教育体系就能把青年人整合入经济体系内。教育体系内的社会关系结构,不单是训练学生习惯工场内的规则,并且培养出各种不同类型的行为态度、自我形象及阶级认同,这些都是能适当执行工作职务所必需的要素③。淮阴工学院黄明亮以符应原则分析,地方应用型高校目前存在专业结构不合理、课程体系陈旧等结构性问题,导致人才培养过剩、同质化现象严重,也就是应用型本科的小学与当前经济发展严重不符应④。按照地方本科院校与社会经济符应需求,地方应用型本科的改革要从几方面思考:一是强化对接融合理念,即对接经济社会和学生个性两个发展需求;二是推进内涵建设改革,优化专业结构布局、创新人才培养模式和深化课程改革等,并做好转型支撑体系建设,包括打造"双师双能"型师资队伍、建立科技服务支撑体系、创新创业教育体系与机制建设等。

上述关于应用型本科的相关理论分析探讨,目前还没有比较明确的实践认证,这些理论论证也还处在争论中。比如有些学者认为知识生产模式变迁

① 万淼.知识生产模式转型与我国专业学位教育人才培养模式创新研究[J].学术论坛,2016(6):171-175.

② 尹宁伟.知识生产模式转型与应用型本科人才培养[J].重庆高教研究,2015,3(2):22-27.

③ 罗云,曾荣光,卢乃桂,等.新社会背景下教育与经济生活之关系——再思"符应原则"[J].北京大学教育评论,2005,3(4):87-94.

④ 黄明亮.地方应用型高校供给侧结构性改革探析——基于符应原则的视角[J].教育导刊,2017(11):27-30.

理论影响的是研究型大学或研究生培养层次的教学;有些学者认为应用型本科也是高等教育的一部分,其作为一种类型,代表着新型高等教育的办学模式,应用型本科办学中要突破或改革的一些理念与知识生产模式变迁对高校的要求相契合。因此,应用型本科研究中的理论探讨尚在思考中,国内目前的研究没有明确的理论支撑,理论与实践的相关度建立在现象的探讨中,没有深入高等教育哲学层面的研究。

第二节　应用型本科院校转型发展辨析

关于应用型本科院校转型研究,国内研究起步较晚,一部分是对地方本科院校转型应用型大学的研究,还有一部分是基于 2014 年国家政策推动下的转型研究。关于转型,出现了两种不同的观点:一种认为应用型本科院校要转变学术迁移的观点,重新调整办学定位、学科专业结构、人才培养模式等,避免高等学校趋同化;另一种认为新建本科院校或地方本科院校建校时间短,大多是从职业技术型的学校升格而成,何来转型,应该是以建设为主,包括应用型学科建设、师资建设、学校文化建设等。分析这两种不同的观点,发现其本质还是一致的,即关于应用型本科转型的共同点就是这些院校都在思考和探索高等教育大众化背景下如何突出办学优势,寻求创新模式,转型成一类新型的高等院校。

一、应用型本科院校转型的概念

关于应用型本科院校转型的研究,大量学者聚焦在地方本科院校的转型发展上,有的是关于地方本科高校"专升本"的转型探讨,有的集中在高等职业教育转型发展本科职业教育等方面。中国知网上的研究文章是从 2008 年发表的《地方本科院校向应用型大学转型的难点探析与路径选择》开始的,文章以地方本科院校转型应用型大学为切入点,提出了转型的几个难点:办学基础薄弱,办学定位不准,人才培养模式单一,教师素质和能力有待提高,缺乏合适的教材①。张应强等提出应全面分析高等教育利益相关者的动机博弈,明确转型发展主导力量,以理念指导、制度保障、分类管理、评估引导等综合措施保障转型发展顺利推进②。陈小虎从应用型本科转型的主体、转型发展的分类研究出发,认为目前中国应用型本科转型的主体是"地方本科院校",而这些地方本科院校在转型过程中是转变观念、清晰使命、调准定位、改变路径、优化内容、用好方法、找准切入、正确评价、顶层系统设计与"摸着石头过河"相统一的过程③。教育部发展规划司原副司长陈锋认为,部分本科高校转型发展的"转型"带有多重意义:一是为了直面高等教育变革的挑战;二是国家经济建设的需要;三是部分本科高校自身发展的需要。应用型本科的转型是"将应用技术型高校建设成为直接融入技术进步过程和产业链价值创造过程,和地方、行业、企业共同成长的新型大学"。④ 上述研究和探讨都表明,关于应用型本科转型目前有宏观抽象的目标,但是,实践层面没有框定具体的转型模式和路径。

二、应用型本科院校转型的内涵和路径

目前对应用型本科院校转型内涵的研究,许多是集中在对地方本科院校的转型发展上。陈光磊等认为,应用型本科的转型,实质是使高校培养的人才能更加契合社会经济发展的需要,高校通过培养应用型人才能够更好地服

---

① 张丽萍.地方本科院校向应用型大学转型的难点探析与路径选择[J].理论月刊, 2008(10):97-100.

② 张应强,蒋华林.关于地方本科高校转型发展若干问题的思考[J].现代大学教育, 2014(6):1-9.

③ 陈小虎.论地方新建本科高校转型发展——兼谈创建新型应用型本科[J].金陵科技学院学报(社会科学版),2014,28(1):1-5.

④ 陈锋.关于部分普通本科高校转型发展的若干问题思考[J].中国高等教育,2014 (12):16-20.

务地方经济的发展。地方本科院校向应用型本科转型发展要解决几个转变：一是办学定位的转变；二是人才培养目标的转变；三是培养方式的转变，实现深度校企合作，产教融合，教学与应用型研究和技术研发相结合；四是学科专业体系的转型，应以经济社会发展需求为取向，重构应用型本科专业体系①。合肥学院校长张文斌提出，应用型本科院校转型要实现八大转变：一是办学定位向"应用型"转变；二是专业结构向"需求导向"转变；三是协同育人向"开放性系统"转变；四是培养方案向"产出导向"转变；五是课程体系向"知识输出"转变；六是考核方式向"过程考核"转变；七是师资队伍向"双能型"转变；八是质量评价向"两个满意"转变②。北京大学教授郭建如提出应用型本科院校转型5个维度核心问题③，即：地方本科高校向哪里转（目标与标准在哪）、为何转（转型的合法性与必要性）、转什么（转的内容）、如何转（高校如何领导转型、政府如何引导），以及如何评价转型效果这5个维度。从国家层面上，教育部高教司原司长张大良指出，目前应用型本科转型的对象学校是新建本科院校，转型的内容是实现"八个坚持"④：要坚持把专业设置作为引导地方本科高校转型发展的切入点；要坚持把协同育人作为引导地方本科高校转型发展的重要机制；要坚持把课程体系建设作为引导地方本科高校转型发展的核心内容；要坚持把实践教学资源建设作为引导地方本科高校转型发展的重要支撑；要坚持把教师队伍建设作为引导地方本科高校转型发展的核心要素；要坚持把培养机制创新、教学模式改革、创新创业教育改革、国际交流合作作为引导地方本科高校转型发展的重要抓手；要坚持把服务区域发展的应用研究和技术创新能力作为引导地方本科高校转型发展的重要标志；要坚持把完善

---

①　陈光磊,张婕.地方本科院校建设应用型高校的转型路径研究[J].高校教育管理,2017,11(3):66-72.

②　张文斌."八个转变"提升应用型人才培养质量[EB/OL].http://edu.people.com.cn/n/2015/1127/c1053-27865572.html.

③　郭建如.地方本科高校转型发展中的核心问题探析[J].黄河科技大学学报,2017,19(1):1-11.

④　张大良.把握"学校主体、地方主责"工作定位 积极引导部分地方本科高校转型发展[J].中国高等教育,2015(10):23-29.

高校内部治理结构、建立综合评价体系作为引导地方本科高校转型发展的重要保障,形成以支撑力和贡献率为导向的综合评价体系。

关于应用型本科转型的途径,有学者从国内院校的实践分析,目前有四种途径的转型,一是行业性院校继续应用型建设和发展,以专业特色取胜;二是没有行业背景的地方本科大学积极探索应用型本科转型,比如常熟理工学院是从师范型学院转型成理工学院;三是地方本科院校转型应用型本科,成为积极响应国家政策的试点院校;四是"小岗村"式的院校转型,以合肥学院为典型,完成八大转型,全面转型成新型应用型本科①。陈啸等从十大建设任务切入提出转型的途径②:一是加强应用型本科转型理论研究;二是实施应用学科专业建设工程;三是实施人才培养模式创新工程;四是实施"双师双能"型教师队伍建设工程;五是全面修订应用型人才培养方案;六是重构能力导向的课程体系;七是打造现代产教融合实践教学平台;八是扎实推进创新创业教育改革;九是深化教师职称评聘制度改革;十是完善校内评价和质量监控保障体系。天津科技大学张伟等从政策执行的角度分析转型途径,2015 年11 月国家颁发《关于引导部分地方普通本科高校向应用型转变的指导意见》,各省区市开始了新一轮应用型本科转型试点行动,具体存在三种方式:一是专业转型,指以专业为基础进行的专业或专业集群转型,即将高校的部分专业(集群)转型为应用技术型,形成"一校两型"格局。这种格局既有学术型专业,又有应用技术型专业;既培养学术型人才,也培养应用技术型人才。这种转型方式主要从专业建设与发展的角度再造目前的人才培养模式,着重培养高水平应用型技能人才。二是二级学院转型,指以二级学院为基础进行二级学院的整体转型,即将高校的部分二级学院转型为应用技术型学院,形成"一校两型"格局。三是高校整体转型,指学校整体转型为应用技术型,培养应用

① 陈光磊,张婕.地方本科院校建设应用型高校的转型路径研究[J].高校教育管理,2017(5):66-72.

② 陈啸,杨艳.找准转型发展的切入点与发力点——论地方本科高校向应用型转变的 10 项建设任务[J].应用型高等教育研究,2016,1(1):43-47.

技术型人才,这类转型方式也是目前各省区市采用最多的方式①。从国家层面分析,应用型本科转型的途径以"学校主体,地方主责"为原则,抓住转型主要素,试点一批,引导一批,实现应用型本科的转型发展。宁波大学区域研究所徐军伟提出地方本科院校转型要聚焦应用型学科建设的观点,认为地方本科院校抓应用型学科建设,关键是抓学科选择与布局,地方本科院校应以地域特色和区域发展重大需求为立足点,选择确定要重点发展的应用型学科和学科群,难点是要打破现有高校学科体系与利益格局②。北京大学郭建如教授等以地方本科院校转型中的人才培养绩效数据变化研究了转型试点院校2015—2016 年人才培养模式的变革程度。③

随着应用型本科转型政策的推动,国内学者张晓冬提出转型院校社会经济适应度的评价统计模型。研究以教育部、国家发展改革委、财政部联合颁布的《关于引导部分地方普通本科高校向应用型转变的指导意见》为政策背景,以某大学转型期的调整为案例,提出关于应用型本科建设的要求④,认为应重点解决 3 个问题:一是专业链与产业链对接的问题,二是课程内容与职业标准对接的问题,三是教学过程与生产过程对接的问题。以此 3 个维度构建评价体系,即学科专业和优势学科与地方产业行业的适应性水平,课程内容设置与职业标准要求的适应性水平,产、学、研校地合作与联合培养人才情况。教育部发展规划司原副司长陈锋提出了价值导向的转型院校评价原则,即:评价的重点是要从供给端转向需求端,突出产出导向、贡献导向和质量导向,其核心是对高等学校创造经济社会文化价值和学习者发展价值的能力进

①　张伟,徐广宇.政府视域下地方本科高校转型发展方式与推进路径[J].教育与职业,2016(10):6-10.

②　徐军伟.地方本科院校转型要聚焦应用型学科建设[J].教育发展研究,2017,37(1):10.

③　郭建如,吴红斌.地方本科院校转型与人才培养模式变革[J].中国高教研究,2017(11):36-42.

④　张晓冬.转型发展地方本科院校经济社会适应性模糊综合评价——基于 S 大学的案例分析[J].大学(研究版),2016(9):67-75.

">

应用型本科院校转型发展研究

行评价并在此基础上科学设计利益机制①。评价原则可以依据对区域经济发展、社会文化建设和新型城镇化的贡献,对产业技术进步和产业链价值提升的作用和学习者职业发展的贡献等,按照这个原则,可对现行的本科教学水平评估方案做相应调整,建立全方位评价体系。

综上所述,应用型本科转型作为新的研究方向,目前国内研究主要集中在为什么要转型、转型是指什么、哪些院校转型、对转型如何评价等主题上,转型的目标和内涵是根据国家政策的推进设定的,这也证实了德国汉诺威应用科技大学的法尔克·霍恩博士在 2008 应用性本科教育国际研讨会上提出的观点。他认为:高校分为应用实践型和研究型,两类高校的学生人数比例应该是根据社会的发展需要而确定的;将职业教育作为一个分支纳入学位教育的轨道是一种政治决策,需要经济界提供相应的政策扶持;可以根据企业界代表、相关政府部门和高校的协商来选定和建立新的学习模式和体系②。

第三节　应用型本科分类和分类评价体系探析

一、应用型本科分类探讨

国内关于高等教育分类的研究始于 20 世纪 90 年代,以潘懋元和陈厚丰先生的分类法为代表。我国著名学者潘懋元等以联合国教科文组织和卡内基教育基金会的分类法为基础,在 2003 年关于应用型本科的研究中,提出介

① 陈锋.关于部分普通本科高校转型发展的若干问题思考[J].中国高等教育,2014(12):16-20.
② 吴智泉.2008 应用性本科教育国际研讨会会议综述[J].北京联合大学学报(人文社会科学版),2008,6(4):132-136.

于研究型大学与高等职业教育之间还有大量的中间类型高校的观点。这些高校的共同特点可以对应《国际教育标准分类》中的 5A2 类型[①],5A2 不是为研究做准备,而是应用科学理论从事高技术要求的专业工作。它可以培养专业硕士研究生,但以培养本科生为主;它可以进行科学研究,但以应用理论研究和开发研究为主。同时,它虽面向行业,但与面向具体职业的高职高专不同。中间类型高校所面向的不是具体职业而是某类行业,培养的是行业的高级专门人才,专业口径较宽,适应面较广。不但要求有一定的理论水平,而且应当加强通识教育。学生对于一般生产流程、多种工艺,都要有所了解和掌握,但不可能都很熟练。在 2009 年的研究中,潘懋元先生等结合国际标准分类和我国高校发展提出了分类观点[②],认为我国高校应分三类,一是学术型大学,二是应用型本科高校,三是职业技术高校,并且对应用型本科做了具体阐述:可以是多科性或单科性的院校,多科性可以称作大学,单科性的称作学院。在这里,大学与学院并无层次高低之分,只是多科与单科之别,其培养层次均为:本科(学士学位或专业文凭)—专业硕士(学位或专业文凭)—专业博士(学位或专业文凭)。主要以学习各行各业的专门知识为主,将高新科技转化为生产力(包括管理能力、服务能力),培养不同层次的应用型专门人才,如工程师、医师、律师、教师和管理干部等。这是一个相当庞大而且复杂的院校群,包括一部分"211 工程"大学、一般部委属院校、地方高校、民办本科院校以及独立学院。

陈厚丰先生从培养目标及学科专业、人才培养、科学研究、社会服务、学生成分、教师队伍、经济(地理)区域、宏观管理等 8 个维度,设计了中国高校的多元分类标准及指标体系,提出按照以上 8 个维度,中国高校总计有三十六种一级类型和层次、两种二级类型以及十二种二级层次,如果仅从基本维度来划分,在学科型、专业型和职业型三大类别的高校中,基本类型和层次分六

① 潘懋元,吴玫.高等学校分类与定位问题[J].复旦教育论坛,2003,1(3):1-5.
② 潘懋元,董立平.关于高等学校分类、定位、特色发展的探讨[J].教育研究,2009(2):33-38.

种,即综合性、多科性、单科性三种一级类型和研究型、教学科研型、教学型三种二级层次①。

北京联合大学高林等编著的《应用性本科教育导论》,以高等教育分类理论为依据,以北京联合大学的发展探索为实践研究,提出了新建本科院校发展应用型大学的观点。在分析国内外高等教育分类法的基础上,高林等提出了新的适应国内的分类法,即把高等教育分为学术型大学、应用型大学和职业教育院校三大类②。

二、应用型本科分类评价体系探讨

应用型本科评价是以分类理论为原则提出的新命题,国内学者以新建本科或地方本科院校为主体,对应用型本科评价体系的建设进行研究。研究以应用型本科院校评价体系、应用型本科人才培养质量、应用型本科核心质量指标等为切入点。

国内研究中,陈厚丰先生等以分类理论为依据,对专业类高校和职业类高校的评价标准和指标体系建设做了探讨,提出针对专业类高校在发展中定位、特色不明等问题,设计出"人才培养""科学研究""发展潜力"③三项评价标准及十五项评价指标,逐步构建起专业类高校评价标准与指标体系的基本框架。陈厚丰等在另一篇文章中尝试从社会分工理论、人的个性差异理论、高校职能理论3个视域剖析职业类高校分类发展的依据④,但没有进一步的研究和观点。

关于应用型本科评价从整体办学研究的较少,主要有华东师范大学杨若

---

① 陈厚丰.中国高校分类标准及指标体系设计[J].高等教育研究,2008,29(6):8-14.

② 高林,等.应用性本科教育导论[M].北京:科学出版社,2006:35-38.

③ 陈厚丰,陈艳椿,李海贵.我国专业类高校评价标准与指标体系构建[J].高教学刊,2015(19):16-21.

④ 陈厚丰,李海贵.我国职业类高校分类初探[J].职教论坛,2015(33):11-16.

凡博士的《技术本科院校评估指标体系的研究》,研究就技术本科独立评估的必要性和可行性提出了观点,借鉴国外高等教育评估中技术本科评估的经验,分析比较国内本科评估和高职评估,提出以"四性二化"为评估原则,即技术性、全面性、有效性、导向性、特色化、制度化。评估体系由 7 个一级指标和1 个特色项目组成,办学基础指标突出产学研合作、"双师"、实践教学和就业等指标①。此项研究学习了国外评估的"基准"和"推进"原则,但是对技术本科的特色元素缺乏翔实研究,对技术本科的特色没有科学的设计。上海工程技术大学胡守忠等人提出评价"突现点"的观点,即应用型本科评价突出人才培养的实用性、社会服务的地方性、科学研究的实用性,把应用性本科的评价分为办学功能实力和发展基础实力两大项,其中各 3 个一级指标,办学功能实力分设 12 个 2 级指标,发展基础实力 8 个 2 级指标。但此项研究缺乏普通本科和高职的比较,以及指标体系中的权重比较。

　　还有研究者进行了应用型本科核心质量指标研究。陈致远等以地方本科院校创业教育评价为切入点,评价体系分设 4 个一级指标,分别是教育教学与基地建设、师资队伍建设、创新创业实践与服务支撑和创业教育效果,二级指标 9 个,分别是人才培养与课程体系、管理状况与教学方法、基地建设、教师队伍结构、教师科研、校内创业实践平台、校外创业实践平台、社会协同支持和工作成效②。此项研究提出了地方本科院校要突出创业教育的优势,但是指标设计没有体现地方本科院校创业教育特色,比如与地方产业平台的合作教育等。宋根壮等以新建本科院校人才培养质量社会评价研究为切入点,以用人单位和非用人单位两部分指标为主进行评价,用人单位评价以德、能、勤、绩这 4 个一级指标构成,以定性评价为主,非用人单位评价下设就业率和舆论评价这 2 个一级指标③。此项研究对应用型本科绩效评估突出就业质量

　　① 杨若凡.技术本科院校评估指标体系研究[M].上海:上海教育出版社,2008:4-6.

　　② 陈致远,左军.地方本科院校创业教育评价体系的构建[J].嘉兴学院学报,2017,29(3):1-6.

　　③ 宋根壮,康秀平,韩伏彬.新建本科院校人才培养质量社会评价研究——以河北省为例[J].中国高等教育评估,2015(2):16-19.

评价以及以用人单位第三方评价为观测点,体现应用型本科人才培养质量的特点,但是以定性评价为主,所得评价结果会出现不够科学全面的情况。刘喜梅等以新建本科院校服务地方经济评价体系构建为切入点,把服务地方经济指标分为间接服务和直接服务两大部分,间接服务是指校园内部人才培养和科学研究质量,直接服务是指与本地的经济、社会直接融合所开展的社会培训、校企合作项目研究与提供就业人才等,其中人才培养基地建设数和专家咨询数有别于普通高校的评估,是体现新建本科院校地方服务能力的新设指标①。此外,还有学者以应用型本科教学质量指标为研究对象,提出 11 个指标检测应用型本科教学质量,以及进行关于应用型本科实践教学质量评价体系建设等的研究。

国外相关研究能找到的很少,有学者以"如何在质量保证体系中处理好学术型和应用型大学的区别?"②为题进行了研究,研究不同导向的质量保证体系对高等教育的多元化产生的冲击,从预期学习成果、入学要求、教师资格 3 个方面对 12 个国家和地区进行了比较分析,那些已建立多元学位资格体系的国家或地区,在学习结果、入学要求和教师资格方面有不同的质量要求。

总体而言,国内关于应用型本科评价体系研究提出了分类评价的观点,也对如何构建应用型本科评价体系进行了分析和阐述,提出了评价体系的原则和具体指标,但是对评价指标体系缺乏纵向比较研究,对具体指标中那些重要指标的权重缺乏横向比较研究,"突现点"的单个指标研究较多,整体办学质量评价研究较少,缺乏分类评估研究。

---

① 刘喜梅,潘立军.新建本科院校服务地方经济评价指标体系的构建[J].商贸人才,2017(1):168-169.

② MICHAEL L SKOLNIK. How do quality assurance systems accommodate the differences between academic and applied higher education? [J]. High Educ,2016(71): 361-378.

三、应用型本科院校评价研究

院校评价是我国高等教育评估的主要模式,也是国际上最主要的高等教育评估模式。关于院校评价的研究,主线还是质量保证和质量推进的过程。

国内研究大部分是实际工作研究,主要集中在对我国院校评价的制度变迁研究、院校评估的指标体系研究和国外院校评估研究上。具体来说,一是制度变迁研究。教育部高等教育教学评估中心王红的系列研究具有代表性,王红在分析国内 20 多年的高等教育评估制度变迁的基础上,提出构建我国院校评估制度的新策略,其中特别提到多元化是院校评估制度构建的基本理念,认为院校评估制度要充分发挥评估的导向性和激励性等作用,做出前瞻性部署和战略性谋划,建立分层分类的多元化评估制度[①]。在评估制度中注重内外部评估相结合,强制性变迁和诱致性变迁相结合,建立政府、高校、社会和评估机构权责利分配制度等。二是关于院校评估指标体系的研究。王红等人对 1994—2012 年的院校评估指标进行了系统梳理和研究,通过对我国不同阶段院校评估指标的研究,认为目前我国院校评估有几个问题:①核心内容大同小异;②评估结论方法雷同单一;③定性指标增多,定量指标减少;④普遍缺少可操作标准[②]。因此,评估的争议越来越多,比如认为评估方案缺乏分类指导,水平评估分等级的评价方式造成结果的攀比,导致优秀率每年直线上升。三是国外院校评估研究。浙江师范大学硕士王婧研究了欧洲大学协会院校评估项目,欧洲大学协会院校评估项目是一个独立的会员服务项目,有 20 多年的评估经验,是一种对整个院校而不是某个院系或者学科进行评估的评估方式,旨在改进院校的质量,促进院校的变革,为欧洲大学协会成

①　王红.我国院校评估制度的变迁及构建策略[J].中国高等教育,2014(5):56-63.

②　王红,佘元冠.我国院校评估指标体系研究——从影响本科教学质量因素的视角[J].华东师范大学学报(教育科学版),2014(4):55-62.

员国的高等教育发展提供了质量保障①。此项院校评估项目也作为中介评估机构，在高等教育和政府，社会和雇主、学生之间起到以评促建的平衡作用，评估突出院校变革绩点，旨在增加传统院校与国家社会经济联系的紧密度。

王红基于对"十二五"168 所新建本科高校合格评估数据的分析，提出了新建本科高校的应用型发展问题，比如师资结构不合理（具有博士学位的教师和正高级职称的教师比例偏低、"双师双能"型教师数偏少）、新办专业比例过大、实践教学处于初级阶段、毕业设计（论文）在实践中完成的比例偏低等②。这些指标相对于应用型本科建设而言，有些是与普通本科的办学理念有冲突，比如师资、专业等；有些是办学定位还未转型，比如实践教学、毕业论文等。此项研究显示，建立应用型本科分类评价体系很重要，直接关系到这些院校的应用型发展。

关于应用型本科院校发展的评估研究目前不多，台湾云林科技大学校长林聪明等人介绍了台湾高等技职教育的评鉴体系。教育评鉴模式的定义可分为目标导向评鉴、消费者导向评鉴、专家导向评鉴和 CIPP 评鉴模式等，台湾高等技职教育目前采用复合 CIPP 模式，目的是协助各校发展特色、达成追求卓越的目标。评鉴的内容主要包括学校行政绩效（综合校务、教务、学务及行政支持等四组）以及专业领域办学绩效（含学院与系所两个层次）。评鉴趋向整体观，即以院校整体办学水平为评鉴对象，兼重目标、专家和消费者导向等多元评鉴的综合运用，强调重点项目引导，重视专业委员和教育委员在评鉴中的专业地位③。近年来台湾高等技职院校的评鉴更趋向对校园资源整合能力的评估，力求量化与质性相结合，评鉴内容的分配比例趋向弹性化，评鉴重点为师生的实务技术，包括教师的实务研究及学术研究成果，毕业生进入相关职场的比例，毕业生就业率、职业资格证取得率和升学率，企业主对于毕

① 王婧.欧洲大学协会院校评估项目研究[D].金华:浙江师范大学,2015.
② 王红.我国新建本科高校应用型发展问题与对策——基于"十二五"168 所新建本科高校合格评估数据的分析[J].西南大学学报(社会科学版),2017,43(6):76-81.
③ 林聪明,巫铭昌,郑美君,等.台湾高等技职教育的评鉴制度与实施[J].职业技术教育(教科版),2005,26(22):31-38.

业生的评价,开展产业发展所需要的回流教育的成效,等等。

关于院校评价的基础理论研究国内不多,刘献君在讨论我国本科教学工作水平评估时总结了历史上出现过的四种评估模式,即目标取向的教育评估、过程取向的教育评估、主体取向的教育评估和主体间和谐发展的教育评估[①]。目标取向的教育评估也称泰勒模式,即把目标细化为评估指标进行评估;过程取向的教育评估是从克龙巴赫开始的,通过形成性评估提供的有用信息,推动被评估者的发展,强调评估者和被评估者的交互作用;主体取向的教育评估强调每个主体通过对自己行为的"反省"获得主动发展;主体间和谐发展的教育评估强调教育评估是评估者与被评估者双方共同建构意义的过程。国外高等教育质量评估起步较早,文献较多,典型的研究有丹纳·格林的《什么是高等教育质量?》[②],对高等教育的质量观提出了新的认识,其中提出的适应需求的质量观对英国"一元体制多元模式"质量保证体系的建立起关键作用,并成立英国高等教育质量保障署,以此理念开展评估。美国学者提出了八种"不同目标不同评价体系"评估理论[③],包括以测量为目的的评估、以质量控制为目的的评估、以预算绩效为目的的评估、以导向为目的的评估、以推进为目的的评估、以奖励为目的的评估、以了解为目的的评估、以改进为目的的评估。

目前国内国外,用 CIPP 模式引入高等院校评估的研究较多。国外学者 Ravi Chinta 在《高等院校评估概念框架》中认为,CIPP(即背景、投入、过程、产出)的绩效评估模式很适合评估一所高等院校的业绩[④]。CIPP 是细分了生源进行评估的模式,在美国以 SAT、ACT 和 ETS 入学生源比例划分院校,然

---

①　刘献君. 以质量为核心的教学评估体系构建——兼论我国本科教学工作水平评估[J]. 高等教育研究,2007,28(7):37-43.

②　DIANA GREEN. What is quality in higher education[M]. Buckingham:SRHE and Open University Press,1994:13-15.

③　ROBERT D BEHN. Why measure performance? Different purposes require different measures[J]. Public Administration Review,2003,63(5):86-606.

④　RAVI CHINTA. Aconceptual framework for evaluating higher education institutions[J]. International Journal of Educational Management,2016,30(6):989-1002.

后进行投入、过程和产出评价。国内学者的研究以应用 CIPP 建立评估体系为主,比较典型的是第三军医大学黄继东的博士论文《基于 CIPP 模型的军队学历教育院校教学评价指标体系的研究》,提出了以不同层次不同类型院校进行评价的设计,以推进为目标的质量评价方式①。

第四节　应用型本科院校转型理论共识和可拓展空间

应用型本科是高等教育大众化的产物,以应用性人才培养、应用性本科教育、应用型人才培养、应用型本科教育、应用型本科院校等名称贯穿近 20 年的研究。关于应用型本科的生成背景、特征、内涵等已基本形成共识,即应用型本科是适应科技经济发展新阶段、产业变革、高等教育大众化的产物,办学定位以应用性、地方性和服务性为特征,学科专业结构与当地产业结构紧密结合体现专业特色,学习产出以就业和创业为特色。关于应用型本科的理论探讨也产生了一些共识,其中以高等教育分类理论做理论分析的研究为主流,也有部分研究者开始以知识生产模式变迁理论和符应原则进行分析。关于应用型本科评估的研究,大部分是基于高等教育分类理论的分类评价,但缺乏对分类理论下分类评价标准的研究,而且局限在对应用型本科的一些特征的评估上,缺乏对完整评估体系的研究。

一、应用型本科的特征和内涵逐渐形成共识

1. 应用型本科教育特征

应用型本科教育是高等教育适应社会经济发展,具有地方性、专业性、应

① 黄继东.基于 CIPP 模型的军队学历教育院校教学评价指标体系的研究[D].重庆:第三军医大学,2013.

用性和服务性特色的新型本科教育。应用型本科教育的基本特征包括5个方面：人才培养定位以应用型为主；专业设置以应用类为主；人才培养模式重视实践教学；学生就业面向地方经济和行业需求；评价体系多元化。这些研究共识为国家政策的指导性意见出台，以及应用型本科的转型和发展提供了科学的理论依据。

2. 应用型本科人才培养模式

以应用型本科人才培养为视角的研究，其主体范围相对较广，既可以是研究型大学中的应用型人才培养，也可以是职业技术学校中的技术技能型应用型人才培养，因此研究起步相对较早。总结相关研究，关于应用型本科人才培养的观点如下：一是不同于学术型人才的培养定位，要以应用性、创新性、实践性和地方性或服务性为特征；二是人才培养的模式注重实践教学，应该建立适应我国应用型本科人才培养的体系，比如开展模块化教学、项目制教学，借鉴国外应用型人才培养经验，开展"三明治"教学、合作教学、"双元制"模式等；三是应用型人才培养的运行机制，既要有"双师"型师资的保障，也要有产学研合作的良好运作机制，更要建立适应应用型人才培养的院校评估机制和教学评价机制。近几年，应用型本科人才培养模式研究中关于学生创新创业的研究较多，原因是这部分大学的学生直接就业和创业的较多，并且学校在培养他们的过程中与社会经济密切接触，涉及产业的周期性革新等。这对应用型本科院校学生的创新创业能力要求较高，包括在应用型本科转型中提出建立创业型大学等。

3. 应用型本科转型发展

在转型的动因、内涵以及运行机制方面已有初步研究，应用型本科转型分类评估的观点也已经形成。关于转型，出现了两种不同的观点，一种认为应用型本科要转变学术迁移的观点，重新调整办学定位、学科专业结构、人才培养模式等，避免高等学校趋同化。另一种认为新建本科院校或地方本科院校建校时间短，大多是从职业技术型的学校升格而成，何来转型，应该是以建设为主，包括应用型学科建设、师资建设、学校文化建设等。分析这两种不同的观点，发现两者的本质还是一致的，就是这些院校都在思考和探索高等教育大众化背景下应用型本科转型发展如何寻求创新模式,突出办学优势。国内研究对应用型本科转型院校评价体系的必要性和可行性已有涉及,对转型院校评价的价值取向、基本原则和特色发展已有探索,但缺乏具体的转型院校评价体系研究。

二、理论可拓展空间

关于应用型本科研究,由于国家政策的变化、实际办学中问题多,需要摸索和探究的新实验多,与高等职业教育研究类似,一直处于工作经验总结的研究状态,在以后的研究中还存在可拓展的空间。

1. 应用型本科基础理论

从上述与应用型本科相关的研究中可知,一是我国近二十年的应用型本科研究在名称和概念上没有明晰地统一。研究界和办学实践中以应用性本科教育、应用型本科教育、应用型人才培养、应用型本科院校等称谓进行研究,有些说的是同一层次同一内涵的问题,有些用着同一概念其实是在研究不同的实体,比如"应用性本科教育""应用型本科教育"研究的是如何培养应用型人才,所面对的实体可能是地方本科院校,也可能是传统大学,而"应用型人才培养"更是一个宽泛的概念,可以包括学术型大学中的应用型人才培养、地方本科院校、新建本科院校的应用型人才培养,也可以是高等职业院校的应用型人才培养。"应用型本科院校"是应用型人才培养中的一类办学实体,应用型人才作为社会经济发展中的重要人力资源,如何培养?研究中争议较多的是应用型本科具体是指哪些院校,比如有学者界定为新建本科院校,还有学者认为是地方高等院校或独立学院,在各省转型试点院校中更是没有统一界定,比如浙江省把杭州师范大学也列入试点院校。因此,从概念和理论层面对应用型本科的研究还有待深入和科学化、学术化。本著作认为在研究应用型本科相关问题时要明确指向,厘清应用型本科教育、应用型本科人才培养、应用型本科院校的研究指向。以"应用型人才培养"为视角的研究,其主体范围相对较广,既可以是研究型大学中的应用型人才培养,也可以是职业技术学校中的应用型人才培养。以"应用型本科教育"为视角的研究，既可以高等教育分类为基础，研究新建本科院校作为新型高等教育类型的特征和内涵，也可以把应用型本科教育作为高等教育改革的新趋势，提出应用型本科教育是所有高等教育类型本科教育的主要目标。以"应用型本科院校"为视角的研究，指向是培养应用型人才或者说是应用型本科教育的办学主体，在我国现阶段特指地方本科院校、新建本科院校，以及2015年开始在政策推进中转型的新型应用型本科院校。二是缺乏对应用型本科的理论和哲学层面的探讨。高等教育分类理论解决了应用型本科定位问题，但对应用型本科的内涵特征的研究缺乏理论基础，比如对应用学科专业、应用研究等关键概念没有高等教育理论层面的分析。本著作尝试用知识生产模式变迁理论，分析新一轮应用型本科转型发展内涵特征。

2. 应用型本科分类应用理论

从我国高等教育近20年的发展看，目前已经初步形成了新的高等教育系统，从原有单一的层次之分系统演变成多元模式，在高等教育界约定俗成的一些分类已经形成，比如985、211和普通大学，研究型大学、教学研究型大学、教学型大学等。学界对高等教育分类的研究，以潘懋元和陈厚丰为主，但总体没有形成共识。陈厚丰在分析中国高等教育分类研究现状时提出，中国高教分类研究要加强应用研究，集中力量研究中国高等教育分类的依据、标准和指标及配套的制度和政策框架。无论是讨论高校定位和高等教育学制改革还是探讨高等教育结构改革问题，都必须以高校分类标准及指标体系的研究与设计为基础，高校分类标准及指标的确定又必须以高等教育分类研究为前提。

3. 应用型本科院校发展或评价理论

应用型本科院校作为办学实体，目前研究界在办学定位、学科专业结构和人才培养模式等方面对其做了初步研究，但缺乏整体性研究。国外有一项相似研究是关于英国多科技术学院的，它以英国多科技术学院30年的发展史为研究对象，具体分析了其办学特征、学生入学、课程结构、教学模式、教师结构、财政收入、学校治理等，为我们揭示了"双重制"学位体系下应用型本科的特征①。国内关于这方面的研究以分析借鉴外国研究为主,比如德国的技术大学研究、美国的社区学院研究、日本的短期科技大学研究等。因此,对现阶段我国发展比较典型的应用型本科大学院校的研究具有广阔空间。本著作试图在对浙江省 10 所试点示范院校转型实践案例进行研究的基础上,明晰几个问题:一是应用型本科院校在现阶段是怎样的形态;二是这类院校的具体指标体系和特征如何;三是需要配套的政策和制度设计应该有哪些。

---

① PRATT JOHN. The polytechnic college experiment:1965—1992 [EB/OL].
https://eric.ed.gov/? q=The++polytechnic+experiment&ft=on&id=ED415724.

第三章　应用型本科院校转型政策推进中的策略空间

　　所谓策略空间是指作为行动者的政策对象为了满足自身的政策需求,在与政策部门互动并要求其提供政策供给的过程中,通过采取策略行为而发现和利用的、由政策系统结构性制约所决定的协商机会①。新一轮应用型本科转型的政策推进,是建立在省级统筹层面的"自上而下"和"自下而上"的实施模式,给应用型本科院校转型提供了一个策略空间,这种政策空间是缘于国家层面对应用型本科的认知模糊,高等教育理论界也缺乏统一的概念界定,院校办学实践中更是存在不同的观念。从中央到省级层面转型政策实施的过程中,始终存在着对政策实施的解释、分析和定位。从中央到地方,政策实施的角度、切入点有很多差异,显示了从政府、地方到高等教育界对应用型本科的认识不一,省级统筹的政策实施存在着3个层面的策略空间,一是应用型本科的办学空间,二是哪些大学需转型的策略空间,三是应用型本科分类评价体系建设空间。在《高等教育新论——多学科的研究》中,塞里奇特别强调两点:一是高等教育领域,政策实施的难度因系统的内在复杂性和"底部沉重"性质而加剧。所谓"底部沉重"性质是用组织的观点来说的,高等学校是一种"底部沉重"的组织结构,也就是说,在基层的学科和专业集中了绝大部分的学术事务和学术权力,学院和大学只不过是将众多学科专业进行松散联合的组织。二是复杂的系统要求提供多种多样的和复杂的答案,才有助于形

---

　　① 林小英.中国教育政策过程中的策略空间:一个对政策变迁的解释框架[J].北京大学教育评论,2006,4(4):130-149.

成政策的观点,有助于探索改革和变化的各种维度之间的相互作用。应用型本科转型发展政策实施中,涉及对高等教育功能的重新定义,关键概念内涵的价值重构。

第一节　应用型本科院校转型公共控制与专业化平衡

一、基于省级统筹的应用型本科转型发展政策

中国政府自 2014 年起开始了新一轮的职业教育体系建设。2014 年 6 月,国务院召开全国职业教育工作会议,对引导地方普通本科高校转型发展做出了战略部署,印发了《关于加快发展现代职业教育的决定》和《现代职业教育体系建设规划(2014—2020 年)》。《关于加快发展现代职业教育的决定》提出:"引导普通本科高等学校转型发展。采取试点推动、示范引领等方式,引导一批普通本科高等学校向应用技术类型高等学校转型,重点举办本科职业教育。独立学院转设为独立设置高等学校时,鼓励其定位为应用技术类型高等学校。建立高等学校分类体系,实行分类管理,加快建立分类设置、评价、指导、拨款制度。招生、投入等政策措施向应用技术类型高等学校倾斜。"①《现代职业教育体系建设规划(2014—2020 年)》提出:"推进高等学校分类管理。建立高等学校分类体系,探索对研究类型高校、应用技术类型高校、高等职业学校等不同类型的高等学校实行分类设置、评价、指导、评估、拨款制度。鼓励举办应用技术类型高校,将其建设成为直接服务区域经济社会发展,以举办本科职业教育为重点,融职业教育、高等教育和继续教育于一体

---

① 国务院关于加快发展现代职业教育的决定[EB/OL].(2014-06-22)[2021-11-18].http://www.moe.gov.cn/jyb_xxgk/moe_20140622.

的新型大学。"①2015 年 11 月,教育部、国家发改委、财政部联合印发《关于引导部分地方普通本科高校向应用型转变的指导意见》,提出要采取试点先行、示范引领等方式,确定一批有条件、有意愿的试点高校率先探索应用型(含应用技术大学、学院)发展模式,充分发挥评估评价制度的导向作用,以评促建、以评促转,使转型高校的教育目标和质量标准更加对接社会需求、更加符合应用型高校的办学定位。② 关于新一轮应用型本科转型,从政策文本分析,转型的动因是解决高等教育结构性矛盾突出问题,适应经济结构深刻调整,特别是根据产业升级、社会文化建设不断推进和创新驱动发展战略实施过程中的社会需求,增强地方高校为区域经济社会发展服务的能力、为行业企业技术进步服务的能力、为学习者创造价值的能力。转型的着力点是"破解转型发展改革中顶层设计不够、改革动力不足、体制束缚太多"等突出问题。转型目标是"把办学思路真正转到服务地方经济社会发展上来,转到产教融合校企合作上来,转到培养应用型技术技能型人才上来,转到增强学生就业创业能力上来,全面提高学校服务区域经济社会发展和创新驱动发展的能力""以服务新产业、新业态、新技术为突破口,形成一批服务产业转型升级和先进技术转移应用特色鲜明的应用技术大学、学院"。

根据"顶层设计、综合改革;需求导向、服务地方;试点先行、示范引领;省级统筹、协同推进"的基本思路,遵循"省级统筹、协同推进"的政策实施原则,各省纷纷出台相关政策,省域范围的政策名称和关注点各不相同。下面列举较早出台政策的 8 个省(市)概况,如表 3-1 所示。

① 教育部 国家发展改革委 财政部引导部分地方普通本科高校向应用型转变的指导意见[EB/OL]. (2015-10-23)[2021-11-21]. http://www. moe. gov. cn/srcsite/A03/moe_1892/moe_630/201511/t20151113_218942. html.

② 教育部 国家发展改革委 财政部关于引导部分地方普通本科高校向应用型转变的指导意见[EB/OL]. (2015-10-23)[2021-11-21]. http://www. moe. gov. cn/srcsite/A03/moe_1892/moe_630/201511/t20151113_218942. html.

表 3-1　较早出台政策的 8 个省(市)概况

省(市)	政策	具体措施
山东	《关于实施普通本科高校应用型人才培养专业发展支持计划试点工作的通知》	支持 24 个专业试点
安徽	2008 年 12 月,安徽省正式创立了全国第一个以新建本科高校为主,以培养应用型人才、开展应用型研究为主要任务的"应用型本科高校联盟",简称"行知联盟"	成立应用型本科高校联盟,包括 14 所新升本科,27 所 2009 年后成立的本科
福建	《福建省教育厅、福建省发展和改革委员会、福建省财政厅关于开展普通本科高校向应用型转变试点工作的通知》	143 个专业列入高校应用型本科人才培养试点专业,18 所高校列为示范性应用型本科
四川	《关于引导部分地方普通本科高校向应用型转变的实施意见》	15 所高校,200 个专业,400 门课程,要求校企合作达到 70%
江苏	《关于全面深化应用型本科院校人才培养改革的意见》	普通本科院校 21 所,独立学院 25 所
浙江	《关于积极促进更多本科高校加强应用型建设的指导意见》	41 所地方本科院校试点,10 所试点示范院校
广东	《关于全面推进广东省高校应用型本科人才培养模式改革工作的若干意见》	14 所本科高校试点
上海	市属高校应用型本科首批试点	启动 26 个试点专业

可见,新一轮应用型本科转型的政策推进,是建立在省级统筹层面的"自上而下"和"自下而上"的实施模式,给应用型本科院校转型提供了一个策略空间,这种策略空间是缘于国家层面对应用型本科的认知模糊,高等教育理论界缺乏统一的概念界定,以及院校办学实践中存在不同的观念。基于应用型本科与经济发展的紧密关系,以省域层面推动转型,可以平衡国家、地方、经济和高等教育自身规律,形成一个适应中国经济发展的高等教育新系统,重构一个与区域经济紧密结合的高等教育新模式——应用型本科。这种提供策略空间的政策实施模式,使地方政府和试点学校有了改革创新的自主空间。

二、政策实施中公共控制与专业化平衡空间

从中央到省级层面转型政策实施的过程中，始终存在着对政策实施的解释、分析和定位。

从教育部层面来看，《国务院关于加快发展现代职业教育的决定》发布之后，教育部职成教司前司长葛道凯专门解释了普通高校转型问题。2014 年 6 月 27 日，他在国务院新闻办举行的新闻发布会上表示：

> 国务院发文要推动一批本科高校转型发展，转型发展的核心是要建立中国高校的分类体系，对高等学校实行分类管理。先从现有的本科高校划出一部分，推动它们更多地培养应用型人才、技能型人才。①。

《关于引导部分地方普通本科高校向应用型转变的指导意见》颁布后，教育部发展规划司负责人答记者问时称：

> 转型的关键是明确办学定位、凝练办学特色、转变办学方式。基本要义是已有普通本科高校的转型发展，是办学思路、办学定位和办学模式的调整，不是"挂牌"、更名或升格。转型发展涉及高校治理结构、专业体系、课程、教学、师资结构等方面，是全方位、系统性的改革。
>
> （下一步如何有序推进部分本科高校转型发展？）一是加强改革试点统筹指导。将转型发展作为教育"十三五"规划的重要内容，落实各省级政府转型发展的责任主体，支持各地从区域经济社会发展和高等教育整体布局结构出发，加强高等教育的统筹，有序开展改革试点，科学制定省级试点方案。二是加快推进配套制度改革。制定应用型高校评估标准，开展转型发展成效评估，以评促建、以评促转。制定试点高校扩大专业设置自主权的改革方案，支持试点高校依法加快设置适应新产业、新业

---

① 教育部：六百所本科高校转型说法不准确［EB/OL］.（2014-06-27）［2021-11-17］. http://theory.people.com.cn/n/2014/0627/c40531-25207182.html.

态、新技术发展的新专业。支持地方制定校企合作相关法规制度和配套政策。三是总结推广试点典型经验。[①]

省级层面的试点政策实施以浙江省为例。浙江省于 2015 年 4 月 22 日发布了《浙江省教育厅 浙江省发展和改革委员会 浙江省财政厅关于积极促进更多本科高校加强应用型建设的指导意见》[②](以下简称《指导意见》),有以下几个核心内涵。

总体目标:争取用 5 年时间,推动更多本科院校加强应用型建设。应用型专业占所在院校专业数的 70% 以上,前 8 位应用型专业就读的学生占所在校在校生的 30% 以上。学校应用型特色鲜明并被社会认可,一批院校应用型建设走在全国同类院校前列。

对应中央政府提的"转型",浙江省提得更多的是促进地方本科高校加强应用型"建设"。浙江省根据教育部应用型本科转型指导意见提出的试点推进、示范引领的原则,提出了"鼓励试点、面向需求、突出改革、分类指导"的转型路径选择。一是鼓励试点。采取学校自愿申报的方式,重点鼓励学校整体试点,也允许学校选择若干二级学院或专业群先行先试,高校在明确应用型建设方向的大前提下,可以根据学校特色创造性制定试点方案。二是面向需求。高校要认真分析经济社会发展对人才的新需求和自身基础条件,科学定位人才培养类型、规格与标准,提高学校和学生适应人力资源市场变化的能力。三是突出改革。以改革为抓手,解决人才培养中的突出问题,改革办学体制、完善治理结构,创新人才培养和师资队伍建设机制,优化学科专业结构。四是分类指导。按照"不同的建设任务,不同的政策支持,不同的考核要求",建立健全分类指导支持政策体系。

---

① 教育部有关负责人就部分本科高校转型发展问题答问[EB/OL]. (2015-11-16) [2021-11-17]. http://www.gov.cn/zhengce/2015-11/16/content_5013104.htm.

② 浙江省教育厅 浙江省发展和改革委员会 浙江省财政厅.关于积极促进更多本科高校加强应用型建设的指导意见[EB/OL]. (2015-04-22)[2021-11-19]. http://jyt.zj.gov.cn/art/2015/4/22/art_1228998760_27484667.html.

浙江省教育厅于 2015 年 5 月,要求相关普通本科院校(含独立学院)报送的试点实施方案。

各普通本科院校(独立学院):

近期,省教育厅和省发改委、省财政厅联合印发了《关于积极促进更多本科高校加强应用型建设的指导意见》(浙教高教〔2015〕47 号),请有关高校按照文件精神,结合学校实际,加强顶层设计,科学论证,认真制定试点实施方案,并于 2015 年 6 月 25 日前将书面试点申请及试点实施方案(一式 3 份)报送省教育厅高教处备案(同时报送电子文档)。今后,我们将着手研究建立应用型高校本科教学工作及业绩考核指标,实行分类考核;支持应用型本科高校申报专业学位硕士点,促进应用型本科高校特色发展。2016 年,教育厅将会同有关部门,择优遴选应用型试点高校进行重点指导和支持。①

浙江省教育厅相关处室负责人进一步阐释了《指导意见》文件精神。

省教育厅高教处负责人认为,高校要摆脱认识误区,"加强应用型"建设与学校办学层次高低无关,而是高校分类发展的一种路径。

省教育厅计财处负责人认为,教育部倡导一部分地方本科院校向应用型转型,主要是引导部分本科院校进行人才培养模式的改革,培养应用技术人才,从而破解现实中存在的"就业难"和"技工荒"困局。浙江省鼓励高校,尤其是更多地方性本科院校根据所在区域需求,明确办学定位和人才培养。

"以往,多数本科高校都向 985、211 等'国家队'看齐,往学术型、研究型大学这一条路上挤。"省教育厅有关领导说,过于偏重学术,导致高校盲目追求博士、硕士点设置数,论文发表数,学科专业数等,严重忽略学

---

① 浙江省教育厅办公室关于报送加强应用型建设试点实施方案的通知[EB/OL].
(2015-05-25)[2021-11-19]. http://jyt. zj. gov. cn/art/2015/5/25/art_1228998760_
27484671. html.

生实践技能的培养,导致毕业生跟不上社会实际需求、与行业发展脱节严重,特别是工程技术人才短缺、行业"用工荒"的同时,学生"就业难"现象突出。

开放式办学将成为新常态。浙江省将探索建立学校与行业企业共建共管二级学院或专业群的制度,进行二级学院混合所有制试点。鼓励高校与行业企业合作建设实训基地、实习基地、创业基地,共同开发教学资源。

评价体系改革也已经开始探索。评价体系的标准将更注重考察人才培养与地方经济社会发展需要的契合度、高校为地方经济社会发展的贡献度、毕业生对自身职业发展现状的满意度,以及用人单位对学生的满意度。

试点院校层面。目前省属各高校共有专业布点2000多个,其中应用型较强的工科类专业占据二分之一,这为本科高校加强应用建设提供基础。①

2015年7月,浙江确定省内41所学校为加强应用型建设试点本科院校,分别是浙江师范大学、浙江中医药大学、浙江海洋学院、浙江科技学院、浙江传媒学院、嘉兴学院、浙江万里学院、浙江树人学院、温州大学、衢州学院、绍兴文理学院、湖州师范学院、台州学院、丽水学院、宁波工程学院、浙江警察学院、浙江越秀外国语学院、宁波大红鹰学院、浙江水利水电学院、浙江大学城市学院、浙江大学宁波理工学院、浙江工业大学之江学院、浙江师范大学行知学院、宁波大学科学技术学院、浙江理工大学科技与艺术学院、杭州电子科技大学信息工程学院、浙江工商大学杭州商学院、中国计量学院现代科技学院、浙江中医药大学滨江学院、浙江海洋学院东海科学技术学院、浙江农林大学暨阳学院、温州医科大学仁济学院、浙江财经大学东方学院、嘉兴学院南湖学

---

① 浙江日报:舍弃"高大上"转向专而精 我省41所本科院校试点从学术型转向应用型[EB/OL]. (2015-11-09)[2021-11-19]. http://jyt. zj. gov. cn/art/2015/11/9/art_1532836_21456828. html.

院、杭州师范大学钱江学院、温州大学瓯江学院、温州大学城市学院、绍兴文理学院元培学院、湖州师范学院求真学院、同济大学浙江学院、上海财经大学浙江学院。

浙江工业大学之江学院党委书记郑亚萍认为，高校搞应用型建设并不是降格，只有在应用型建设的大潮中先发制人，才能占据今后发展的主动和优势。

宁波大学科学技术学院副院长林学明表示，学院形成了与应用型本科人才培养相适应的"平台＋模块＋拓展"的课程结构体系。2015 年 5 月成立的电子商学院将成为重点打造的学科，将以应用型人才培养为导向，创新人才培养模式，制定出基于校企合作、项目驱动式、多维课堂联动等多种教学模式。

浙江师范大学本科教学部主任赵雷洪认为："分层分类培养学生是我们的理念。"浙师大文化创意类等专业着眼于浙中、浙西南地区经济社会发展与产业结构需要设置专业学科群，加强应用型建设。

浙工大之江学院，加大实践教学比重，实训实习的课时占专业总课时的比例达到30％以上，学生在校期间参加实训的总时长要达到一年。①

试点院校的六项主要任务：一是转变办学理念。要求更多地方本科高校在办学中客观把握区位优势、资源条件、生源特点和学科类型，明确服务地方经济社会发展方向，强化重知识应用能力、实践能力、职业岗位能力和创新创业能力的人才培养理念。二是创新办学机制。提出要着力建立行业企业和用人单位参与的大学理事会(董事会)制度、专业指导委员会制度。探索建立学校和行业企业共建共管一级学院或专业(群)制度，进行一级学院混合所有制试点，鼓励高校与行业企业用人单位合作建设实训基地、实习基地、创业基地、共同开发教学资源。支持学校与行业企业建设多形式的技术合作中心和

① 浙江日报.舍弃"高大上"转向专而精 我省41所本科院校试点从学术型转向应用型［EB/OL］.(2015-11-09)［2021-11-19］. http://jyt. zj. gov. cn/art/2015/11/9/art_1532836_21456828.html.

各类人才培养培训平台。三是改革培养方式。细化培养标准和规格,加大复合型、创新创业型、技术技能型人才培养。四是加强教师队伍的建设。提高教师培养应用型人才的能力和水平,通过改革教师聘任制度和评价办法,深化教学评价、绩效考核、职务(职称)评聘、薪酬激励等制度改革。五是优化学科专业。加强应用型学科建设,开展应用型科学研究和科技创新,及时转化应用型科学研究与技术创新成果。六是增强创业能力。要建立创新创业基地,与合作企业共建创业基金,构建注重学生知识运用、实践能力、创新创业表现的考核评价体系,鼓励学生多形式探索创业,并对学生创业项目进行跟踪指导,推动专业教育与创业教育的有机结合。

要求各级财政加强对试点高校的支持,在国际合作办学、统筹高校招生计划、优化招生结构、扩大应用型人才培养规模,以及专业学位设置及专业研究生计划分配中重点向高水平应用型高校倾斜。以“四个契合度”原则建立评价体系,即“高校人才培养与地方经济社会发展需要的契合度,高校为地方经济社会发展的贡献度,毕业生对自身职业发展现状的满意度,用人单位对学生的满意度”。建立以高质量就业能力、产业服务能力、技术贡献能力为重点的应用型高校建设评估标准和评价体系。

2015 年 12 月 28 日,浙江省教育厅经评审,遴选确认 10 所学校作为应用型建设试点示范学校,试点示范学校建设周期为 5 年,实行中期评估动态调整,要求学校从实际出发,按照示范标准,积极探索建设的有效途径和措施,切实增强学生的就业创业能力,全面提高学校服务区域经济社会发展和创新驱动发展的能力。建设成效不明显、评估考核不理想的将退出示范。同时,对之前公布的 41 所试点学校也要开展不定期抽查。推进建设力度大、成绩显著的,可增补为示范学校。2017 年 11 月,出台《浙江省应用型本科院校建设指导性评价指标体系(试行)》,用于弥补应用型本科评价体系缺失问题。

从上述应用型本科转型的政策实施过程中,可以看到,从中央到地方,关于政策实施的角度、切入点有很大差异,显示了从政府、地方到高等教育界对应用型本科的认识不一,浙江省的政策实施经历了一个不确定过程,在“哪些院校需转型?”“是专业转型还是院校转型?”的困惑中,经历了 41 所本科院校试点到聚焦独立学院转型到最后确定 10 所试点示范院校的过程。省级统筹的政策实施存在着 3 个层面的策略空间,一是应用型本科的办学空间,二是哪些大学转型的策略空间,三是应用型本科分类评价体系建设空间。

应用型本科试点示范院校是策略空间的实践者,需要通过对应用型本科办学实体、关键概念和办学机制的创新进行价值补充。第一,国家政策部门以“省级统筹”的行政自由裁量权决定了应用型本科转型的可变通性,转型的含义变得复杂,既可以指一些具有一定办学历史、学术倾向深厚的地方本科院校“转型”“应用型”,也可指新建地方本科院校建设“应用型”。第二,策略空间是由应用型本科转型政策特征决定的,但需要行动者发现和实现策略空间,需要通过省级层面、试点示范院校与政策部门的互动才能实现。第三,策略空间为应用型本科试点示范院校满足自身的政策需求提供了可能性,试点示范院校需要从政策系统各个要素中寻求实现途径。第四,寻求应用型本科转型策略空间不仅对试点示范院校有价值,而且对各级政策部门的决策过程也有价值。

第二节　应用型本科院校转型发展核心概念和理论基础

一、基于技术系统的应用型本科院校转型发展

组织理论中,帕森斯将院校组织的功能系统分为技术系统、管理系统和文化系统[①]。本著作认为院校转型应侧重于技术系统,帕森斯认为:在教育组

---

① 帕森斯. 现代社会的结构与过程[M]. 梁向阳,译. 北京:光明日报出版社,1988:48-60.

织中,"技术"功能是教学的实际过程①。技术系统包括学科专业布局、课程、教学、人才培养模式等,伯顿·克拉克在《高等教育系统》中指出:"学科就是产品线。"②

从技术系统角度,应用型本科的出现和发展,可用知识生产模式变迁理论进行解释。知识生产模式变迁理论是20世纪90年代美国学者迈克尔吉本斯等人提出的,即知识生产模式1和模式2的概念。模式1是在认知的语境中进行,模式1按照某个特定学科的操作规则进行问题处理,是由统治着基础研究或学科的认知及社会规范所规定的。模式2是在应用的情景中进行的,以跨学科性、异质性和灵活性的特征弥散在大学,以及大学之外的各种机构中,已经对整个社会产生了弥散性的影响。模式2对高等教育的影响更为深刻,高等教育学位不再为文科和理科所垄断,现今的科目涵盖了专业职业的教育和职业培训。人们关注的焦点从自由探究转向了解决问题,也就是问题导向的研究。随着问责制的扩展,大学教师不再享有崇高的地位,大学成为一个更大、更紧密的并深入产业界、政府和媒体的知识机构网络的一部分。与此同时,大学内部组织随之变迁,院系大多已经成为行政的而非智力中心,真正的学术单位则变为课程或研究团队。专业化使大学压缩了专业知识积累之外的大部分道德和文化诉求。在模式2驱动下,大学走出象牙塔,进一步与社会深度融合。高等教育的办学模式也瞬间多样化,传统的老牌大学、新大学、城市大学、技术大学、职业技术学院和继续教育学院等均进入高等教育范畴,有些国家为其名曰"第三级教育"(tertiary education 或 postsecondary education)③。吉本斯认为,高等教育大众化与知识生产模式的变迁是同时代进行的,新建的大众高等教育机构开始影响到其他社会机构,它们培养出大

---

① 帕森斯.现代社会的结构与过程[M].梁向阳,译.北京:光明日报出版社,1988:49.

② 伯顿·R.克拉克.高等教育系统——学术组织的跨国研究[M].王承绪,等译.杭州:杭州大学出版社,1994:199-201.

③ 经济合作与发展组织.重新定义第三级教育[M].谢维和,等编译.北京:高等教育出版社,2002:3.

量的科学家和工程师,他们散布在经济领域,承担着过去由技师完成的工作①。这些新建的高等教育机构,比如英国的多科技术学院、美国的州立大学等,以及我国的应用型本科院校等,曾经被视作第二级教育,现在也成为知识生产的机构之一。

在我国,应用型本科是指以应用学科建设为主,以应用型办学目标、办学定位为宗旨,以培养应用型人才,发展学生应用科技能力为主的本科学校②。目前特指接受地方政府管理的地方本科院校、新建本科院校以及具有本科资质的独立院校和民办院校,这类高校以培养应用型科技人才为目标,以应用型本科为发展方向,以服务区域经济和地方发展为目的学校③。2014 年发布的《关于加快发展现代职业教育的决定》《现代职业教育体系建设规划(2014—2020 年)》,以及 2015 年的《关于引导部分地方普通本科高校向应用型转变的指导意见》等文件提出要采取试点推动、示范引领等方式,确定一批有条件、有意愿的试点高校率先探索应用型(含应用技术大学、学院)发展模式。因此,可进一步认证知识生产模式变迁对高等教育变革的作用。

二、应用型本科院校转型核心概念和理论基础

所谓转型,是指事物的结构形态、运转模型和人们观念的根本性转变过程,不同转型主体的状态及其与客观环境的适应程度,决定了转型内容和方向的多样性。转型是主动求新求变的过程,是一个创新的过程。例如:一个企业的成功转型,就是决策层按照外部环境的变化,对企业的体制机制、运行模式和发展战略大范围地进行动态调整和创新,将旧的发展模式转变为符合

---

① 迈克尔·吉本斯,卡米耶·利摩日,黑尔佳·诺沃提尼,等.知识生产的新模式:当代社会科学与研究的动力学[M].陈洪捷,沈文钦,译.北京:北京大学出版社,2011:64.
② 潘懋元.什么是应用型本科?[J].高教探索,2010(1):10—11.
③ 陈锋.关于部分普通本科商校转型发展的若干问题思考[J].中国高等教育,2014(12):16—20.

当前时代要求的新模式①。目前的应用型本科转型是在特定政策下的转型，是指自 2014 年 2 月 26 日开始，国务院常务会议研究部署加快发展现代职业教育，明确提出"引导一批普通本科高校向应用技术型高校转型"，后续由教育部按照国务院部署有序推进的改革，其核心的关注点不是"一批"涉及多少所高校，而是其所蕴含的制度创新意义②。

高等教育分类。高等教育分类理论是关于高等教育系统类型和层次划分的理论，出现于高等教育大众化和普及化的过程中，始于 20 世纪 70 年代，1970 年，克拉克·克尔(Clark Kerr)在美国卡内基高等教育委员会会议上首次提出"高等教育机构分类"框架③。其后有伯顿·克拉克(Burton R Clark)的"院校分工"理论，马丁·特罗(Martin Trow)的"高等教育分层"理论，克拉克·克尔的"高等院校任务分类理论"④。1973 年，美国卡内基教学促进基金会公布了"高等教育机构分类"，1997 年 8 月，联合国教科文组织批准《国际教育标准分类法》⑤，1960 年，美国加州推出"高等教育总体规划"，对加州区的高等教育功能进行分工，1966 年，英国教育与科学部颁布《关于多科技术学院与其他学院的计划》白皮书，在高等教育领域实行"双重制"。国内最早提出高等教育分类法的是潘懋元先生，提出按照"国际教育标准分类法"将国内目前高校分为 5A 和 5B，其中根据学科来设置专业的高等学校称为学科型高校(相当于"国际教育标准分类法"中的 5A1)，面向社会各行业领域设置专业的高等学校称为专业型高校(相当于"国际教育标准分类法"中的 5A2)，从事高

---

① 联合国教科文组织. 国际教育标准分类法(1997)[EB/OL]. http://www. uis. unesco. org/Education/Pages/international-standard-classification-of-education. aspx.

② 陈锋. 关于部分普通本科高校转型发展的若干问题思考[J]. 中国高等教育，2014 (12):16-20.

③ 伯顿·R. 克拉克. 高等教育系统——学术组织的跨国研究[M]. 王承绪，等译. 杭州:杭州大学出版社，1994:41-52.

④ 伯顿·克拉克. 高等教育新论——多学科的研究[M]. 王承绪，等译. 杭州:浙江教育出版社，2001:130-136.

⑤ 陈厚丰. 中国高等学校分类与定位问题研究[M]. 长沙:湖南大学出版社，2004: 142-147.

等职业教育、根据岗位和岗位群设置专业的高等学校称为职业型高校(相当于"国际教育标准分类法"中的5B)①。因此,分类标准还有待发展。

高等教育质量评价。质量保证是进入大众化阶段提出的概念。英国高等教育质量保障署首任主席 Diana Green 指出:高等教育质量是个多维度的概念②。传统的概念是:吸收卓越的学生,提供卓越的场所和服务,推出卓越的人才和研究成果,以牛津和剑桥为典范。现代的质量观还包括:顺从分类的质量标准原则、质量适切目标原则、质量适应国家或雇主的需求原则,等等。英国高等教育质量保障署以质量适切性原则为依据,建立了"一元体系下多样化模式"的质量保证体系,以"基准"加"标准"的方法,建立高等教育质量保证和提高评估体系。

目标取向的教育评估模式也被称为泰勒模式(Tyler Mode),是由美国著名学者泰勒(R. W. Tyler)在20世纪30年代提出的,该模式以目标为评估的根本依据,把目标细化为评估指标,然后根据细化后的评估指标,对评估对象进行评估。哈佛学者 Robert D. Behn 在《不同目标需要不同评估》中归纳了八种目标的评估方式,依次是以评估为目的、以控制为目的、以预算为目的、以动力为目的、以推进为目的、以鼓励为目的、以认识为目的、以改进为目的③,提出"评估什么就会获得什么"的观点。

院校评估是高等教育质量评估的一种方式,本著作中院校评估的概念是指普通高等学校本科教学工作进行的院校整体层面的评估。院校评估是根据一定的标准,以定量和定性的形式对院校教育满足社会与个体需要情况做出价值判断的活动④。目前国内高等教育院校评估有六种方式,包括普通高

① 潘懋元,陈厚丰.高等教育分类的方法论问题[J].高等教育研究,2006(3):8-13.

② DIANA GREEN. What is quality in higher education[M]. Buckingham:SRHE and Open University Press,1994:13-15.

③ ROBERT D BEHN. Why measure performance? Different purposes require different measures[J]. Public Administration Review,2003,63(5):586-606.

④ 朱铁壁.行业特色类高职院校评价指标体系的研究[J].江苏建筑职业技术学院学报,2014(12):36-39.

等学校本科教学工作合格评估、本科教学工作水平评估、高等学校学科教学评估、普通高等学校本科教学审核评估、高职高专院校人才培养水平评估、高等职业院校办学水平评估。国际上开展高等教育院校评估比较成熟的是英国和美国,英国高等教育院校评估的目标是:满足社会公众的信息需求,促使院校建立内部质量保证有效机制,保证所授学位及高等教育资格的学术标准均达到英格兰、威尔士及北爱尔兰高等教育资格框架的要求①。英国高等教育院校评估主要包括 5 个方面,一是院校内部质量保证体系与机制的有效性;二是教育质量与学位学术标准定期评估方式以及评价执行方式;三是院校提高研究生研究课程质量措施的有效性;四是院校对其内部质量保证结果的使用效果,对外部评估结论以及来自学生、毕业生、雇主信息的利用效果;五是院校公布的学位学术标准、教育质量信息以及教学质量信息的准确性与完整性②。美国高等教育院校认证是一种以自我评估和同行评估为基础的质量保障机制,认证主要是由非政府的、自愿参加的院校协会或专门职业协会下的独立认证机构负责进行。

第三节　应用型本科转型三种质量观冲突交织和价值补充

一、应用型本科转型发展中三种质量观的冲突交织

1. 应用型本科发展中三种质量观冲突交织的质量文化

目前我国对应用型本科的办学实体认定,基本包括地方普通本科院校、

---

① The Frame-work for higher education qualifications in England, Wales and Northern Ireland[EB/OL]. http://www. qaa. ac. uk/assuring-standards-and-quality/the-quality-code.

② Handbook for institutional audit:England[DB/OL]. http://www. qaa. ac. uk/reviews/subject review/handbook/contents. asp.

独立学院和民办学院,这些院校大部分办学历史短,是 1999 年后升格为本科的,小部分办学时间长些,一般是 20 世纪 80 年代从专业学院扩建成多科学院。2015 年国家政策推进转型的试点院校中,还有些省把师范大学也列入其中,教育部发展规划司陈锋认为:应用型本科的转型是指"将应用技术型高校建设成为直接融入技术进步过程和产业链价值创造过程,和地方、行业、企业共同成长的新型大学"[①]。这就意味着我国对应用型本科的认识超越了传统认知,国家、地方和院校自身开始倾向于把应用型本科建设成一种符合时代发展的新型大学模式。这些历史发展背景和新的转型理念,具体到某所应用型本科院校,浮现出三种质量观冲突交织在一起的质量文化。一是认识论与政治论的冲突。主要出现在讨论学科专业和课程建设时,认识论追求学科教学和研究的连贯性、基础性和学术性,政治论追求学科教学和研究的选择性、模块化和专业性。二是精英教育和大众教育质量观的冲突。这些冲突更多体现在课程组合、教学过程和教学评价中,精英教育主义者怀念自己大学时代的精英化氛围,认为大学就应该是精英教育,对现实中所教学生和教学效果不满意,充斥着对学生和教学质量下降的排斥情绪;认同高等教育大众化的教育者认为应迅速根据学生的来源和基础做出调整,提出适切的教学目标和教学改革,以及对学生的学业评价标准,但教学改革受精英主义束缚和排斥。三是学校地位质量观的冲突。从分层理论将应用型本科界定为"非大学"机构,到模糊地介于大学与非大学之间,在"985""211"这样的招生和大学资源分配中,处于第三、四批的大学或学院内部存在着顽强的争地位的质量观,表现在追求统一的国家评估指标,对院校排名的重视、对各种学科专项项目的争取,学习传统名牌大学的各种管理评价制度等各种质量观的冲突。

2. 应用型本科发展中面对的评估体系多元化和不适切

由于我国应用型本科在发展的过程中,始终存在定位模糊、目标不适切,以及应用型本科院校指向的不确定性等因素,我国的应用型本科院校内部存

---

① 陈锋.关于部分普通本科高校转型发展的若干问题思考[J].中国高等教育,2014(12):16-20.

在不同的质量文化冲突,面对外部评价更是多种评估并存。例如某地方文理学院,在办学过程中根据需求,需面对邱均平专业排行榜、武书连排行榜、本科高校合格评估、本科高校审核评估、学位授予评估、浙江省高等教育教学质量评估、毕业生起薪排行榜等。某地方医科大学经过10年发展已实现从教学型大学向应用研究型大学的转型,结合"双一流"建设,提出以一级学科发展作为遴选标准,凝练学科,集中资源做强若干一级学科。学校已从单一的医学学科发展为有33个本科专业,涵盖了2015年教育部颁布的《普通高等学校本科专业目录和专业介绍》中13个学科门类中的7个,形成了多学科的办学模式,面对的评估体系和地方文理学院类似,目前这些评估体系基本是按传统学术型高校设置指标,缺乏应用型特征。以教育部2012年印发的《普通高等学校本科教学合格评估方案(试行)》为例,其评估指标体系中的一级指标包括办学思路与领导作用、教师队伍、教学条件与利用、专业与课程建设、质量管理、学风建设与学生指导、教学质量七大项。但对应用型本科高校评价而言,不少对应用型本科高校评价非常核心的指标无法体现。比如:在师资队伍方面,二级指标涉及的师资队伍结构,只关注年龄、学历、学位、职称、学院结构、学科(专业)结构等,这个指标没有体现"双师双能"要求,比如专兼职教师的结构等;在教学条件方面,设置的是实验室和图书馆面积与图书数量的指标要求,而应用型本科高校更需要设置学校的校企合作情况与学生实习实训基地建设指标;在教学建设与改革方面,评估指标关注多媒体技术授课、网络教学等,而对应用型本科高校而言,更需要设置新媒体技术课程、网络课程、虚拟实训课程等,专业实践教学课程比例要求是25%,而应用型本科的实践教学指标比例已远远超过25%;在教学效果的指标上,观测点是就业率和就业质量,而缺少对创业率的关注,但创业率高是应用型本科的一项优势;同时,需要分类评价的是,在现行高考体系下,应用型本科高校的生源与研究型大学不在一个起点上,社会评估如果采用一些综合排名就无法有效评估与激励,需要更关注用人单位、产学研合作单位的相关评价等。而应用型本科转型发展中提出的4个办学契合度更没有在现有院校评估中得以体现,如毕业生在当地就业比例,高校服务地方项目与效益,这些反映地方高校支撑当地经济发展的重要观测点,或者缺位,或者反映得不够直接。

可见,应用型本科试点示范院校是策略空间的实践者,需要对应用型本科办学实体、关键概念和办学机制的创新进行价值补充。第一,国家政策部门以"省级统筹"的行政自由裁量权决定了应用型本科转型的可变通性,"转型"的含义变得复杂,既可以指一些具有一定办学历史、学术倾向深厚的地方本科院校"转型"为"应用型",也可指新建地方本科院校建设"应用型"。第二,策略空间是由应用型本科转型政策特征决定的,但需要行动者发现,并通过省级层面、试点示范院校与政策部门的互动才能实现。第三,策略空间为应用型本科试点示范院校满足自身的政策需求提供了可能性。试点示范院校需要从政策系统各个要素中寻求实现途径。第四,寻求应用型本科转型策略空间不仅对试点示范院校有价值,而且对各级政策部门的决策过程也有价值。

二、应用型本科院校转型核心概念和理论基础

在《高等教育新论——多学科的研究》中,塞里奇特别强调两点:一是高等教育领域,政策实施的难度因系统的内在复杂性和"底部沉重"性质而加剧。所谓"底部沉重"性质是用组织的观点来说的,高等学校是一种"底部沉重"的组织结构,也就是说,在基层的学科和专业集中了绝大部分的学术事务和学术权力,学院和大学只不过是将众多学科专业进行松散联合的组织。二是复杂的系统要求提供多种多样的和复杂的答案,才有助于形成政策的观点,有助于探索改革和变化的各种维度之间相互作用。克拉克认为贯彻政策比制定政策要困难得多[①]。高等教育系统的权力分散、目标模糊和矛盾,以及一大批利益集团的阻碍,需要政策实施者有持久的努力和特殊的能力,无论是"缓慢的"还是"激进式"的改革,都需要注重政策评价和政策实施过程中

① 伯顿·克拉克.高等教育新论——多学科的研究[M]. 王承绪,等译.杭州:浙江教育出版社,2001.

的因素分析。应用型本科转型发展政策实施中,涉及对高等教育功能的重新定义,关键概念内涵的重新认识和建构。具体包括:应用型本科院校存在的合法性和应用型本科院校转型发展中内涵变革的理论基础。

1. 分类理论确立了应用型本科发展的合法性

分类理论是 20 世纪 90 年代提出的,是在适应高等教育大众化普及化过程中产生的,目的是界定那些新出现的和发展纷繁的高等教育机构。潘懋元先生等人在高等教育分类研究中把这些院校与联合国的"国际教育标准分类法"相对应,认为我国这类在高等教育大众化进程中成长起来的院校有些共同点,一是按行业而不是按学科设置专业;二是承担一定的应用性科研任务,但总体上是以教学为主;三是以本科为主,有的也可培养应用型的专业研究生,如 MBA、临床医生、工程硕士、教育专业硕士等,个别专业已获得博士授予权;四是大多数为地方高等学校。这类院校可对应教育标准分类中的 5A2 类型,5A2 不是为研究做准备,而是应用科学理论从事高技术要求的专业工作,它可以培养专业硕士研究生,但以培养本科生为主;它可以进行科学研究,但以应用理论研究和开发研究为主①。德国学者 Hendrik Lacknerde 在《应用科学大学 50 年:德国应用型高校的成功模式及其发展前景》一文中提出:应用型的构建是一项不间断的持久性任务,应用型的特征更多的是不断追求进一步发展和优化②。比如在学校和实务界之间建立新的教学计划、学校和企业合作的创新整合或研发等方面,应用型高等教育绝不比传统高校要求低。这一类高校在德国经历了高等学校(Hochschulen)、应用科学高等学校(Hochschulen für angewandte Wissenschaften)、技术高等学校(technische Hochschulen)等不同的名称。类似的还有英国的多科技术学院,多科技术学院是 20 世纪 60 年代英国高等教育大众化时代的产物,在此后的 30 年间,英国高等教育保持着"双轨制",但进入 20 世纪 90 年代,应用型高等教育体系从

① 潘懋元,吴玫.高等学校分类与定位问题[J].复旦教育论坛,2003,1(3):8-12.

② HENDRIK LACKNERDE.应用科学大学 50 年:德国应用型高校的成功模式及其发展前景[J].应用型高等教育研究,2019,4(2):1-9.

"双轨制"演变到"一元体制多元化模式",多科技术学院也升格成多科技术大学,这个演变的过程与英国经济科技发展密切相关。今天看那些从多科技术学院(20 世纪 60 年代)升格为新大学(20 世纪 90 年代)的大学,还保持着应用型本科的特征,特殊的发展背景赋予了新大学鲜明的特点:一是办学方向立足教学,与产业紧密结合;二是科研方向主要集中在对基础研究要求较低,但是能迅速转化为产业需求的领域;三是课程专业设置灵活,能及时根据产业需求变化做出调整,注重学生实践经验和知识应用能力的培养①。其中,赫特福德、诺丁汉特伦特、牛津布鲁克斯、罗伯特戈登和普利茅斯等新大学在多项排名中已超越部分传统大学,赫特福德大学将自身定位为面向企业和产业的学校(enterprising and business-facing university),诺丁汉特伦特大学以教学质量和毕业生就业率见长,牛津布鲁克斯大学以学生满意度、可雇佣性为优势。② 如赫特福德大学(University of Hertfordshire)如今已成为英国领先的创业型大学,将个人和组织不断超越作为发展目标,与工商业有着密切的联系;哈德斯菲尔德大学(University of Huddersfield)成为全英五大"工读交替制课程"提供者之一,牛津布鲁克斯大学(Oxford Brooks University)以教学的卓越与创新而闻名于世。因此,Hendrik Lacknerde 认为,为了使应用科学大学能够在未来的教学、研究、继续教育和知识转化领域成功完成法律赋予它们的更多使命,建立"不同类但同等"的高等教育体系才是恰当的。分类理论给应用型本科的合理发展奠定了基础。这类新的高等教育机构,无论是英国的从"双轨制"到"一元体制多元化模式"过程中呈现的多科技术学院到多科技术大学,还是美国加州高等教育规划中的州立大学、联合国教科文组织的"国际教育标准分类法"中的 5A2 类型大学,以及德国的应用科学大学,已逐渐形成了分类发展的体系和空间。

2. 知识生产模式变迁理论赋予应用型本科核心价值重构

吉本斯在《21 世纪的高等教育》一文分析了模式 2 对高等教育的影响,提

---

① PRATT JOHN. The polytechnic college experiment:1965—1992 [EB/OL]. https://eric. ed. gov15724.

② 孙敏.英国多科技术学院调研报告(下)[J].世界教育信息,2013(11):33.

出知识生产模式 2 下的高等教育系统发生了变化,主要表现在 6 个方面①。一是学生群体的变化。学生有更为广泛的社会背景,大部分毕业生不再从事领导工作,而成为广大的工薪阶层,服务于公务员队伍和私人企业。二是教学与研究的张力,研究领域中知识生产的加速导致知识的短时性,因此高等教育教学中训练思维的传统被弱化。三是问题导向的研究日益增长。四是问责制的拓展,高等教育受国家、社会和学生、雇主等不同利益相关者问责的趋势日益明显。五是教学技术的开发和运用。六是高等教育经费的变化,高等教育经费从单一的国家拨款,发展到地方财政及各专项拨款和单项拨款,以及与地方合作的任务性拨款等多元拨款模式。这六大转变对高等教育人才培养模式的变革产生了直接的影响。高等教育的办学模式也瞬间多样化,传统的老牌大学、新大学、城市大学、技术大学、职业技术学院和继续教育学院等均进入高等教育范畴,有些国家谓其名曰"第三级教育"(tertiary education)。吉本斯认为,知识生产模式 2 背景下,在许多发达国家,主要参与学术和专门职业精英培养以及纯粹研究的传统大学,如今仅仅是不断扩展的高等教育和研究的一小部分了,而出现了两类其他取代性机构:一类是过去的理工学院,比如英国的多科技术学院,一度被"双轨制"认定为第二级教育;一类是企业班级(在国内现在也类似一些企业办的院校),这些新的知识生产的新场所有两个优于传统大学的特征②。第一,它们提供了更多有效的管理模式,在这些场所,战略规划不受同僚治理的限制,选择也不会被保证意见的统一而阻碍;第二,这些机构允许对急速变化的智力和职业需要做出更大调整,拥有向前看的企业文化,怀疑旧有学术文化的分界、分类和等级。

2015 年发布的应用型本科转型的政策导向显示,"转型"主要立足三方面,即办学方向转到服务地方经济、办学机制转到产教融合校企合作、人才培

① GIBBONS MICHAEL. Higher education relevance in the 21st century[EB/OL]. https://eric. ed. gov.

② 迈克尔·吉本斯,卡米耶·利摩日,黑尔佳·诺沃提尼,等. 知识生产的新模式:当代社会科学与研究的动力学[M]. 陈洪捷,沈文钦,等译. 北京:北京大学出版社,2011:71.

养转到培养应用型技术技能型人才,目的是全面提高学校服务区域经济社会
发展和创新驱动发展的能力。正如迈克尔·吉本斯所言,"对于一部分学院
和大学的管理者来讲,做出适应性变革的秘诀就在于成为模式 2 的一部分,进
入研究网络,参与到大学以外的那个不断变化的商品和服务市场中去"。知
识生产模式 2 从"学术部落"内部建立新的核心价值,实现高等教育变革。

第四章 应用型本科院校转型政策实施的
   地方实践

　　应用型本科与经济发展密切相关,浙江正处于产业转型升级和建设创新型经济体时期,正大力推进信息经济、智能制造、节能环保、文化旅游和金融布局等方面的发展,大量劳动密集型企业将被淘汰和转移,代之以应用科技型行业。新的经济体需要地方高校加强应用科学研究和开发,提高应用型人才培养水平。浙江省从省级层面统筹推进,政策定位在加强"应用"建设上,改变了许多院校对转型的迟疑态度。推进时经历了从 41 所符合转型的试点院校中遴选出 10 所示范院校的过程。10 所示范院校建立在动力一致、具有应用型办学基础、建设思路明晰、规划可行的基础上,院校可自主选择转型方式。转型方式分专业转型和院校整体转型两种,院校根据自身的办学基础确定转型趋向。具有百年办学历史的地方本科大学侧重专业学位研究生教育转型,提出变"学科逻辑"为"产业逻辑"设置学院的思路;独立学院依托母体学科资源转型各有特色,且依托母体强大学科资源、地处省会城市等明显优势,其学科专业转型与城市新兴产业和重点发展产业紧密结合,专业调整力度大,形成与城市建设发展密切相关的信息与智慧经济类、工程类、健康服务类、商科类、创新设计类五大应用学科专业群;民办学院发挥体制优势,以"行业学院""双院制""混合所有制"等模式推动转型;两个地级市院校,地处单列港口城市的院校发挥国家级产教融合基地单位优势,从工程类向新工科转型,以专业硕士培养点的突破为转型重点;地处内地的学院依托行业学校办学历史优势,从工科院校转型为以工为主、多科协调的学科专业结构,发挥与大院名校合作优势,契合地方产业发展;处在地级市的省属院校,转型依托

"改革力度大"的办学传统优势,在学科专业结构、体制改革等方面推动转型。

第一节　浙江省高等教育发展的经济和产业环境

一、浙江省经济发展和产业转型提升

浙江是改革开放先行省份,以民营经济和产业集群发展为特征和优势,市场经济发达,经济增速较快,经济总量列全国第四位,城镇居民和农民收入均处全国第一。2017年地区生产总值(GDP)51768亿元,比上年增长7.8%。其中,第一产业增加值2017亿元,第二产业增加值22472亿元,第三产业增加值27279亿元,分别增长2.8%、7.0%和8.8%,第三产业对GDP增长的贡献率为57.0%。三次产业增加值结构由上年的4.2:44.8:51.0调整为3.9:43.4:52.7。人均GDP为92057元(按年平均汇率折算为13634美元),增长6.6%。全年全员劳动生产率为13.7万元/人,按可比价计算比上年提高6.9%①。

《浙江省国民经济和社会发展第十三个五年规划纲要》提出高水平全面建成小康社会目标②。具体包括5个方面:一是综合实力更强。经济保持中高速增长,全省生产总值年均增长7%以上,到2020年生产总值、人均生产总值、城镇居民人均可支配收入、农村居民人均纯收入均比2010年翻一番,经济发展质量和效益稳步提升。二是自主创新能力加快提升,研究与试验发展经

---

① 2017年浙江省国民经济和社会发展统计公报[EB/OL].(2018-03-08)[2021-11-17].http://tjj.hangzhou.gov.cn/art/2018/3/8/art_1229279685_3492013.html.

② 2017年浙江省国民经济和社会发展统计公报[EB/OL].(2018-03-08)[2021-11-17].http://tjj.hangzhou.gov.cn/art/2018/3/8/art_1229279685_349293.html.

费支出相当于生产总值比重达到 2.8% 左右,率先进入国家创新型省份和人才强省行列。三是产业迈向中高端水平,工业化和信息化、先进制造业和现代服务业融合发展水平进一步提高,信息经济、节能环保、健康、旅游、时尚、金融、高端装备制造与新材料等万亿级产业增加值年均增长 10% 以上,服务业增加值占生产总值的比重达到 53% 以上。四是农业现代化取得新进展,新产业新业态引领作用明显增强。五是以交通为重点的现代化基础设施更加完善,建成一批具有国际影响力的重大开放平台,开放型经济水平全面提升。

为实现经济和社会发展目标,浙江省提出把创新驱动列为首位战略,坚持把创新摆在发展全局的核心位置,率先建成创新型省份。在经济发展战略上,提出加快产业结构战略性调整,大力推动产业创新,联动提升现代农业、先进制造业和现代服务业发展水平,重点培育万亿级大产业,优化现代产业体系。

1. 推进先进制造业与现代服务业"双轮驱动"和融合发展

全面提升先进制造业竞争力。实施《中国制造 2025 浙江行动纲要》和"四换三名"工程,统筹推进战略性新兴产业、高新技术产业发展与传统产业改造提升,培育一批具有国际竞争力的创新型龙头企业,抢占制造业新一轮竞争制高点。以国内和国际市场引领制造业发展,联动推进标准强省、质量强省、品牌强省建设,深入开展标准引领、质量提升、技术培养三大行动,构建浙江标准体系,提高浙江产品品质,打响浙江制造品牌。推进工业化和信息化深度融合,谋划实施智能化改造工程,大力发展柔性制造、智能制造、精细制造,加快"浙江制造"向"浙江智造"转型。推进互联网和制造业统筹发展,推动制造方式和营销方式变革。改造提升传统产业,加快推动石油化工、纺织印染、五金机电、冶金、建材等产业转型升级,重点突破核心基础零部件、先进基础工艺、关键基础材料、产业技术基础等瓶颈,全方位提升产业发展水平。加大企业技术改造力度,推动设备更新和新技术应用。深化先进制造业强县(市、区)建设工作,切实消除环境污染以及安全生产和治安隐患,加快培育现代产业集群。推动建筑生产方式工业化,培育一批建筑业大集团和建筑强县。

着力打造现代服务业新引擎。提升发展金融、信息、物流、会展等生产性服务业,支持发展养老、家政、教育文化等生活性服务业,推动生产性服务业向专业化和产业链高端延伸,生活性服务业向精细化和高品质转变。优化中心城市服务业设施配套和功能布局,开展服务业强县(市、区)培育工作。强化规划引领与政策支持,推进国家、省、市三级联动的服务业改革试点。提升服务业发展载体,推进现代服务业集聚示范区等重大平台和项目建设,加大服务业重点企业培育力度,鼓励新技术、新业态、新模式发展。深化服务业对外开放,开展浙港、浙澳、浙台以及长三角服务业合作,吸引国内外著名服务业企业来浙设立地区总部及功能总部,促进服务业规模化、品牌化、国际化发展。

大力推动产业融合发展。实施"互联网+"行动计划,建设特色鲜明、全国领先的电子商务、物联网、云计算、大数据、互联网金融创新、智慧物流、数字内容产业中心,发展分享经济,促进互联网和经济社会深度融合。推进产业组织、商业模式、供应链、物流链创新,支持基于互联网的各类创新。办好世界互联网大会,推进乌镇互联网创新发展试验区建设。促进先进制造业与生产性服务业融合发展,推动制造企业由单一生产型向生产服务复合型转变。深度贯彻军事需求,充分发挥浙江民用产业优势,加强军民两用技术研发交流,引进军工优质资源项目,推进重点产业"民参军""军转民"。积极创建国家军民融合创新示范区,加快构建全要素、多领域、高效益的军民深度融合发展格局。

2. 明确八大万亿级大产业发展重点

组织实施万亿级产业发展规划,集中力量发展信息经济、节能环保、健康、旅游、时尚、金融、高端装备制造与新材料、文化产业等八大万亿级产业,做强做精丝绸、黄酒、茶叶等历史经典产业,着力把文化创意产业培育成万亿级产业。聚焦产业主攻方向和重点领域,引导各类要素资源有效集聚,形成一批具有全国意义的大产业基地①,如表4-1所示。

---

① 浙江省国民经济和社会发展第十三个五年规划纲要[EB/OL].(2018-03-08)[2021-11-17].http://tjj.hangzhou.gov.cn/art/2018/3/8/art_1229279685_3492013.html.

表 4-1　浙江省"十三五"期间万亿产业布局

产　业	项　目
信息经济	重点推进通信网络与智能终端、专用集成电路与新型元器件、云计算和大数据、地理信息产业、物联网和电子商务等重大项目
节能环保产业	重点推进新能源和节能环保装备、节能环保服务业等重大项目
高端装备制造与新材料产业	重点推进机器人与智能制造装备、新能源汽车、航空和轨道交通、高端船舶与海工装备、新材料等重大项目
健康产业	重点推进健康养老服务、生物医药和高性能医疗器械等重大项目
旅游业	进一步优化旅游产业布局,加快建设全域旅游示范县等大平台,推动乡村旅游升级,打响"诗画江南"品牌,培育旅游龙头企业,健全旅游产业链,完善旅游公共服务,加强旅游市场综合监管,全面提升旅游行业品质,把全省打造成为一个大景区
时尚产业	突出时尚服装服饰业、时尚皮革制品业、时尚家居用品业、珠宝首饰与化妆品业、时尚消费电子产业等领域,创建一批"时尚名城",建设一批特色时尚产业基地,成为国内时尚产业发展先行区和示范区
金融业	推进银行业、证券业、保险业提升发展,培育浙商总部金融、私募金融、互联网金融、草根金融等产业新增长点,建设金融要素市场,力争把浙江打造成为金融改革示范省、金融创新集聚地和金融生态安全区
文化产业	深入实施影视演艺产业发展、数字内容产业打造、文化创意设计提升、文化新兴产业促进等产业发展计划,大力发展网络视听、数字出版、数字教育、动漫游戏等新兴文化业态,推动出版发行、工艺美术、文化娱乐、文化制造、印刷复制等传统产业转型升级,鼓励演出、娱乐、艺术品展览等传统业态实现线上线下融合,深入挖掘历史经典产业文化内涵,提升质量效益,建设一批产业园区和创意街区,形成一批特色知名品牌①

　　浙江经济发展的一条主线是推动经济转型升级,从投资驱动走向创新驱动,建设创新型经济体,达到发达国家经济和社会发展水平。关键是走集约高效发展路子,"以提高资源要素的产出效率为核心,根本上破解浙江人口密

---

　　① 中共浙江省委 浙江省人民政府关于推进文化浙江建设的意见[EB/OL].(2018-03-22)[2021-11-25]. https://www.zjzwfw.gov.cn/art/2018/3/22/art_42276_16388278.html.

集、土地、矿产能源资源匮乏、生态系统脆弱、产品市场过剩的约束。更加重视以信息化提升工业化、城市化,最大限度以智力资源、知识资源替代自然资源的消耗;更加重视发挥人力资源和技术自主创新的作用,以创新提升产业附加值,以先进制造业与现代服务业双轮驱动加快提升产业结构;更加重视以强化都市区经济和重点产业集聚区提升集约开发水平;更加重视加快形成有利于集约高效发展的管理体制与机制"①。更加重视发展信息经济。浙江省发展信息经济有诸多有利条件,浙江省电子商务和软件、智能制造等信息产业发达,企业家资源丰富,拥有世界最大的电商交易平台、世界最大的电商交易数据库、世界最大的小商品批发市场,信息经济有望成为未来浙江经济的竞争优势。更加重视提升新型城市化水平。不仅要进一步提高城市化率,而且要把智慧城市建设、先进制造业与现代服务业集聚、文化创意产业发展等结合起来,提升城市治理体系与治理能力现代化水平。以先进制造业与现代服务业双轮驱动实现产业升级,发展信息经济,以城市化提升集约开发水平,建设创新型经济体,是浙江经济发展的重中之重。

二、浙江经济发展对高等教育新要求

一是需要发展更多研究型大学。实现产业转型升级和建设创新型经济体,需要高校提供高端科研创新服务和大批创新型人才,培育科技型企业。这就需要发展更多研究型大学。二是需要大批应用科技型大学。发展高端装备制造业和新材料产业、金融业、新型服务业等,以现代信息技术提升传统加工制造业。通过机器换人、工艺流程再造、大数据应用、供应链管理等提升传统加工制造企业的装备智能化水平,优化工艺流程、提升新产品质量和新产品开发能力。大力发展生产性服务业,如科技服务、创业金融、电子商务、信息软件、现代物流、工业设计、职业教育、人力资源服务等②。发展信息经

---

①　黄勇.《决策咨询》文稿选编[M].北京:中国计划出版社,2014:12-16.

②　黄勇.《决策咨询》文稿选编[M].北京:中国计划出版社,2014:16-17.

济,除了实现信息科技创新外,还应大力推进信息化与工业化、信息化与新型城市化、信息化与现代服务业、信息化生产与信息消费的深度融合。发展城市化,除了与信息化深度融合,还需要更多地推进治理能力与治理体系的现代化。特别是浙江重点发展的八大万亿产业,由于规模大、产业链条长、先进制造与现代服务深度融合,随着浙江经济的转型升级,大量劳动密集型企业将转移,企业对普工的需求减少,需要大批应用科技型大学,这些应用型大学承担应用科技创新研发的职能,以及为新型产业发展提供新型科技产业工人的职能。

三、浙江省高等教育结构和应用型本科发展现状

1. 浙江省高等教育结构

浙江省 2017 年有普通高等学校 108 所(含独立学院及筹建院校)①,其中:大学 17 所、学院 21 所、独立学院 21 所、高等专科学校 1 所、高等职业学校 48 所。研究生(含非全日制)、本科、专科招生比例为 1∶5.8∶5.0,高等教育毛入学率为 58.2%。其中地方本科院校 55 所,地方本科高校占 96%,高等职业学院 48 所。

2. 浙江省应用型本科现状

浙江省 55 所地方本科院校,其中 1999 年前创办的有 17 所,1999 年后新建本科院校有 38 所,按照地方本科院校和 1999 年扩招后建校划分,确立 41 所符合条件的应用型本科院校。浙江应用型本科院校存在以下局限:①办学特色不明显。浙江省 55 所地方本科高校主要有三类:一是以行业命名,如浙江工业大学、浙江财经大学、杭州电子科技大学;二是以学科专业命名,如浙江传媒学院、浙江科技学院、浙江警察学院;三是以地方命名,如丽水学院、衢州学院、绍兴文理学院、嘉兴学院。而 48 所高职院校主要以行业主管部门命

---

① 2017 年浙江教育事业发展统计公报 [EB/OL]. (2018-04-03)[2021-11-27]. http://jyt.zj.gov.cn/art/2018/4/3/art_1229266680_2379022.html.

名,如浙江金融职业学院、浙江艺术职业学院、浙江商业职业学院等。因此,应用型高校从校名上没有体现特色。②学校专业布局追求大而全,与经济发展契合度低。从发达国家高等教育发展史来看,在一定时期都会出现一种"学术漂移"现象,即多科技术学院力争成为多科技术大学,教学型本科学校力争办成教学研究型大学,教学研究型大学力争办成世界一流大学。"学术漂移"的指标体系只有一个,就是以学科建设、学术水平为标杆,所有的大学都沿着这个标杆节节攀登。浙江省的地方本科院校也不例外,大部分学校在学科建设、教师评价等方面一律向浙江大学看齐。2015年浙江省本科高校有57所(地方本科院校55所,其他2所),其中只有13所本科高校学科设置低于9个,分别是宁波大红鹰5个、衢州学院6个、浙江传媒学院3个,温州医科学院7个,浙江海洋学院3个,浙江警察学院2个,浙江树人学院6个,浙江水利水电学院2个,宁波万里学院7个,越秀外国语学院5个,浙江中医药大学5个,中国美术学院5个,浙江外国语学院6个[①]。③缺乏就业竞争优势。应用型本科人才培养缺乏就业竞争优势,随着科技发展和产业转型,应用型本科处在"夹心饼干"的局面,原有传统产业或低端产业,需要大量技能型人才,其人才培养可以在高等职业教育或中等职业教育中进行,高端装备制造业和新材料产业等的兴起,对应用型人才提出新要求,而地方本科院校,尤其是1999年升格本科的院校缺乏契合经济发展需求的办学实力,毕业生出现"高不成,低不就"现象。浙江省2012届大学毕业生就业率情况发生了逆转现象,其中,高等职业学院就业率96.81%,其他本科院校就业率95.66%,1999年以后新建本科院校就业率93.58%。

　　基于这些现状分析,浙江省教育厅对这些地方本科高校和高等职业学院制定发展规划,提出服务区域、错位发展的原则。一是基本按照1999年前后所建本科划分,1999年前有17所本科高校,1999年后有38所,高等职业学院有48所,试图通过发展定位优化浙江省高等教育结构。二是借鉴国外同类院

---

　　① 浙江省普通高校2015—2016学年本科教学质量报告[EB/OL]. http://www.pgzx.edu.cn/modules

校发展经验。浙江的应用型高等专科学校在 20 世纪 80 年代就有借鉴德国本科学校的经验,进入 21 世纪后,与英国的多科技术大学、美国的社区学院和一流应用技术大学如斯坦福大学、麻省理工学院等,以及澳大利亚的 TAFE 学院等都有交流和合作。因此,55 所地方本科高校和 49 所高等职业学院在同属应用型高等院校类型的前提下,如何办出特色、错位发展是每所院校需要顶层设计和规划的重要任务①。

第二节　浙江省应用型本科转型院校选择和发展目标

一、应用型本科转型院校选择

1. 具备转型应用的动力基础和办学基础

首先,院校的转型动力基础一致。试点示范院校是从 41 所院校中遴选出的地方本科院校,院校均开展上下研讨、研究分析和集体决策,形成转型规划和顶层设计,经历了向教育厅提交转型申请报告和规划、教育厅评审环节,例如某院校开展"四说"厘清应用型建设思路,学校组织各学院(部)开展以应用型建设为主题的院长"说学院"、教学副院长"说管理"、专业负责人"说专业"、教师"说课程"的"四说"活动。其次,试点示范院校具有校企合作等职业教育基因。示范院校均属于地方大学和新建本科范畴,其中有 2 所大学有企业办大学的历史。最后,具有转型建设应用型大学的办学实力。在应用型学科专业、师资、校企合作、实验实训设备、办学机制、专业建设、课程体系构建、人才培养模式等方面具备相对较好的转型基础。由于办学时间、学校类型、办学

---

① 张小敏.寻求特色 服务社会——应用型本科高校的发展路径[J].中国职业技术教育,2014(21):90-93.

体制和所处区域不同,本著作依据应用型本科与区域经济协调发展转型政策导向原则以及学校所在区域将示范院校划分为五组,如表 4-2 所示。

表 4-2　浙江省试点示范院校分类概况

特性(以办学属地划分)	学校	转型方式	转型目标
百年名校省会城市地方大学	1 所	专业转型	省内一流综合性大学
省会城市、单列港口城市和市郊乡镇独立学院	4 所	院校整体	高水平新型大学
地级市属和单列港口城市高校	2 所	院校整体	高水平工程技术大学
省会城市和单列港口城市民办高校	2 所	院校整体	特色鲜明的民办大学
省属地市共建高校	1 所	院校整体	高水平应用型大学

示范院校中有 8 个学院学科分布超 7 个以上,5 个学院专业数超 40 个,4 个学院专业数为 30~40 个,其中,百年名校省会城市地方大学学科分布 10 个,专业数 79 个,有服务国家特殊需求博士学位人才培养项目 1 个,联合培养博士学位点 2 个,一级学科硕士学位点 20 个,专业硕士学位授权类别 6 个,其他还有 3 所院校已开展研究生教育。以 1999 年设立前后划分各 5 所,其中 1 所大学是百年名校,把具有百年建校历史的大学纳入应用型大学建设,是基于地方本科高校的划分。

(1)百年名校省会城市地方大学。学校隶属杭州市人民政府,属地方大学,这也是划入应用型本科转型院校的依据,是示范院校中唯一选择以专业转型模式的院校。其前身是师范学院,后发展为以教师教育、艺术教育和文理基础学科为主的地方综合性大学,学校设置 72 个本科专业(其中国家级特色专业 5 个),分属 10 个学科门类。有服务国家特殊需求博士学位人才培养项目 1 个,联合培养博士学位点 2 个,一级学科硕士学位点 20 个,专业硕士学位授权类别 6 个。以建设特色鲜明的省内一流综合性大学为目标。从毕业生就业去向看,进入教育单位、医疗卫生单位、其他事业单位以及考取公务员的占 37.56%,进入企业的占 37.02%,攻读硕士研究生的占 10.02%。转型侧重于电子商务、信息技术、经济管理、应用化学、文化创意等与地方战略性新兴产业紧密衔接的新兴学科专业。

（2）独立学院。4所独立学院进入第一批试点示范院校，4所学校均成立于1999年后，学科门类7～8个，学科涉及文、经、管、法、工、理、医、艺术，专业数在33～40之间，独立学院转型的优势是依托母体学校的学科资源，积极争取专业学位硕士点，其中2所学院已开展本硕一体化培养研究生教育，其应用专业建设对接所在城市高端科技产业，比如：城市学院以智慧经济类、工程类、健康服务类、商科类、创新设计类为重点建设应用专业群；理工学院以"系统芯片与信息物理技术、城镇建设可持续发展、生命健康工程、绿色能源与装备"为应用专业群。

（3）地级市属高校和单列港口城市高校。2所学校处于地级市区域，均创建于20世纪80年代，以工科为主，涉及文、理、经、管、教育、艺术多学科协调发展，专业总数在30～40之间。其中工程学院自2009年起，开展联合培养研究生。地级市属高校转型中专业与区域产业对接紧密度比较高，专业设置和学科建设方向紧密对应区域产业结构，以机械专业群对接汽车、先进制造业，化工与材料专业群对接石化、新材料、能源产业，建筑与交通专业群对接智慧交通、建筑产业，电子信息与电气工程专业群对接互联网＋、智能设备产业，经济管理专业群对接港口经济产业。

（4）民办高校。2所院校属于民办学校，均是1999后升本的院校。一所大学处于省会城市，属于省政协创办的民办高校，有5个省一流学科，涉及计算机、信息、应用经济、土木工程、环境科学，另一所学校处于港口单列城市，学院以经济、管理学科为主，经、管、工、文、艺等多学科协调发展，专业总数在32～44之间。学院已开展本硕联合培养研究生教育，在转型过程中逐渐凝练学科专业，于2018年完成更名。民办高校转型的优势是机制活，校企合作基础好，2所院校转型中均创设"行业院校""双院制"等机制创新。

（5）省市共建普通本科高校。这是一所管理机制有特色的学校，属于设在地级市的省属高校，这也是其列入转型院校的依据，具有67年办学历史。改革是这个学校的特色和传统。1999年，经教育部批准成为"公办高校实行新的管理模式和运行机制"的新型高校，被教育专家誉为"中国特色现代大学制度的范例性实践"。其以经管和理工为主干,构建"文、经、管、理、工、法、艺"协调发展的学科专业体系,共有 46 个本科专业。2011 年 10 月,学院成为"服务国家特殊需求人才培养项目"试点单位,工程硕士生物工程领域和物流工程领域开展研究生教育,是转型院校中学生人数最多的学院,全日制在校本科生、研究生、国际留学生共 2 万人,其服务面向是扎根宁波、立足浙江、服务全国。

2. 具备特色鲜明、规划科学的应用建设实施方案

根据"高校在明确应用型建设方向的大前提下,可以根据学校特色创造性制定试点方案"原则,浙江省 10 所应用型本科转型试点示范院校均设计了标志性成果。教育厅高教处介绍,这些院校"入选的学校在应用型建设方面有一定基础,并且建设目标明确、思路清晰,实施方案科学性、操作性较强"。10 所试点示范院校在规划中均设计了标志性成果,具体如表 4-3 所示。

表 4-3　应用型本科建设试点示范学校标志性成果

学校类型	标志性成果
省会城市一流大学独立学院	突出应用型专业建设、国际化程度、学生创新创业能力、专业硕士学位授予权
单列港口城市民办学院	应用型人才培养、应用型专业群建设、应用型学科群建设、应用型师资队伍建设、创新创业教育、地方合作与服务、创新办学机制
单列港口城市独立理工学院	综合实力、学科专业、实践平台、协同创新、培训平台、学科竞赛、创新能力、招生就业、师资队伍、实践品牌
省会城市地方大学	人才培养规模与培养质量、校企协同育人与培养模式改革、校内实验实训示范基地建设、校外实践教育示范基地建设、师资队伍建设
地级市工学院	体制机制创新工程、学科专业建设工程、培养模式改革工程、师资结构优化工程、校园文化创建工程、办学条件提升工程
省属高校独立工学院	经过 5 年应用型建设,学院学科专业符合地方经济社会发展要求,形成校企紧密合作的体制机制,完成人才培养方式的转变,建成"双师"型师资队伍,主要指标全部符合教育厅应用型高校建设要求

续表

学校类型	标志性成果
省属高校市郊独立学院	8项提升工程,政产企合作办学机制创新工程、传统品牌与新兴特色专业提升工程、对接行业职业标准的课程改造与创新工程、产教协同校内外实践教学平台行业对接工程、就业促进和创业扶持体系综合提升工程、师资队伍"双师"素质与专业发展能力提升工程、面向区域发展的智库建设与社会服务能力提升工程、文化校园内涵提升工程
地级市省属高校	专业综合改革工程、三实体系工程、应用型学科提升工程、创业教育质量提升工程、师资队伍提升工程
单列港口城市工程学院	一套面向行业企业参与的治理体系、一套面向行业和国际的专业体系、一套应用型人才培养模式、一支高水平的"双师双能"型队伍、一批应用型科研创新与培训平台、一批开放性校内综合实验实训基地
省会城市民办大学	机制融合,深化专业、课程的应用性改造;产教融合,共建协同创新育人平台;队伍融合,建设"双师双能"型教师队伍;学创融合,建立创新创业教育体系

对这些试点示范院校的建设标志性成果进行分析,发现试点示范院校对应用型本科建设的理解各不相同,一些院校侧重对"应用"的建设,比如探究"应用"学科专业建设、"应用"师资队伍建设、"地方合作与服务"等,有些学校则是在全面提高办学实力、师资力量上做文章,示范院校中"应用"建设标志与政策导向契合程度较高的院校有4所。

二、应用型本科院校转型发展目标和路径

1.转型以高水平应用型大学为目标

首先,试点示范院校均朝着高水平应用型大学发展,例如,理工独立学院大学突出"人才培养应用型、科学研究服务型、社会服务区域型"应用型大学目标,城市学院以"立足地方需求,坚持特色化发展,打造一流应用型本科教育品牌"为转型目标,工程学院力争把学校建成特色鲜明、服务地方、国内知

名的高水平工程技术大学,成为现代工程师的摇篮。其次,学科专业转型以新兴产业为突破口。示范院校以对接区域新兴产业为突破口,以新兴学科专业建设和传统专业转型构建应用型学科专业。学科专业集中于文、经、管、理、工、法、艺。最后,以创设新机构突破转型困境。示范院校以创立新型机制为突破口,建立"双院制""行业学院"或"研究院+企业+学院"等创新模式,突破校企合作机制困境,以及"双师双能"型师资"浮于双证"的困境,寻求"应用研究与社会服务"的优势。

2. 转型路径分析

(1)专业转型模式

省会城市地方大学——转型趋向综合性应用科技大学

转型模式:专业转型。选取职业类、与区域战略性新兴产业对接的应用型专业为主开展应用型本科转型建设,在72个专业中选取65个专业进行转型建设。对电子商务、信息技术、经济管理、应用化学、文化创意等五大新兴应用型专业群进行建设,其中医学、法学、教师教育等职业类应用型专业28个,新兴应用型专业25个,其他专业12个。

转型路径:改革专业学位研究生培养方式。学校拥有6个专业硕士授权类别,包括工程硕士(软件工程领域和化学工程领域)、临床医学硕士、社会工作硕士、教育硕士、体育硕士和艺术硕士,遴选优质学校和企业作为实践教学基地,实行"双导师制",聘请行业企业高层次人才担任指导教师,实施"双师课程"教学等,培养高层次、高素质的应用型人才。提出变"学科逻辑"为"产业逻辑"设置学院的思路,创建阿里巴巴商学院、杭州国际服务工程学院等2个创新创业试点学院,创建"双创教育"为重点的多层级进阶式培养模式,建立多方协同联动的产教融合育人机制。

转型特色:应用型转型建设侧重专业学位研究生教育。

(2)院校整体转型模式

①单列港口城市工程学校——新工科发展方向

转型模式:院校整体转型。首先是建立顶层设计框架,将"突出应用性和地方性特色"写入转型章程和规划,出台《融入地方经济社会的行动纲要》文件,争取国家"十三五"产教融合发展工程规划建设项目。学院以治理体系—专业体系—应用型人才培养模式—"双师双能"型队伍—应用型科研创新与培训平台—开放性校内综合实验实训基地为主,形成了整体性转型的构架。

转型路径:一是改革现有的二级学院管理体制与机制,建设基于学科、专业大类服务于相关行业、产业的产教融合综合基础平台,包括电子与信息工业中心、建筑与交通工业中心、材料与化工工业中心、机械与汽车工业中心等4个综合基础平台。二是推进特色学院建设。例如以国内一流行业学院为目标的杭州湾汽车学院成为国内产教融合、政产学联合办学的示范窗口,以校园、产业园、研发园"三园融合"为特色,为契合地方千亿级汽车产业培育高素质应用人才,提供技术支持。

转型特色:工程类院校专业转型的特征是朝着新工科发展,以工程专业认证倒逼传统专业转型。有产教融合基地建设的优势,比如 nbgc 学院获列国家"十三五"应用型本科产教融合发展工程规划项目,大大增加了经费投入。

②地级市工学院——从"以工为主"向"以工为主、多科协调"发展

转型模式:院校整体转型。确立"立足衢州,面向浙江,服务地方,把学校建设成为以工为主、特色鲜明的应用型本科院校"的发展定位。以"固基础、明特色、强应用、重协同"为转型发展战略。

转型路径:一是形成以工学为主体,文学、理学为基础,多学科协调发展、特色鲜明的学科体系,专业定位进一步明晰为"做强工学类专业,做优教育类专业,做实经管类专业"。确定"教学质量提升"等8项重点工程、9个专项规划和8个二级学院规划,全面落实应用型建设任务。二是搭建平台,与大院名校共建协同创新平台,共建了6个协同创新平台,包括:中国制浆造纸研究院qz分院;机械工程学院与机械科学研究总院共建"qz智能制造技术研究中心";与北京化工大学、巨化集团联合成立"新材料加工装备及成型技术研究中心";建筑工程学院与中科院页岩气与地质工程重点实验室共建"古工程保护与地质灾害防治联合研究中心";学校南孔文化研究中心分别与中国社科院哲学所、浙江省社科院合作建设"中国哲学与文化研究中心""国际孔氏南宗文化研究中心"。

转型特色：工科类专业以新工科建设为目标，以国际工程教育专业认证为转型质量保证，教育类专业、经管类专业以当地需求为导向，建立国家产教融合工程建设基地，与大院名校联合搭建协同创新平台，在人才培养、科学研究和学科专业建设方面契合政府、学院和行业需求，转型成高水平应用型本科。

③省会城市一流大学独立学院——转型为一流本科教育品牌的高水平新型大学

转型模式：院校整体转型。按照"衔接互补、新型机制、特色办学、跨越发展"的整体思路，转型为具有一流本科教育品牌的高水平新型大学。

转型路径：一是建立专业动态调整机制。学院增设资产评估、软件工程等8个新专业，停招生物技术等4个专业。积极调整专业方向，新增轨道交通信号与控制、大数据应用等专业方向，取消出境记者、经济新闻等专业方向，形成与城市建设发展密切相关的信息与智慧经济类、工程类、健康服务类、商科类、创新设计类五大专业学科群。二是以专业认证推进专业建设。出台《zdcs学院专业认证专项建设管理办法（试行）》，引导相关专业按照"专业认证"的标准进行建设。三是突出创新创业教育，与 Google 公司开展深度合作，包括课程建设、教学改革、师资培训、大学生创新训练等多项内容。

转型特色：一是依托母体学科及资源，形成与城市建设发展密切相关的信息与智慧经济类、工程类、健康服务类、商科类、创新设计类五大专业学科群。二是重视应用型人才创新创业能力培养。

④单列港口城市一流大学独立理工学院——有区域特色的高水平大学

转型模式：院校整体转型。按照"高起点、强辐射、可持续、国际化"的发展理念，瞄准未来经济社会发展的重大需求和区域战略性新兴产业前沿领域，以科技创新为特色，前瞻性地布局以理工科为主的新兴学科和交叉学科，搭建一流的高端科研平台和人才培养基地，打造与地方紧密合作、协同发展的应用型高水平大学。

转型途径：首批组建"系统芯片与信息物理技术、城镇建设可持续发展、生命健康工程、绿色能源与装备"等四大类专业群，每个专业群培育1~2个龙头专业并予以重点建设。首期重点建设"电子信息工程、土木工程、生物工程、机械设计制造及其自动化"等4个应用型重点专业。

⑤省属高校独立工学院——一流的区域性应用型大学

转型模式:院校整体转型。重点发展信息制造类、创意设计类、经济管理类、现代服务类等四大专业群,实现学院专业链与区域重点行业产业链的对接。以"特色性、代表性、示范性、辐射性"为标杆。

转型途径:建立健全专业动态调整机制,新设或转型了车辆工程、酒店管理、高分子材料与工程、数字媒体艺术、应用统计学等专业,实现学院专业链与区域重点行业链的对接。2016年,公共事业管理、工业工程、汉语国际教育、动画、信息与计算科学等5个专业的招生人数进行了缩减,2017年,公共事业管理、通信工程、汉语国际教育、工业工程等4个专业暂停招生计划,进一步优化学院专业结构布局,提高人才培养与区域经济社会发展的契合度。

⑥市郊省属高校市郊独立学院——在应用型建设中走在全国经管类独立学院前列

转型模式:院校整体转型。确立"把学院建设成为培养适应信息经济环境和金融市场改革趋势、具有创新精神和创业实践能力的高素质应用型专门人才的应用型本科大学"的总体目标。

转型途径:以加强产学研用合作为路径,以深化体制改革和教学改革为动力,以强化办学特色为重点,以体制机制创新为抓手。完成"十项重点任务"、实施"八项提升工程",结合学院"十三五"发展规划的目标,按照"三个阶段"的推进步骤实现建设应用型大学的任务。

转型特色:一是依托母体学科背景错位发展应用型学科专业。独立学院依托母校的学科资源,以应用科技为发展方向,与地方合作,进行错位发展。四所独立学院分别处于省会城市、单列区市、地级市和毗邻省会城市的乡镇,院校根据区域和自身发展,定位略有不同。二是改造、撤销传统学科专业,建设新兴专业,建立专业预警制度,探索应用型人才的国际化培养模式。三是重点加强与地方资源的合作,但学科专业建设既对接区域经济,同时也超越区域经济发展。

⑦省会城市民办大学——建设"教学服务型大学"

转型模式:院校整体转型。学院定位应用型本科转型为教学服务型大学,把教学服务型大学定义为在遵循高等教育基本规律和基本规范的基础上,以现代服务理念配置办学资源、运行和管理的特色大学。

转型路径:通过 4 个"融合"实现转型,一是机制融合,深化专业、课程的应用性改造;二是产教融合,共建协同创新育人平台;三是队伍融合,建设"双师双能"型教师队伍;四是学创融合,建立创新创业教育体系。

转型特色:一是以行业学院为转型枢纽,多元协同推进应用型人才培养。2016 年以来,学校先后成立了山屿海商学院、绍兴黄酒学院、华为信息与网络技术学院等 9 个行业学院。二是以四种合作模式推进"政产学研用"对接,即校政、校企、校行、中外合作。

⑧单列港口城市民办学院——建设成为"成为中小企业发展的首选大学"

转型模式:院校整体转型。以经济、管理学科为主,经、管、工、文、艺等多学科协调发展为学科定位,以培养具有创新精神和创业能力的中小企业中高端技术、管理岗位高素质应用型人才为人才培养目标定位,秉承"成为中小企业发展的首选大学"的办学理想。

转型路径:一是办学机制创新,采用"双院制"模式,建立行业企业参与的治理结构。依托传统二级学院、引入合作企业共创特色学院、推进传统学院和特色学院协同育人的"双院制"机制,强化产教融合。二是应用型学科专业体系建设,针对宁波、浙江乃至长三角地区中小企业产业结构特征及其面临的转型升级需求,面向新产业、新业态发展的需求,围绕"大宗商品流通""中小企业创新创业""家族财富管理""智能制造""移动互联网""文化创意、新媒体"等学科方向,大力推进学科交叉融合和校企多元合作。

转型特色:一是校企共建特色学院,培养新业态紧缺人才。分别采取"项目制""股份制""以产权和资金为纽带"等校企深度合作模式,依托传统二级学院,以基于学科交叉的特色专业或专业群建设为载体,先后共建 6 个特色学院,面向大宗商品、创业管理、家族财富管理、互联网营销、3D 打印和 VR(虚拟现实)等新产业、新业态领域开展特色专业建设;开展人才培养模式改革,切实培养新业态应用型紧缺人才。二是创新构建"三类型四层次"的应用型教师认定、聘任与考核体系,破解"双师"浮于"双证"的难题。

⑨地级市省属高校——建设"国内高水平应用型大学"

转型模式:院校整体转型。转型目标是把学校建设成为具有"服务型追求、创业型特色和国际化特征"的国内高水平应用型大学,形成以经管和理工为主干,"文、经、管、理、工、法、艺"协调发展、区域特征鲜明的应用性学科专业体系。

转型路径:一是调整专业学院结构,进行校内资源整合。撤销了计算机与信息学院,重新组建电子与计算机学院、物流与电子商务学院。二是建立专业淘汰机制实现转型,出台应用型示范建设标准,择优遴选生物技术、物流管理等两批"应用型示范专业建设"项目。对42个专业进行校内专业评估,2017年增设3个专业,停招3个专业。三是创建校企发展联合体,构建对接产业运行机制。与口岸办等共建"跨境电商学院"、与网易传媒共建"网易直播学院"、与华为共建"华为学院"等7个行业学院。组建跨专业行业特色班,按照企业标准、行业规范组建"电商中高端人才特色班"等32个定向培养特色班,包括"院内跨专业复合""2.5+1.5跨专业特色班""3+1创业学院"等。四是协同创新,促进人才培养质量提升。学校联合研究院、骨干企业、科研协作与成果转化单位组建了11个"协同创新中心"。依托"区域特色水产种业协同创新中心",推动"水产生物种质工程与海洋牧场"等专业硕士学位点建设。

转型特色:一是建立产科教融合协同育人机制。创建行业特色学院、组建跨专业行业特色班、构建一大批产学研用一体化项目,校政企共同打造行业技术创新联盟,如:设立泛杭州湾(宁波)产业研究院、浙江省临港现代服务业与创意文化研究中心等协同创新中心,共建大学生实践实训基地和高端技能培训基地,整合行业和龙头企业教育资源,把最前沿的行业标准、生产设备和行业专家、最真实的企业案例和实际项目引入课堂。二是构建"跨学科(专业)教育+校企联合培养+创业孵化实践"的全新培养模式,着力培养学生创新创业能力。

第五章 应用型本科院校转型省级统筹系统重构

浙江省应用型本科转型的政策推进中,省级层面有两大举措,一是推行试点示范先行,二是率先出台应用型本科转型评价体系,试图解决转型中国家、省到院校层面存在的理论、认识和实际操作中的模糊问题。省级层面出台的应用型本科导向性评估指标,以"四个契合度"和"基准+创新"为原则,为省域系统应用型本科发展建立了法定环境。示范院校内部治理保证体系的建立,对关键概念的认定和绩效评估,以及治理模式的开发,形成了"应用"建设的空间和系统。

院校层面的转型以核心指标概念的认定和评价工作为切入点,落实"四个契合度"。核心办学指标的重新定位和评价,突破了传统的高等院校办学价值体系,建立起新的价值取向。应用型本科院校核心办学指标包括"应用学科和专业"、"双师双能"型师资、"应用研究和社会服务"。应用型学科专业认定有两种模式,一是制定应用型学科专业认定标准推动转型,二是以工程专业认证推动专业转型。应用型师资认定和考核工作主要解决了几个难题,一是明确"双师双能"型师资建设的概念、内涵和师资比例,比如工程类院校根据学科性质的"教师+工程师"的师资认定,财经类院校把"双师双能"型教师界定为应用型教师,把创业导师也纳入应用型师资,制定认定条件,突出应用研究和开发能力,以及实践教学能力。二是将"双师双能"型师资建设的落脚点放在应用型人才培养改革上,比如建立应用型课程考核制度、应用型教学团队建设和考核制度,把应用型师资业绩考核落到教学中,建立三类型四层次的应用型师资考核体系,突出应用人才培养和应用研究的教师发展方向,破解"唯双证"的"双师双能"型师资建设难点。"应用研究与社会服务"功能的重新定位,弥补了应用型本科产学研平台功能和定位的模糊以及概念的不确定性。试点示范院校内部制定的校企、校地合作协同创新绩效评价制度,以奖励的办法推进校企深度合作。应用研究和社会服务绩效指标以应用技术研究和开发、新兴学科专业建设、学生创新创业能力和科研转化收入为主。以产业学院为特征的产教深度融合模式,其功能是通过学院传统学科资源和新兴学科资源的整合,建立与区域产业经济紧密结合,集科研成果、新兴学科和专业、师资和人才培养改革于一体的运作机制。

第一节　应用型本科院校转型面临的核心问题和实践困境

　　应用型本科院校处在纷乱的学术标准环境中,转型院校除了面对多种评估体系,同时还需在实践中对"应用"的认知进行补充;转型中除了存在内部机制体制的重构,也存在着外部法定环境的缺失;转型需要通过学术认知的重建和外部环境的构造,建立起契合应用型本科转型发展的新学术空间。

一、应用型本科院校转型面临的核心问题

1. 多种评估体系交织和冲突

　　高等教育评估在我国高校发展中充当着指挥棒的作用,目前国家层面实行的评价体系依次为"高等学校本科教学工作水平评估"(2007)、"普通高等学校本科教学工作合格评估"(2011)、"高等学校本科教学工作审核评估"(2013)。其中,本科教学工作水平评估是面对所有本科院校的,本科教学工作合格评估是针对有三届以上毕业生的新建本科院校的,本科教学工作审核评估是面对参加教育部普通高等学校本科教学工作水平评估获得"合格"及以上结论的高校、参加教育部普通高等学校本科教学工作合格评估获得"通

过"结论的新建本科院校的,而且 5 年后须参加审核评估。

这三项评估对于应用型本科转型发展而言,存在着两大问题:一是分类评估问题,三项评估指标设置都没有严格意义上的分类评估。二是指标设置中缺乏应用型本科转型发展的导向性指标。具体包括:①办学定位中没有严格意义上设置应用型本科办学规模和结构的指标,这也是导致应用型本科"学术漂移"和"趋同"的原因。②应用型本科建设中很关键的"双师双能"型师资建设,在三项评估中均没有明确设置。③没有体现应用型本科建设中关于专业与产业结合紧密度的指标,本科教学工作合格评估虽然是针对新建本科院校的,但是在专业建设和课程建设指标中还是按传统本科院校的设置要求进行评估,使得评估中得出新建专业比例太大、专业资源薄弱的结论①。④应用本科建设中人才培养模式改革特色不能体现,比如理论与实践教学的比例、产学研合作育人平台数、工学结合的比例等。⑤没有设置体现应用型本科特色的学校产出与学生成就指标,比如学校创新研发的收入、服务地方的产出、毕业生的当地就业率和创业率等。

具体到浙江省本科高校,其主要面对以下几种评估和考核,一是普通高等学校本科教学工作水平评估,二是普通高等学校本科教学工作合格评估,三是普通高等学校本科教学工作审核评估,四是浙江省一流学科建设绩效评估办法,五是浙江省应用型本科院校建设指导性评价体系。浙江省对普通高校还有一项年度考核分类评价,设置相关原则对普通高校分研究型、教学研究型和教学型进行考核。浙江省 10 所应用型本科试点院校目前面临的评估各不相同,具体如表 5-1 所示。

---

① 王红.我国新建本科高校应用型发展问题与对策——基于"十二五"168 所新建本科高校合格评估数据的分析[J].西南大学学报(社会科学版),2017,43(6):79.

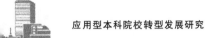

表 5-1　浙江省 10 所应用型本科试点示范院校面对的评估

学校名称	已完成的评估	应用型本科建设期间需面对的评估体系
省会城市地方大学	1.普通高等学校本科教学工作水平评估（2007） 2.普通高等学校本科教学工作审核评估（2018）	1.普通高等学校本科教学工作审核评估 2.浙江省一流学科建设绩效评估办法 3.浙江省应用型本科院校建设指导性评价体系 4.浙江省普通本科高校分类评价管理（教学研究型）
一流大学独立学院	无	1.普通高等学校本科教学工作水平评估 2.浙江省一流学科建设绩效评估办法 3.浙江省应用型本科院校建设指导性评价体系 4.浙江省普通本科高校分类评价管理（教学研究型）
一流大学单列城市独立理工学院	无	1.普通高等学校本科教学工作水平评估 2.浙江省一流学科建设绩效评估办法 3.浙江省应用型本科院校建设指导性评价体系 4.浙江省普通本科高校分类评价管理（教学研究型）
省属大学工学院	无	1.普通高等学校本科教学工作水平评估 2.浙江省应用型本科院校建设指导性评价体系 3.浙江省普通本科高校分类评价管理（教学为主型）
省属高校市郊独立学院	无	1.浙江省应用型本科院校建设指导性评价体系 2.浙江省普通本科高校分类评价管理（教学为主型）
单列港口城市理工学院	1.普通高等学校本科教学工作合格评估（2006） 2.普通高等学校本科教学工作水平评估（2010）	1.普通高等学校本科教学工作审核评估 2.浙江省应用型本科院校建设指导性评价体系 3.浙江省普通本科高校分类评价管理（教学为主型）

学校名称	已完成的评估	应用型本科建设期间需面对的评估体系
地级市工学院	普通高等学校本科教学工作合格评估（2016）	1.浙江省普通本科高校分类评价管理（教学为主型） 2.普通高等学校本科教学工作审核评估 3.浙江省应用型本科院校建设指导性评价体系
省会城市民办大学	1.普通高等学校本科教学工作合格评估（2011） 2.普通高等学校本科教学工作审核评估（2017）	1.浙江省应用型本科院校建设指导性评价体系 2.浙江省普通本科高校分类评价管理（教学为主型）
单列港口城市民办大学	1.普通高等学校本科教学工作合格评估（2014 年 10 月）	1.普通高等学校本科教学工作审核评估 2.浙江省应用型本科院校建设指导性评价体系 3.浙江省普通本科高校分类评价管理（教学为主型）
地级市省属高校	1.普通高等学校本科教学工作水平评估（2005） 2.普通高等学校本科教学工作审核评估（2017）	1.浙江省一流学科建设绩效评估办法 2.浙江省应用型本科院校建设指导性评价体系 3.浙江省普通本科高校分类评价管理（教学为主型）

根据调研分析,浙江省 10 所应用型本科试点院校面对的评估基本可分两类,一类是教学研究型,面对的评估体系有 4 个,第二类是教学为主型,面对的评估是 2 个或 3 个。

2.应用型本科建设与其他评估体系冲突分析

本著作于 2017 年 5 月进行了一项调研,调研以院校评估一级指标为依据设置了 6 个方面的冲突大小排序问卷,对 10 所试点示范院校的教务长进行问卷调研。6 个方面分别是①学校定位,②人才培养模式,③教师结构,④经费投入,⑤学科专业结构,⑥教学质量评价。调研结果如图 5-1 所示。

由于 10 所试点院校面对的评估体系不同,调研数据比较分散,但是基本可以判断,应用型本科建设中冲突最大的方面依次是教学质量评价、学科专

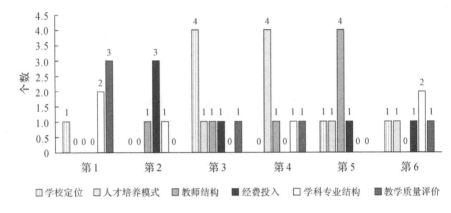

图 5-1　主要冲突排序落点统计

业结构和办学定位。

　　适应应用型建设的评价与质量监控体系有待完善,主要表现在应用型转型的推进难度较大,适应应用型建设改革需要的评价考核与质量监控体系尚未成熟,约束与激励不足。主要原因包括以下几个方面:一是学校已探索出台了应用型专业、课程、基地、行业学院、产学研平台、"双师双能"型教师等标准或者认定办法,但是其质量标准是否科学合理尚未经过实践检验;相关专业、课程、师资、平台等的建设与改革都需要一定的过程,其出炉和引导相关建设的时间短,需要具体的推进与落实。二是有关制度设计与考核、评价、经费保障等,相对刚性不足,对学院、对教师激励与约束不够,对应用型建设支持与保障不够有力。三是应用型建设带来实践教学环节比重增加、培养模式更加多样化,评价考核与过程监控难度加大,部分教学单位对实践教学的组织指导缺乏动力、质量监控不够到位、考核评价把关不严。

　　浙江省 10 所应用型本科试点示范院校面对不同的评估体系,具体在哪些方面冲突较大?这些冲突对应用型本科建设会产生什么影响?10 所院校的教务处长从具体规划者和实践者的角度做了分析。本著作选取几类不同院校的反应进行分析。

　　(1)省会城市地方大学的思考

　　学校设置 72 个本科专业(其中国家级特色专业 5 个),分属 10 个学科门类。"十三五"期间的办学目标是朝着建设成为特色鲜明的省内一流综合性大学而努力奋斗。应用型本科建设期间同时面对 4 个评估体系。

第一，学校定位与规划指标（学校教育事业发展规划、学科专业建设规划、师资队伍建设规划和校园建设规划）方面的冲突。

应用型本科在经费投入、师资队伍、教学资源、培养模式和学习效果等指标上都与普通本科有区别。具体分析，比如应用型本科专业建设要与社会实际需求对接，对人才类型、培养规格的需求变化大；而新专业设置、学科特色凝练的形成需要较长的时间，学科专业建设速度难以适应社会实际需求。应用型专业的比例若大于 80%，那么与普通本科建设评估指标相比，对师资队伍、教学资源、人才培养模式等方面指标都应特别设置。比如，普通本科具有博士学位教师比例大，应用型本科"双师双能"型教师比例大。与普通本科相比，应用型本科在校园建设规划中更重视实验室和实习场所等指标。

第二，学校人才培养模式中应用型本科建设与普通本科建设的冲突。

首先是理论与实践教学的冲突与矛盾。理论与实践教学的比例，普通高校要求是人文社科类专业实践教学占总学分（学时）不低于 20%，理工农医类专业实践教学比例占学分（学时）比例不低于 25%，师范类专业教育实习不少于 12 周。浙江省应用型本科建设中期检查中要求实践占比人文类不低于 20%，经管类专业不低于 25%，理工类专业不低于30%，很多应用型本科建设学校把这个指标设得更高，比如有的应用型本科实践教学比例要求人文类专业不低于 30%，经管类专业不低于35%，理工类专业不低于 40%。

其次是专业能力与综合素质培养的冲突与矛盾。应用型本科建设指标体现在学生职业能力（职业资格考取率）、创新能力（公开发表论文、取得专利、省级学科竞赛获奖、大学生科研项目、创新创业项目的比例）、毕业生创业率、用人单位满意度、专业对口相关度等方面，普通本科高校建设指标主要体现在德育、专业知识和能力、体育美育、校内外评价、就业率和就业质量等方面。这样的话,应用型本科人才培养质量中缺失了体现学生德育、专业知识和能力、体育美育的培养指标。

对于学生毕业论文(设计),应用型本科建设要求选题主要来自行业、企业实际;校企共同开发课程、教材、案例等教学资源。普通本科建设要求学生毕业论文(设计)50%以上在实验、实习、工作实践和社会调查等中完成;应用型本科建设要求学生毕业论文(设计)应有80%以上来自实验、实习、工作实践和社会调查等。

(2)独立学院的思考

一流大学独立城市学院共40个本科专业,专业设置涵盖文、经、管、法、工、理、医、艺术等八大学科门类,是教学研究型大学。学院"十三五"期间的办学目标是:成为具有一流应用型本科教育品牌的高水平新型大学。应用型本科建设期间面对3个评估体系。

学院在建设过程中由于没有参加过任何评估,因此对评估指标的冲突问题只有一些实际工作认知,在工作过程中感觉应用型本科建设与学院提的一流本科建设和教学研究型业绩考核冲突不大。

在办学定位中,学院依托现有专业学科基础,大力发展与区域经济的主导产业、支柱产业和新兴产业密切相关的应用型学科和专业,发挥学校本部专业学科资源优势,与之错位互补,提升专业学科建设水平,形成5个具有区域特色、比较优势的专业学科群,应用型专业占比达85%比较合适,从目前来看,与普通本科建设评估指标体系无冲突。

在学校人才培养模式中,应用型本科对实践教学比例要求更高。应用型本科建设要求学生毕业论文(设计)选题主要来自行业、企业实际,校企共同开发课程、教材、案例等教学资源;普通本科建设要求是50%以上在实验、实习、工作实践和社会调查等中完成。但实际上只是提法上侧重点不同,应用型本科更强调来自业界的选题,与普通本科没有本质上的冲突。

在人才培养质量评价指标方面,应用型本科建设指标主要体现在学生职业能力（职业资格考取率）、创新能力（公开发表论文、取得专利、省级学科竞赛获奖、大学生科研项目、创新创业项目的比例）、毕业生创业率、用人单位满意度、专业对口相关度等方面，普通本科高校建设指标主要体现在德育、专业知识和能力、体育美育、校内外评价、就业率和就业质量等方面。学生职业能力（职业资格考取率）与普通本科没有实质性的冲突，可能与高职高专有待进一步探讨。

（3）省属高校市郊独立学院的思考

地处市郊的省属高校独立学院是一所以经济、管理学科为主体，经、管、文、艺、法、理、工多学科协调发展的应用型本科院校，"十三五"期间的目标是朝着经管特色鲜明的高水平应用技术型大学不断奋进。它在应用型本科建设期间面对两个评估，是教学型大学。学院具体管理者认为，由于学院面对的评估和考核体系基本是一个类型，因此没有特别严重的冲突，但从发展的角度看，有些指标问题值得思考。

第一，在办学定位和规划中，应用型本科与普通本科之间的差异到底是学科还是专业，可能还没有定论，应用型专业与非应用型专业的界限目前很难界定，省里也没有统一标准。"双师"型的比例要求为"后生造"，老师不一定会有主动性。要有较大的投入，教师的积极性才会被调动起来。校园建设规划中应用型本科对实验室与实习场所建设在数量和硬件设施上应该会有更高的要求，以满足应用型人才培养的要求。

第二，在人才培养模式中，理论与实践教学的比例冲突不大，问题的关键在于实践性学分的教学组织及教学效果和质量的判定标准是什么。

第三，在人才培养质量评价指标方面，应用型本科建设指标体现在学生职业能力（职业资格考取率）、创新能力（公开发表论文、取得专利、省级学科竞赛获奖、大学生科研项目、创新创业项目的比例）、毕业生创业率、用人单位满意度、专业对口相关度等方面，普通本科高校建设指标主要体现在德育、专业知识和能力、体育美育、校内外评价、就业率和就业质量等方面。

建立上述指标与衡量人才培养过程中的相关课程、实践教学等的效果之间的内在逻辑性有难度。此外,比如普通本科建设要求学生毕业论文(设计)50％以上来源于实验、实习、工作实践和社会调查等,应用型本科建设要求选题主要来自行业、企业实际,校企共同开发课程、教材、案例等教学资源。那么从总体上看,对于不同专业,该项比例之间有差异,应用型的比例要求会更高,但应该是有个逐步推进的过程,经过3～5年争取可以实现。

独立学院大部分是在高等教育大众化进程中建立的,是契合社会经济发展的产物,因此办学定位基本与应用型本科建设相符合,但是又是依托母体承办的院校,在学科专业建设、师资和人才培养质量方面存在与应用型本科建设有冲突或不完善之处,那些以教学研究型为定位的学院,在评估体系方面的冲突会大一些。由于没有适切的评估体系,冲突还表现为对"应用"建设新概念的认知模糊。

(4)地级市属高校的思考

地级市属工学院,开设涉及工学、文学、理学、教育学、艺术学、管理学等六大学科门类的本专科专业32个,其中本科专业23个。"十三五"期间的目标是:努力把学校建设成为在全省同类高校中处于领先水平,在全国同类高校中有较大影响力的特色鲜明的应用型大学。其属于教学为主型大学,应用型本科建设期间同时面对三种评估。

在办学定位和规划方面,首先体现在省级教育行政部门对不同类型的高校应用型本科建设的考核指标是不同的,如高校可分为研究型、教学研究型、教学型等等,教学型以下还有细分,如多科性教学型、综合性教学型等等。对于我校这样以工为主的多科性教学型地方本科院校,其应用型建设主要体现地方性、应用型,强调应用新技术,突出学生技术应用能力,服务区域经济社会发展。因此,在学科专业建设上,地方有什么样的产业,学校就设什么样的专业,企业有什么样的技术需求,学校就设什么样的学科专业平台,注重产教融合、产业对接、产教引领;师资队伍建设方面,突出"双师双能"型教师的培养。

在学校人才培养模式上,理论与实践教学的比例,普通高校要求是人文社科类专业实践教学占总学分(学时)的比例不低于20%,理工农医类专业不低于25%,师范类专业教育实习不少于12周;而应用型本科建设中这项指标是人文类不低于20%,经管类专业不低于25%,理工类专业不低于30%。应用型本科强调实践教学体系创新,重应用,通过增加课内实践或独立设置实践环节,来提高实践学分比例。普通本科建设要求学生毕业论文(设计)50%以上在实验、实习、工作实践和社会调查等中完成,应用型本科建设要求选题主要来自行业、企业实际,校企共同开发课程、教材、案例等教学资源。学院对毕业设计选题均要求100%来自实验、实习、工作实践和社会调查等。

在人才培养质量评价指标方面,应用型本科建设指标体现在学生职业能力(职业资格考取率)、创新能力(公开发表论文、取得专利、省级学科竞赛获奖、大学生科研项目、创新创业项目的比例)、毕业生创业率、用人单位满意度、专业对口相关度等方面,普通本科高校建设指标主要体现在德育、专业知识和能力、体育美育、校内外评价、就业率和就业质量等方面。应用型本科也要立德树人,但在应用型本科建设指标体系中,对德育等没有明确的考核指标。

(5)民办高校的思考

单列港口城市民办学院注重打造服务区域新经济发展的财经学科特色,形成了以经济、管理学科为主,经、管、工、文、艺等多学科协调发展的学科专业体系,32个本科专业力争早日建成国内领先、有改革创新示范价值、特色鲜明的民办大学。其已完成本科教学水平评估,在应用型本科建设期需面对其他三种评估体系。

作为一所地方民办大学,学院在办学定位和发展规划中是自觉与地方经济相适应的,学院面对应用型本科建设,更多思考的是如何发展内涵建设,从质量评价深度挖掘应用型本科的内涵指标建设。学院在应用型本科内部质量评价体系建设的过程中,结合教育厅的中期检查,对其中一些指标建设问题进行了重点梳理。

第一,应用型本科建设中的"双师双能"型师资问题。

与普通本科建设指标体系的冲突体现在以下几个方面:一是"双师双能"型教师队伍的建设理念与思路不清晰;二是"双师双能"型教师培养机制不健全;三是"双师双能"型教师认定标准不规范。

第二,人才培养模式的指标建设问题。

在培养规格上,应用本科培养的不是学科型、学术型、研究型人才,而是适应生产、建设、管理、服务第一线需要的高等技术应用型人才;在培养模式上,应用型本科以适应社会需要为目标,以培养技术应用能力为主线设计关于学生知识、能力、素质结构的培养方案,以"应用"为主旨和特征构建课程和教学内容体系,重视学生技术应用能力的培养。个人认为,实验室、实习场所与校外实践基地等方面的指标更为重要。构建基础实践能力、专业核心能力、综合应用能力三层次能力培养体系,加大实践教学环节所占比例,在培养方案中独立设置主要实践教学环节实施方案。

第三,应用型本科建设人才培养内部指标体系建设问题。

应用型本科人才培养质量评价指标应注重评估学生实践能力和创新能力。与传统本科院校相比,应用型本科院校在实践教学中主要以培养技术应用能力为核心,强调以实训、综合训练为主的职业技能训练和工程技术实践及创新能力。而传统的本科教学评估指标千校一面,缺乏自身特色,不利于我国高校的长远发展。

(6)省属地市共建学校的思考

地处港口单列市的省属高校,是一所具有67年办学历史的省属普通本科高校。1999年经教育部批准成为"公办高校实行新的管理模式和运行机制"的新型高校,被教育专家誉为"中国特色现代大学制度的范例性实践",以建设特色鲜明的高水平应用型大学为目标,但面对多元的评价体系,办学中也遇到了很多问题。

第一，在办学指标方面。

冲突首先体现在师资队伍的配备与评价方面，应用型高校的博士占比一般达不到普通本科建设指标要求，普通本科建设要求引进教师为博士毕业的学科型人才，非业界的高水平应用型人才，对教师的评价也是以科研成果（项目及论文等）为主，非服务社会的应用型能力。其次是标志性的项目与成果等方面，如省部级及以上科研创新平台、省部级及以上成果奖、省部级及以上科研项目、一流学科建设成效、省部级及以上人才数等。最后是生均藏书量方面，普通本科建设中比较注重生均藏书量，而以应用型人才培养为主的学校，一般更看重实验室、实习场所的建设及利用率，生均藏书量在信息化时代，由于电子资源的普及，已显得不那么重要，其利用率也大大下降。

第二，在人才培养模式上。

应用型本科建设中，要求理工类实践教学比例一般不低于 40％，其他类不低于 30％。毕业论文（设计）在实际操作中，由于教师的来源大多是学科型的，毕业设计选题来自实际的比例一般达不到 50％，有些来自科研项目，有些来自实验室。校企共同开发的课程、教材、案例等教学资源目前只有少量，因为企业有水平的人员没有精力编写教材，企业真实的案例涉及知识产权，作为教学资源也存在一定的瓶颈。只有与大型培训机构合作，才会得到一些教学资源。

第三，人才培养质量评价。

主要冲突体现在职业资格考取率、读研率方面，应用型本科理应重视职业资格考取率，普通本科更重视读研率，这样从人才培养质量评价倒推人才培养模式，就会出现培养模式中课程构建的矛盾和冲突。

二、转型中体制机制建设的深层问题

1. 校企深度融合缺乏明晰标准和法律保障

校企深度融合是转型机制的突破重点。校企深度融合是在于 2014 年颁布的《关于加快发展现代职业教育的决定》中提出的,即"到 2020 年,形成适应发展需求、产教深度融合、中职高职衔接、职业教育与普通教育相互沟通,体现终身教育理念,具有中国特色、世界水平的现代职业教育体系"[①]。校企深度融合作为职业教育主线之一,国家高度重视,但在实践层面存在着困境。首先,深度融合的程度没有明确要求和标准。其次,缺乏相应政策法规。在校企合作的发展过程中,无法可依的问题始终存在。推进校企合作的内容,只在《高等教育法》《职业教育法》中有所提及,但没有系统性操作性的配套法律法规[②]。最后,校企合作长效机制建设难度大,校企合作过程中合作目标价值不同、沟通机制不规范、双方资源不均衡等问题,导致深度融合困境。

2. 院校与企业合作的利益匹配度问题

浙江省应用型本科转型导向性评估中设置了两项机制创新指标,对校企深度融合提出了明确指向,一是办学机制创新,要求"学校领导重视应用型人才培养,实行政校企合作、产教融合的开放办学体制,建设与行业企业深度合作的机制",设立创新和特色项目,鼓励学校在办学定位与办学机制方面的创新和特色;二是协同育人共建平台机制,要求"积极与行业企业、实务部门共建二级学院或专业(群),并建立良好的运行机制;共同组建校内外实践教育基地、校企合作班、实验室、实训中心、人才培养联盟、创业孵化基地等校企合作育人平台,建立校企合作共建共管共享的长效机制"。

① 郭欣红.高职校企深度融合的困境分析及对策研究[J].宁波职业技术学院学报,2015(12):28-30.

② 周文辉.应用型本科院校校企深度融合之困境与策略[J].江西社会科学,2016,36(10):252-256.

试点示范院校转型中的机制问题集中在几方面，一是校企协同育人存在资源开发与利用需求的差距，比如实践基地有数量没质量，实践基地缺乏长效机制。二是"双师双能"型师资建设缺乏长效机制。三是缺乏集科技成果转化与服务地方经济于一体的运行机制，包括平台建设、激励制度、市场化运作的配套措施等。

创新校企协同育人机制，关键是找到双方利益的"共同点"，形成合力，解决长期以来校企协同育人方面缺乏稳定的长效机制、人才培养与行业企业需求相脱节的问题。

3. "双师双能"型师资建设缺乏长效机制

在应用型本科建设过程中，"双师双能"型师资建设面临着几个问题，一是"双师双能"型教师的认定标准模糊；二是"双师双能"型教师培养需要学校和外部力量的整合，机制建设还不是很健全；三是"双师双能"型教师培养中教师的积极性、主动性难以调动。

与普通本科建设指标体系的冲突体现在以下几个方面：一是"双师双能"型教师队伍的建设理念与思路不清晰，会被误解为"双师双能"型师资与本科建设标准中的拥有博士学位教师比例有冲突；二是"双师双能"型教师培养机制不健全；三是"双师双能"型教师认定标准不规范。

应用型本科转型中，师资建设既是关键指标又是难点，在转型中存在几个问题，一是概念模糊，二是如何衡定在院校师资中的比例和结构，三是缺乏评估标准，"双师双能"型师资建设浮于"双证"。

第二节　应用型本科院校转型质量评价体系和治理模式创新

一、浙江省应用型本科院校转型指导性评价体系

根据试点要求，浙江省教育厅启动对应用型本科试点示范院校的中期检

查,针对现有评估体系的不适切问题,浙江省教育厅制定了《浙江省应用型本科院校建设指导性评价指标体系(试行)》,用于"为扎实推进本科高校加强应用型建设,提高应用型高校建设水平和应用性人才培养质量"①。

1. 以四个契合度为原则制定指导性评价指标

指导性指标体系设一级指标 7 项,分别是办学方向、学科专业、师资队伍、人才培养、应用研究与社会服务、学校影响力、示范与辐射作用。重点考核"四个度",即学校人才培养与地方经济社会发展需要的契合度、学校为地方经济社会发展的贡献度、毕业生对自身职业发展的满意度、用人单位对学生的满意度。

应用型本科院校指导性评价体系有几个特点,一是设计以"基准+创新"的原则为主线,在每个一级指标的观测点中都设了"创新和特色"项目。基准是指符合国家和省对应用型本科转型的政策要求,即"四个度",创新是指试点院校可以根据自身办学基础和目标创新项目。指标设计由教育厅会同试点示范院校共同讨论制定。二是检查以过程导向为主,以定性描述的项目为主,定量评估不设数据上下限,以试点院校自身设定的指标为主,检查试点院校的实际变革成效。三是设计了 23 个量化指标,用于验证院校自评报告的支撑数据。

23 个量化指标分别是:1. 应用型专业占学校专业总数比例;2. 应用型专业就读的学生占学校在校生总数的比例;3. 前 8 位应用型专业就读学生占学校在校生总数的比例;4. 专业教师中行业、企业、实务部门等兼职教师占比;5. 专业教师中"双师双能"型和具有行业企业实践经历的教师占比;6. 学校加强应用型建设专项经费(自然年度内学校立项用于应用型建设的专项经费总额);7. 生均本科实验经费(自然年度内学校用于实验教学运行、维护经费生均值);8. 生均本科实习实训经费(自然年度内用于本科培养方案内的实习实训环节支出经费生均值);9. 全校开设课程总门数(学年度内实际开设的本科

---

① 浙江省应用型本科院校建设指导性评价指标体系(试行)[EB/OL]. http://www.zjedu.gov.cn/news.

培养计划内课程总数,跨学期讲授的同一门课程计一门);10.实践教学学分占总学分比例(可按学科门类);11.实习生数与校外实践基地数比例(学年度内实习生总数与实际承担实习任务的校外实践基地的比例);12.选修课学分占总学分比例(可按学科门类);13.主讲本科课程的教授占教授总数的比例(不含讲座);14.行业、企业、实务部门师资讲授本科课程占课程总门次数的比例(一门课程的全部课时均由实务部门师资授课,计为1;由多名教师共同承担的,按该教师实际承担学时比例计算);15.校地、校企深度合作共建产学研协同创新平台数;16.专任教师师均承担横向科研经费数(人文社科类专任教师和理工科类专任教师分别统计);17.科技成果转化收入;18.学生取得发明专利、实用新型专利和外观设计专利授权总数及生均数;19.学生参加创新创业活动项目生均数;20.应用型专业毕业生创业率;21.应用型专业毕业生对母校的满意度;22.用人单位对应用型专业毕业生的满意度;23.其他与应用型高校建设相关的数据。

指导性评估体系为转型建设构建了法定的空间,浙江23个指标突出“应用”,对应用学科专业占比、“双师双能”型师资建设占比和应用研究与社会服务的定位有明确要求,指标体系以定性和定量相结合的方式组成。其中有些关键指标还未设定量化要求,比如“应用研究和社会服务”的指标要求等。评估以“基准＋创新”的方式进行,可见,中期检查导向性评价体系还有些不确定性,需要院校进行实践补充。

2.应用型本科转型指导性评价指标重点排序

浙江省应用型本科院校建设中期检查的指导性评价指标体系设置了23个指标,在这23个建设指标中,以排名三段分序,建设指标重点排序如下。以选项为第一的排名占比计入,排名前7位占比50％以上的指标有5个,分别是①应用型专业占学校专业总数比例(55.6％)。②专业教师中“双师双能”型和具有行业企业实践经历的教师占比(66.7％)。③校地、校企深度合作共建产学研协同创新平台数(66.7％)。④科技成果转化收入(66.7％)。⑤学生取得发明专利、实用新型专利和外观设计专利授权总数及生均数(55.6％)。从调研结果看,首先,10所院校在实际建设中认为应用型本科建设是个系统工程,23 个指标缺一不可;其次,按照重点排序,应用型专业占比、"双师双能"队伍、校地校企合作、科技转化和学生的创新能力成为最重要的"应用"建设指标。

分析排名前 7 位重点指标,"应用型专业"是个新概念,是伴随应用型本科建设出现的概念。"双师双能"型师资队伍是相对高等职业院校的"双师"而提的,也没有确切的定义。校地校企合作、科技转化和学生创新能力是体现"应用研究与社会服务"实力的,关于"应用研究与社会服务"也没有明确的定义。因此,这 3 个指标既是转型重要指标,也是需要从转型实践中进一步厘清的重要概念。

二、应用型本科院校体制机制创新发展模式

转型试点示范院校通过机制创新,突破产教深度融合困境。机制创新有两种,一是建立行业学院或产业学院,融应用研究、学科专业建设和人才培养于一体。即企业、学院共同出资,以"理事会+学院"的治理结构开展合作。二是"双院制"模式。这是转型院校内部治理模式改革的一种方式,用于解决传统学科专业转型和新兴学科建设冲突。以"研究院+学院+产业"模式与区域产业经济紧密结合,集科研成果、新兴学科和专业、师资和人才培养改革于一体。

1. 行业学院——融合生产链、产品链、技术链和服务链

2014 年颁布的《现代职业教育体系建设规划(2014—2020 年)》中提出"探索发展股份制、混合所有制职业院校""允许社会力量以资本、知识、技术、管理等要素参与办学并享有相应权利",这一文件将经济领域的"混合所有制"引入职业教育领域,"混合所有制模式"作为校企深度融合机制创新点被引入应用型本科,在"双向挂职、联合培养、共建基地"中寻求"多方利益共同点"。

所谓行业学院,是指本科院校与行业(或者一部分骨干或典型企业)紧密融合,以行(企)业生产链、产品链、技术链和服务链为对象开展人才培养和科

技服务的应用型专业学院。本科院校与行业深度融合,实行机构共建共管,成果共有共享,责任共负共担,努力提高人才培养的精准性和高效率。学校通过与政府、行业、企业及国外高校合作共建,形成校政合作、校企合作、校行合作、中外合作等四种模式与"六个共同"的运行模式。行业学院依托自身的科研团队、实验室,与企业人员协同攻关,在服务地方产业经济的同时,推进校企合作深入发展。

(1)阿里巴巴商学院

学校与阿里巴巴(中国)网络技术有限公司合作共建阿里巴巴商学院。阿里巴巴(中国)网络技术有限公司一次性投入办学资金用于学院发展,共建学院为杭师大下属公办二级学院(无独立法人资格),性质、名称、隶属关系不变。采取"理事会+院务委员会"治理模式。组建"双方各占3人+共建学院学生代表1人"的7人理事会,作为共建学院最高决策机构,阿里方派遣集团高管任共建学院院长,组建院务委员会作为共建学院的日常管理机构,负责执行理事会的决议,并制定《阿里巴巴商学院理事会章程》《阿里巴巴商学院院务委员会章程》规范运作模式。学院通过校企协同育人机制改革创新,积极探索学院人财物适度放权管理,按照"一流商学、一流人才"的模式打造管理团队、引进高层次人才,在教师职称评定、考核聘用、薪酬待遇等方面赋予共建学院更大的办学自主权,同时加强专业调整和课程体系的设计,积极探索人才培养模式改革。

(2)家族财富管理研究院

这是一种知识生产校企合作模式,以合股形式进行合作,目标是通过合作获取新兴产业、新兴知识和新兴学科的最前沿知识,在全国率先打造成为集"科学研究、人才培养、咨询服务、社会培训"于一体的专业化、高端化、市场化的研究机构。

该学院与浙江 ly 投资管理有限公司合作共建 ly 家族财富管理研究院。浙江 ly 投资管理有限公司是宁波投资机构的龙头企业,在财富传承与管理、企业转型升级、企业培训与扶持等方面具有先进理念和实践经验,根据学校成为区域中小企业首选大学的办学目标,一直致力于中小企业发展研究,双方合作以发展知识优势和人才培养优势为基础,共同为中小企业发展提供学术支撑和人才支持。研究院先期作为学院二级机构挂牌,当研究院自身具有盈利能力、收支平衡后,由双方共同出资注册股份制"ly家族财富管理咨询有限公司",作为研究院直营机构。研究院实现理事会领导下的院长负责制,ly投资管理有限公司负责的工作包括:主导研究院日常工作,对外运营工作,共同提供个性化增值服务,主导研究院前期的培训工作,负责培养学生资本运作实践能力。学院的主要工作包括:提供研究院工作场地,负责研究院对外网站建设与更新,负责研究院研究课题的管理和开展工作,与研究院共同负责培训工作。

2."双院制"模式——解决传统专业与新兴专业冲突的创新机制

"双院制"模式是学校内部传统学院与新兴专业建设的融合机制,目的是加强校企合作、新兴专业建设。试点示范院校中开展"双院制"模式的学院有5所,有不同的命名模式,比如"研究院＋学院＋产业"模式、"特色学院"等,本著作以"双院制"模式统称,"双院制"模式是转型院校内部治埋模式改革的一种方式,是解决传统学科专业转型新兴学科专业的机制创新。

(1)"特色学院"——强化产教融合、科教融合、产学研协同创新

hzw汽车学院立足区域国际汽车产业园区,通过打造校园、产业园、研发园"三园融合"的特色学院,强化产教融合、科教融合、产学研协同创新,努力成为国内一流的汽车行业示范学院,其建设目标是:建成区域汽车产业人才培养的主要基地、宁波地区汽车产业科技服务的公共平台、国内一流的汽车NVH研究与零部件CAE设计开发基地、国内产教融合与政产学研用联合办学的示范窗口。

学院通过构建产业需求导向的开放协同的汽车行业优势学科体系,以车辆工程为核心,打造机械工程特色专业群,培养具有工匠精神的应用开发型人才,融合国际化资源,全面提升国际化办学水平等举措,建成区域汽车产业人才培养的主要基地、地区汽车产业科技服务的公共平台、汽车NVH研究与零部件设计开发方面的全国一流基地、市产教融合与政产学研用联合办学的示范窗口。

（2）依托大院名校建立研究基地——加强学科建设

该学院是一所典型的 20 世纪 80 年代兴起的工科类院校,1985 年由巨化集团公司创办,作为一所企业办学起家的地方工科类高校,学院在校地合作中有传统经验和地方优势。

一是依托大院名校建立创新研究基地,加强学科建设。比如:化学与材料工程学院与中国制浆造纸研究院合作建设"中国制浆造纸研究院分院"。机械工程学院与机械科学研究总院共建"区域智能制造技术研究中心",与北京化工大学、巨化集团联合成立"新材料加工装备及成型技术研究中心"。建筑工程学院与中科院页岩气与地质工程重点实验室共建"古工程保护与地质灾害防治联合研究中心"。学校南孔文化研究中心分别与中国社科院哲学所、浙江省社科院合作建设"中国哲学与文化研究中心""国际孔氏南宗文化研究中心"等。

二是依托一流学科,与地方研究院或龙头企业合作共建科技创新服务平台。比如:以机械工程学院为主体,联合 5 家市机械装备制造企事业单位共建"浙江省空气动力装备技术创新服务平台";以化学与材料工程学院为主体,与氟硅技术研究院等 4 家企事业单位共建"浙江省氟硅新材料技术创新服务平台",与浙江省新药创制科技服务平台联合成立"浙江省新药创制科技服务平台工作站";以电气与信息工程学院为主体,与光明电力投资集团公司等 4 家企业单位共建"浙江省输配电装备技术创新服务平台";依托"机械工程""控制科学与工程"两个浙江省"十三五"一流学科和"浙江省空气动力装备技术创新服务平台",与开山集团联合共建"浙江省空气动力装备技术重点实验室"。

三是以校、政、企三方合作建设的"博士工作站",提升科研服务质量。积极推进与市和县的全面战略合作,在产业协同创新、人才共赢共享、基础教育提升及应用型人才培养等方面达到了具体合作方案。工作站实行一对一模式,即以一名博士领衔的一个科研团队对接一个重点骨干企业,以项目为驱动,"先定项目任务后建站",其间,工作站至少承担一项不少于 20 万元研发经费的合作项目,每年承担相关专业学生的实训指导,为企业培养技术人员等任务。

四是依托学校文化研究协同创新基地,推动校地协同文化发展。学校依托"中国哲学与文化研究中心""国际孔氏南宗文化研究中心",充分发挥"南孔圣地"的地域优势,挖掘利用地方特色文化资源,大力建设南孔文化品牌,系统推进传统文化进校园、进课堂、进课题。"中国哲学与文化研究中心"编纂出版的《地方文献集成》,已被英国大英博物馆、哈佛大学燕京学社、加拿大国家图书馆、香港中文大学等海内外重要图书馆藏单位收藏,填补了浙江地方文献整理的学术空白,充分展示了 qz 历史文化名城风采,荣获省哲学社会科学优秀成果一等奖。南孔文化育人实践先后获得了全国高校德育创新发展研究成果二等奖、浙江省高等教育教学成果奖二等奖、浙江高校校园文化品牌、全国第七届高校校园文化建设优秀成果等。

第三节　应用型本科院校转型发展关键概念学术认知重构

一、应用型学科专业概念认定和内涵建设

示范院校应用型学科专业转型共同面对的问题是:什么是应用型学科专业?关于什么是应用型学科专业,从院校的调研情况看,基本没有一所院校有明确的定义,本研究对相关管理实践者进行了访谈。

> 根据省里应用型本科建设要求,试点院校的应用型本科专业要达到70%,我认为我校属于应用型本科的专业是100%,但是要达到国家或省里对应用型专业的建设要求,还需要院校自己制定专业认定标准和建设指标。

> 个人感觉这个问题还有待进一步观察,应用型本科与普通本科之间

的差异到底是学科还是专业,可能还没有定论。

关于应用型学科专业如何认定,国内现有研究停留在应用型学科专业的具体建设上,提出对接需求、对接产业等建设原则,但缺乏对应用学科专业的理论研究,导致大家"对应用学科内涵的认识未达成共识……对基础学科与应用学科的评估与管理未能区别对待,严重影响应用学科的建设与发展"[①]。浙江省中期导向评估对应用型学科专业的要求是:转型示范院校的应用型专业占学校专业总数的70%以上,校企合作专业不少于学校专业数的50%[②]。为解决应用型学科专业认知模糊问题,有4所学院制定出台应用型专业评估标准,试点示范院校应用型学科专业认定有两种模式。一是应用型学科专业认证。

学院制定应用型学科专业认定和评估标准,应用型学科专业的认定需符合两个原则,一是学科专业符合学院办学定位,二是学科专业建设的人才培养质量符合应用型人才要求。

像我们这样的院校,学科专业基本是应用型,所以不存在转型,更多的是建设。学院对学校专业的应用型性质及特征进行了研究。何为应用型专业?从专业的类型看,要符合学校办学定位,我校的专业都是应用型专业。那么如何区别于传统高校专业或者如何打造具有学校特征的专业特色?我们认为要从人才培养的质量进行价值判断。为此,我们设置了两个指标体系进行应用型专业的认定和应用型专业的评估。

应用型专业的认定是从新专业建设开始,在专业经过两年半的建设以后,也就是完成专业课程体系、实践教学体系等教学基本建设情况下,对专业的定位、建设规划、建设方向、教师队伍、教学模式等进行应用型评估。学校的做法是在新专业检查的系统指标中突出专业带头人、培养方案、课程建设、

①　伍德勤.新时期应用学科的内涵及其建设与管理[J].应用型高等教育研究,2017,2(4):14-19.

②　浙江省应用型本科院校建设指导性评价指标体系(试行)[EB/OL].http://jyt.zj.gov.cn/art.

实践教学、能力培养等应用型指标要求,保证专业建设从设置开始符合学校应用型人才培养定位。

应用型专业评估方案针对有三届及以上毕业生或有一届及以上毕业生的特色专业方向进行应用型建设水平和质量评估。评估方案兼顾达标与选优,目标是通过应用型专业评估,以评促建,使70%专业达到应用型专业合格标准,30%专业达到应用型专业示范标准。

学院对应用型专业、应用型专业群认定基本条件表述如下:

由一个或多个办学实力强、就业率高的重点建设专业作为核心专业,若干个工程对象相同、技术领域相近或专业学科基础相近的相关专业组成一个集合,包括三种类型:第一类,围绕某一行业或产业链设置形成的一类专业。各专业可以在一个体系平台中完成实训任务,共用实验实训设施、设备,有相当一部分实验实训项目是共同完成的。第二类,学校依托某一学科基础较强的专业逐步发展形成的一类专业。各专业具有相同的学科基础,所以有相同的专业理论基础课程平台,共同的专业师资队伍。第三类,依托学校"双院制"体制机制优势,面向区域新业态、新技术、新型商业模式形成的由应用型学科支撑的对接区域经济发展的一类跨学科专业。专业主要体现在共享学科研究平台、共享合作产业资源、共享跨学科开设课程资源上。

学院这样认定的基本条件是什么?这个认定办法的应用型专业特色体现在哪里?是否只是一个专业基本建设的合格条件?是否适用于所有专升本时间不长的院校?学校相关负责部门分别做了阐释:

学院是在调研学习国内外同类高校开展专业认证的基础上,对应用型专业和专业群进行认定,依据分三类,第一类工科类专业按照工程教育专业认证要求推进,如机械设计制造及其自动化、计算机科学与技术等两个工科专业;第二类经管类专业按照国际或国家经管类专业认证进行建设,如国际经济与贸易、工商管理、财务管理等3个经管类专业;第三类是按照国家和省政策中对应用型本科的要求进行推进,即"四个度"的标准,目前已认定财务管理、大宗商品交易等应用型专业群,也正在对计算机科学与技术类特色专业进行应用型建设水平评估。

认定办法是遵循学校办学定位,根据学院学科专业布局制定规划,明确学科类型定位,即以经济、管理学科为主,经、管、工、文、艺等多学科协调发展。在成为第一批浙江省应用型本科转型试点示范院校后,进一步明确围绕应用型专业质量提升工程,实施专业综合改革、人才培养模式改革、应用型课程体系建设和人才培养质量评价改革。探索建设"学校应用型专业评估方案",明确以工程教育专业认证的核心理念指导学校开展应用型专业建设与评估。学院确立工科专业进入工程教育专业认证的目标,工程教育专业国际认证是国际通用的应用技术人才专业标准,对应用型本科建设中的工科类学科专业建设有导向作用,也体现了应用型本科建设的特色。学院对应用型专业还出台了评估文件,通过评估确定 A、B、C 等级,获 A 的即属于示范专业。

从该学院对应用型专业的认定和评估过程来看,学院对应用型专业认定和建设以达到一定标准为原则,几个未被认定的专业主要是新专业(即招生未满两年)。因此,以建设应用型专业达到 70% 以上的指标为主,对应用型专业并没有做学术探讨。

为达到应用型本科试点示范院校提出的目标,推进措施有力的院校建立了专业建设质量标准,质量评估的落脚点是人才培养目标和社会需求的匹配度。

应用型本科专业评估关键是对专业应用型人才培养目标与培养效果的实现情况进行评价。重点考察专业培养目标与社会需求的匹配度,行业企业对专业建设和人才培养改革的参与度,课程体系及培养过程支撑应用型人才培养目标达成的有效度,学生对专业教学、用人单位对毕业生职业能力的满意度。

应用型本科专业评估指标由 6 个一级指标、18 个二级指标组成,其中"培养方案""应用型教师队伍建设"等 10 个二级指标为应用型指标,10 个二级指标分别是:培养方案、应用型教师队伍建设、合作机制与社会参与度、改革成效、课程建设、实践教学条件建设、实践教学实施、学生第二课堂与创新创业实践、毕业实习与设计(论文)、就业与社会评价。学院在专业评估方案中设定了A、B、C、D等级,根据应用型本科高校建设目标,通过建设使70%的专业达到应用型本科专业合格标准,30%的专业达到示范性应用型专业标准。

二是以工程专业认证推动专业转型。

"工程类"专业认证是指专业认证机构针对高等教育机构开设的工程类专业实施的专门性认证,由专门的职业或行业协会(联合会)、专业学会会同该领域的教育专家和相关行业企业专家一起进行,旨在为相关工程人才进入工业界从业提供预备教育质量保证。我国的认证标准是依据《华盛顿协议》(国际工程联盟6个协议之一)提出的毕业生素质,规定了毕业生在进入职场时应该具有的最基本能力要求,侧重于对"解决复杂工程问题"能力的培养。示范院校中,办学历史较长、学科专业规模较大的院校应以应用型专业转型建设为主,应用型专业建设质量以专业认证为主,对26个应用型专业组织开展了评估工作,包括临床医学、护理学、计算机科学与技术、软件工程、制药工程、高分子材料与工程等。城市大学侧重对城市经济服务的新专业进行认证,适应以新技术、新产业、新业态和新模式为特征的新经济建设的需要,出台《专业认证专项建设管理办法(试行)》。工程类院校以工程教育专业认证为抓手,倒逼专业建设改革,转型期50%左右的专业通过专业认证。理工类学院开展专业合格评估制度,健全专业预警、退出机制,遴选若干专业参与工程教育专业认证。财经民办类学校推进有基础、有优势、有特色的专业开展专业认证建设试点,实施卓越人才培养,计划推进工程教育认证。

二、"双师双能"型师资概念界定和评价标准

关于应用型师资建设,浙江省教育厅应用型本科指导性指标提出4个方面的要求:一是具有满足应用型建设需要、结构合理的师资队伍;二是专业教师中行业、企业、实务部门等兼职教师占比原则上不低于30%;三是专任教师中"双师双能"型和具有行业企业实践经历的教师占比不低于70%;四是有满

足实训教学要求的专职实训教师队伍①。但这 4 个指标中概念的界定和评价标准不一，大部分应用型本科建设院校只能根据学院发展和师资现状进行认定和建设。

"双师双能"型教师是应用型本科高校师资队伍不可或缺的重要组成部分，是应用型人才培养、应用研究、社会服务的基本保障。但当前有关"双师双能"型教师考核评价与建设路径，既无统一标准，也无成熟范例，很大程度上影响了应用型高校教师转型发展成效，也影响到应用型示范高校建设成效。

"双师"型的比例要求为"后生造"，老师不一定会有主动性。要有较大的投入，教师的积极性才会被调动起来。

与普通本科建设指标体系的冲突体现在以下几个方面：一是"双师双能"型教师队伍的建设理念与思路不清晰；二是"双师双能"型教师培养机制不健全；三是"双师双能"型教师认定标准不规范。

"双师"型专业教师是在教育部 2000 年下发的《关于加强高职高专教育人才培养工作的意见》中提出的，2004 年，教育部高教司颁布的《高职高专院校人才培养工作水平评估方案（试行）》中对"双师"型教师提出了认定标准。即"双师"型教师要取得讲师或以上教师职称，并符合下列条件之一：有本专业实际工作的中级或以上技术职称；近五年有主持或作为主要参与人参加过至少两项应用技术研究，成果已较好地应用于企业；近五年有主持或作为主要参与人参加过至少两项校内实践教学设施建设或提升技术水平的设计安装工作，使用效果好，居于省内同类院校先进水平；近五年内在企业第一线本专业实际工作两年以上（可累计计算），或取得教育部组织的教师专业技能培训合格证书，具备全面指导学生本专业实践实训活动的能力。教育部对高职的标准强调了教师系列职称和专业技术职称的"双职称"、行业企业工作经历、研究能力及成果转化应用能力，涵盖了"双师"型教师应具备的理论课程教学

---

① 浙江省应用型本科院校建设指导性评价指标体系（试行）［EB/OL］. http://www.zjedu.gov.cn/news/150840254550946135.html.

能力和实践课程教学能力①。

"双能"型专业教师是 2005 年安徽省"应用型本科联盟"提出的,安徽省把"双能"型作为应用型本科教师的要求,而对高等职业院校的教师要求是"双师"型②。其认为"双能"型教师既有培养高素质应用型人才的教育教学能力,又有从事科研工作、服务地方经济和社会的实践能力,既能教书育人、为人师表,又能指导示范他人开展专业技术实务或应用技术研究等工作③。

"双师双能"型专业教师名称是教育部在《关于引导部分地方普通本科高校向应用型转变的指导意见》中提出的。

可见,从理论和实践层面,高职和应用型本科的师资还未有清楚的界定,"双师双能"型师资也未有明确的认定文件出台,需要在转型实践中形成。

试点示范院校中有 4 所院校出台了"双师双能"型教师认定文件,其中,2 所院校还出台了"双师双能"型教师业绩考核办法文件,在师资认定、培养、考核等方面建立了新的认知。试点示范院校对"双师双能"型师资的认定和考核有几个特征。

1. "双师双能"型师资认定

工科类院校对"双师双能"型教师内涵界定如下:一是指"大学教师+工程师"。由专任教师、企事业单位的专家、工程技术人员等专兼职教师构成,既具有"双师结构"又具有"双师素质"。二是"教学能力+工程能力"。既有培养应用型人才的教育教学能力,又有科技开发与应用、服务地方经济社会发展或指导学生实践活动能力。文件还制定了工程教师脱产到企业一线锻炼制度,要求教师参与企业的生产、管理和设计过程,提高产学研项目开发能

① 教育部办公厅关于全面开展高职高专院校人才培养工作水平评估的通知[EB/OL]. http://www. moe. gov. cn/srcsite/A07/moe_737/s3876_qt/200404/t20040427_110099. html.

② 吴越,曾天山,周光礼. 中国高校联盟运行机制研究——基于多案例的分析[J]. 高等教育研究,2012(5):95.

③ 康艳,赵利军. 安徽省应用型本科高校联盟"双能制"老师认定标准(试行)[J]. 教育与职业,2008(18):120-122.

力。通过实施共享共育机制，着力建设一支教学水平高、实践能力强、专兼结合、适合学校应用型人才培养需要的"双师双能"型教师队伍。

财经类院校以"应用型"教师名称对应"双师双能"型教师，并把创业导师纳入应用型师资范围，并出台《应用型教师资格认定管理办法》，对"应用型"教师做了概念界定：应用型教师是指本身具有实践应用能力并能够培养学生实践应用能力的教师，或具有实践应用能力，能够解决政府、企业的实际问题，产生经济效益或社会效益的教师。由于这种能力在实际工作中表现出不同的特征和发展方向，因此将应用型教师细分为应用教学型、应用研究型、应用技术型三种类型。应用型教师资格认定的范围：从事教学工作的教研岗教师（含双岗位教师）、从事应用研究和社会服务的科研岗教师和主要从事实践（实验）教学的工程实验岗教师。应用型教师资格标准由准入标准和专业标准两部分组成。

准入标准是应用型教师应具备的基本条件。应用型教师应是本科及以上学历，并具备本学科、专业要求的扎实理论功底、教学技能或应用研究能力、社会服务能力。其中：应用教学型教师是从事课程讲授（含双岗），且近三年教师教学工作考核 C 及以上；应用研究型教师主要从事应用研究或社会服务工作，且近三年教职工年度考核称职合格及以上；应用技术型教师是主要从事实践（实验）教学工作，且近三年教师教学工作考核 C 及以上。认定前须具备以下条件之一：一是近五年具有行业企业工作经历连续三年及以上，或近三年具有行业企业实践经历（脱产）连续半年或（非脱产）累计一年及以上；二是具有工程师、经济师、会计师或国家人社部门认可的中级及以上本专业相关专业技术资格或经专家论证的职业资格；三是担任过两年及以上大中型企业管理、技术主管等中层及以上职务。

专业标准是对各类各级应用型教师的识别条件，也是各类各级应用型教师的考核标准。应用型教师分准入级、初级、中级和高级 4 个层级。专业标准是对应用型教师层级区分的总体标准，主要以应用科研能力为主。

该学院将应用型教师分为准入级、初级、中级和高级 4 个层级。准入级应用型教师：符合应用型教师准入标准，可认定为准入级应用教学型、准入级应用研究型或准入级应用技术型教师。初级应用型教师：符合应用型教师准入标准，且具备专业标准中的 1 项，可认定为初级应用教学型、初级应用研究型或初级应用技术型教师。中级应用型教师：符合应用型教师准入标准，且具备专业标准中的 2 项，可认定为中级应用教学型、中级应用研究型或中级应用技术型教师。高级应用型教师：符合应用型教师准入标准，且具备专业标准中的 3 项，还需达到续定标准中对应的选择性业绩条件，可认定为高级应用教学型、高级应用研究型、高级应用技术型教师。学院调整师资结构，把创新创业导师纳入"双师双能"型师资建设，建立校内导师由初级到高级的三级认定标准和校外导师评价条件，形成内外结合、注重实效、动态管理的创业导师发展格局。

我们研究认为应用型教师与创业导师同属于"双师双能"型教师，同时又具有各自的岗位属性与能力特征，应该分开认定、分类评价，为此我们构建了突出岗位属性与能力特征的"双师双能"型教师认定、考核体系。

学院结合应用型师资认定和考核工作，对创新创业导师做了界定：创新创业导师是指具有创新创业必要的理论知识与实战经验，指导学生创新创业活动，并经认定达到学校相应标准的校内外教师，是学校应用型教师的重要组成部分。

创新创业导师的构成：学校创新创业导师由校内导师和校外导师构成。其中校内导师由学校在职教师兼任；校外导师指熟悉国家相关政策法规，熟悉企业管理、市场运作、技术创新，并对科技、经济、市场发展有预判能力，在大学生创新创业指导、培训、创办或管理企业等方面有丰富经验或专业特长，以及有资金、技术、市场等资源的投融资机构和管理咨询机构的资深专家和其他创业成功人士。

创新创业导师资格的认定：校内导师认定标准分基本标准和专业标准。其中基本标准：参加校内外创新创业导师专项培训，考核合格；三年内指导过学生创新创业项目。专业标准：三年内每年开展与创新创业主题相关的课程、讲座、沙龙或论坛不少于两次，每次不少于两小时；或每年不少于两次的创业项目咨询,每次不少于三小时;三年内曾指导大学生创业项目全程,并获得风险投资或取得预期经济效益;三年内作为主要指导教师指导学生参加政府组织的创新创业大赛,获得省级三等奖及以上,或市级一等奖及以上业绩。

校外导师认定标准:致力于帮助学生提高自主创新能力,愿意为学生创新创业的进步和社会经济发展提供公益性服务;志愿贡献时间、精力、智慧和经验,增加学生的创新创业知识,培养学生的创新创业意识,提升学生的创新创业潜力与能力;志愿提携和帮助创业者,追求创业企业成功运作所获得的精神回报和成就感;熟悉企业管理和市场运作,对科技、经济、市场发展有准确的预判;或经历创业过程并已经获得成功,具有对创业企业进行实际辅导的能力与经验,能对创业企业及创业者提供导向性、专业性、实践性辅导服务;有资金资源,愿意对初创企业进行小额资金扶持;对适合进行投资的项目和企业,愿意率先投,并积极向创业投资机构推荐。

2. "双师双能"型师资业绩考核标准

试点示范院校在建立"双师双能"型师资评价体系的基础上,把"双师双能"的绩效落实在应用型课程的认定上,解决了"双师双能"型师资建设停留在"双证"上的难题。学校进行应用型人才培养有效课堂认证,设立应用型人才培养课堂教学认证工作小组,按认证指标体系开展应用型课堂教学认证,对符合相关条件的教师,进行"双师双能"型教师资格认定。

为破解"双师"浮于"双证"难题,应用建设制度完善的院校进一步制定应用型教学团队建设和考核制度,把应用型师资业绩考核落到教学中,学校采取职能部门联动的机制,人事处颁发应用型教学团队行动计划,教务处制定应用型课程和应用型教学团队管理办法,以创新能力培养为目标,加强"双师双能"型师资建设。

关于应用型教师的认定和考核工作是首创,当时尚未有其他高校切实在做。学院认定和考核工作主要解决了"双师双能"型师资建设中的"双能"考核难点,并设定了准入级和专业标准初、中、高级的考核指标。

"双师双能"型师资业绩考核具有以下几个特征:

特征一:扩大学生参与度。具体设置三项重要指标,包括:近三年完成应用性项目或横向课题的过程中有学生参与,使学生的实践应用能力得到了提高;近三年将应用性项目、横向课题、发明专利中成果转化成实践教学内容,纳入应用性课程讲授,或校企合作开发教材;近三年指导学生参加应用性学科竞赛、学生科研、学生知识产权且转化,或本人参加实践应用技能大赛,且获得市级及以上奖励。在教学模式改革上,按照"团队—课程"整体性建设思路,构建支持学生专业核心能力培养目标的应用型课程体系。以课程建设和教学改革项目为载体,发挥团队优势,将"双师双能"型教师队伍建设切实落实到人才培养中。

特征二:建立上下联动、分工负责的协同管理机制。实施过程中尊重二级学院的学科特征和发展现状,发挥二级学院的主动性,对指标体系建设上下协调进行研究,制定科学的操作性强的考核指标。建立定性定量指标考核机制,解决"唯数据"的僵化难题。

特征三:建立应用型教学团队建设机制。在应用型教学团队建设上,改变单一的学术型评价标准,把提高团队实践指导能力作为重点建设内容,突出对教师的实践指导能力和团队协同精神的评价。应用型教学团队建设有几个原则:一是强调"专、兼"职教师团队建设;二是培养理论和实践能力双突出的教师;三是依托校企合作平台开展教学模式研究、改革和实践;四是团队式教学方法与改革;五是加强团队服务地方经济能力;六是进行团队组织文化建设,使不同背景的教师和学生通过团队建设形成优势互补,打造应用型精品课程建设。

试点示范院校转型中出台的师资认定和评估制度,主要解决了应用型师资建设中的几个难题,一是明确了"双师双能"型师资建设的概念、内涵和师资比例,工程类学院根据学院学科性质认定"教师+工程师"的师资,财经类院校将"双师双能"型教师界定为应用型教师,把创业导师也纳入应用型师资,制定了认定条件,突出应用研究和开发能力,以及实践教学能力。二是将"双师双能"型师资建设的落脚点放在应用型人才培养改革上,建立应用型课程考核制度、应用型教学团队建设和考核制度,把应用型师资业绩考核落到教学中,建立三类型四层次的应用型师资考核体系,突出应用人才培养和应用研究的教师发展方向,解决了"双师"浮于"双证"的转型难点。

三、应用研究与社会服务的概念界定和评价标准

国家政策对应用型本科院校的研究和社会服务提出了新要求,具体包括:转型高校要更好地与当地创新要素资源对接,与经济开发区、产业聚集区创新发展对接,与行业企业人才培养和技术创新需求对接;通过建设协同创新中心、工业研究院、创新创业基地等载体和科研、医疗、文化、体育等基础设施共建共享,形成高校和区域经济社会联动发展格局;以服务新产业、新业态、新技术为突破口,形成一批服务产业转型升级和先进技术转移应用特色鲜明的应用技术大学、学院①。这些要求需要应用型本科院校重新定位研究与服务功能。

浙江省应用型本科试点示范院校指导性指标中,明确提出"应用研究与社会服务"概念,也是转型示范试点院校实践管理者认定的"应用性"建设的重要指标(23项指标中排序前七位),具体包括:校地、校企深度合作共建产学研协同创新平台数;科技成果转化收入;学生取得发明专利、实用新型专利和外观设计专利授权总数及生均数。几项指标之间是相互关联的,使"校企合作""协同创新"平台得以实现。这几项指标的中期检查数据处于开放和不确定性状态,说明省级层面对应用研究和服务的功能定位是明晰的,但具体实践中如何建立绩效评价量化指标还没有定论,需要示范院校实践探索。示范院校中有两所院校出台了应用研究和社会服务认定文件。

1. 产学研合作平台认定和建设

转型院校制定产学研合作平台认定与考核制度,明确产学研平台建设的标准和业绩考核,用于解决应用型本科产学研平台功能和定位模糊的问题。

---

① 教育部 国家发展改革委 财政部关于引导部分地方普通本科高校向应用型转变的指导意见[EB/OL]. (2015-11-13)[2021-07-08]. http://www.moe.gov.cn/srcsite/A03/moe_1892/moe_630/201511/t20151113_218942.html.

一是对产学研合作平台做了概念界定。界定为:具有良好的产学研合作条件和技术创新氛围,并在合作培养应用型人才、合作开展社会服务、促进应用技术成果转化和产业化等方面取得成效的创新平台。二是明晰了校级产学研合作平台认定的标准及量化指标。具体包括:合作单位每年派行业导师协同教学,教学单位派教师到基地企业顶岗挂职,参与产学研合作;教学单位派一定数量的学生赴合作平台实习,近三年接纳实习或参与教师课题研究的学生达 30 人次及以上。被认定为产学研合作平台,还须达到下列要求中的任意 3 项:近三年双方合作出版教材、著作(行业发展蓝皮书、案例)或颁布行业标准等 1 部及以上;近三年校企双方共同指导创新创业获得成果(如学生科技竞赛、创新创业获省甲三等奖及以上或省乙二等奖及以上、学生创新创业项目获厅级及以上资助、专利等)5 项及以上;近三年双方联合申报立项厅级及以上应用型示范教学项目或联合举办大型活动 2 项及以上;近三年双方合作科研项目等到校科研经费 20 万(文)、60 万(理)及以上,近三年合作单位向学校投入经费,建设基地、平台、实验室等,或订单式培养联合招生;近三年双方获得浙江省网上技术市场成交和竞价(拍卖)产业化项目经费补助 1 项,或成果转让有完整材料(如转让协议、经济效益证明等)申报省科技成果奖通过预审,或双方共有的应用性成果获得省部级领导采纳批示等。

2. 校企、校地合作协同创新绩效评价制度

转型措施较大的院校建立了层层推进的绩效评价机制。如某所示范转型学院经历了从简单粗放到精修方向目标和创特色重绩效的过程。从 2010 年至 2017 年,先后出台 7 个文件以推进校企、校地合作,其中,以奖励的办法进行校企合作深度推进,重点奖励在混合所有制改革、应用型人才培养、应用技术研究和开发、服务地方经济建设以及创新创业等方面成效显著的项目。绩效奖励分 12 个考核业绩指标。具体包括:①校企合作新项目拓展。②根据企业方兼职专家、教师聘任数奖励业绩分。③校外实习基地建设,校企双方共建校外实习基地。④订单培养。⑤校企联合开发教材,投入使用并正式出版教材者,联合开发教材或实验指导书已经投入使用一学期以上等。⑥教师企业挂职。⑦开办培训班,与合作企业联合,面向社会或为企业在岗人员开办培训班。⑧校内实验室建设及设备引入。⑨奖学金、创业基金引入，获得合作企业捐赠的奖学金、学生科研奖励金，根据到款数额的10％折合成业绩分奖励项目团队。创业基金引入按投入创业项目的万分之一折合成业绩分奖励项目团队。⑩高级别学科竞赛，校企联合举办或参加高级别竞赛，可根据获奖等级折算成相应的业绩分奖励项目团队。二级学院可根据竞赛类别（A类B类）、获奖人数变动相应系数。同一项目所得业绩不可累加。⑪校企合作成果申报的校级以上各级各类奖项，可根据获奖等级折算成相应的业绩分奖励项目团队。⑫通过校企合作服务企业所获得的横向课题、技术成果转化等科研成果，各二级学院结合实际折算业绩分，计入教师校企合作业绩档案。

　　学院的校企合作奖励绩效评价，突破了常规性只求数量不讲质量的校企合作局面，也解决了校企合作中校企双方的利益诉求难题，以及深度合作中的人才培养和协同创新问题。一是为增强校外实习基地建设中学生实际实习情况的可控性，奖励绩效中明确规定每学期安排学生数、实习时间，以及学生就业协议的签订数。二是应用型本科校企合作中的订单班运行较难，学院在奖励环节设定了量化绩效，在大三或大四阶段，根据企业用人和毕业实习需求，校企共同在实习前设立阶段性订单班，量化学生参与人数。三是校内实验室建设及设备引入是校企合作重要环节，但缺少量化指标，学院对此项绩效设定了量化指标：以实际价值的10％～20％折合成业绩分奖励项目团队。其中学校引进的重点项目除企业按约定配套外，另外拓展的引入资金及设备，按入款额对折奖励；新的教学仪器设备以实际价值的20％折合成业绩分奖励项目团队，旧的教学仪器设备以折旧后价值的15％折合成业绩分奖励项目团队，教辅设备以实际价值的15％折合成业绩分奖励项目团队；学校只有使用权的，需在实验实训设备处做好实验设备登记，并纳入管理，使用期在一学期以上的，根据设备数量及使用情况进行奖励。

　　应用型本科院校校企深度融合发展，重点体现在实行合作驱动机制、管理运行机制、评价奖励机制三大机制创新中。

　　一是探索建立市场机制主导的资源互用、责权明确、利益同享、风险共担

的紧密型校企合作创新驱动机制,构建"以产权或资金为纽带""技术、资金、人才三位一体""产学研一体化""以企业为主"等长期、稳定、紧密、多元的校企合作关系。

二是建立分级、分类管理机制和过程推进、节点考核的运行机制,研究出台《校企合作工作管理办法》等文件,实施校、院两级管理,以及院级项目、校级项目和重大项目分类管理机制;加强事前管理和过程管理,加强二级学院自行推进和学校主管部门配合教学协调和资源保障力度。

三是建立校企合作工作考核、评价和激励机制,研究出台《校企合作工作奖励办法》等制度文件,坚持校企合作的成果导向,注重时效性、示范性和政策的配套性,对校企协同育人观察点所取得的阶段性成效,每个学期用"业绩分"进行量化评价和基本奖励,对有示范效果的"校企合作优秀案例",每两年举行一次评选和奖励。学校还积极探索奖励政策的配套性,对教师校企合作奖励结果数据信息在相关教学评价、应用型教师评聘、教师岗聘考核以及教师职称申报中不同程度地加以采用。

第六章　应用型本科院校转型发展关键指标的三大变革

　　应用型本科院校转型中,应用学科专业、"双师双能"、应用研究与社会服务是3个关键指标。应用型本科院校在评估体系的导向包括院校内部质量保证体系的建设、关键概念认定和评价标准的建立,以及"混合制""双院制"等校企合作新的治理模式的建立。通过省域范围内评价体系建设、关键概念补充认定和绩效评价体系的建立、校企合作深度融合机制的创立,形成了"应用"建设的法定环境,建立了转型的策略空间。分析这3个关键指标发生的变化,可以勾勒出应用型大学的内涵特征。

　　区域产业视域中的应用学科专业有两个特征,一是专业内涵变化,转型中出现的新兴学科专业以"混合""交叉""新兴""职业性"为特征,专业设置是"倒置"式的,即产业导向为主,与新科技、新文化和应用服务类产业发展契合。二是办学机制的变革,其创设的"双院制""行业学院""研究院＋学院＋行业联盟""大院名校共建研究基地",是新兴学科专业建设的新路径。

　　"学术＋职业"价值取向的应用型师资建设包括以下几个特征。一是高学历和高能力并进。"双师双能"型的师资培养以"博士进企进园"为特征,应用型本科的"双师双能"型师资建设是高学历和高能力并进的过程。二是建立了"学术＋职业"价值取向的师资认定框架和评价体系。在建立"双师双能"型师资评价体系的基础上,把"双师双能"的绩效落实在应用型课程的认定上,解决了"双师双能"型师资建设停留在"双证"上的难题。三是充分运用"行业学院""协同创新"平台,建立"学术＋职业"教师共同体。

　　应用研究与社会服务移位区域产业和新兴学科建设。应用型本科的协同创新超越"知识增值"为核心的功能,集新兴学科建设、人才培养和研究开发于一体。应用型本科的社会服务职能体现在三方面,包括:为企业和社会解决具体应用问题和提供相应的应用服务,承担继续教育的任务,成为当地科技人员和产业工人回炉学习的主体,成为当地文化建设的重要影响者和倡导者,塑造应用型本科区域中心地位。

转型中还存在着院校自身难以解决的问题,需要进行政策补充。一是应用学科的建设问题。省级层面制定的导向性评估避开了学科建设,以应用专业占比评估转型成效,从国家层面改革学科制度关系着应用型本科转型的可持续发展。二是应用型师资建设占比的科学衡定问题。70%的"双师双能"型师资指标有难度,涉及师资总量、师资认定、绩效标准建设和校企深度合作机制建设要素。三是应用型本科的协同创新功能未被认知和重视。国家和省级层面"协同创新"扶持政策中,应用型本科处于夹缝中,"高不成,低不就",影响应用型本科学科、师资和科研的可持续发展。

第一节 应用型本科院校学科专业转型特征

一、应用学科专业结构的变化趋势

1. 应用学科专业结构变化

浙江省应用型本科试点示范院校中期检查,对应用型学科专业建设提出了导向性指标要求,即坚持需求导向,优化调整专业布局和结构,建立与区域经济社会发展相适应的应用型专业体系,形成若干个服务区域主导产业和特色产业的专业群,应用型专业占学校专业数的70%以上,校企合作的专业不少于学校专业数的 50%①。本章以转型院校内部检查的数据为依据,分析试点示范院校的应用学科专业结构变化。

(1)学科分布以应用学科为主

浙江省应用型试点示范院校学科专业分布集中在工学、管理学和经济学类,其中工学和管理学 10 所院校均有分布,经济类有 6 所院校有分布,4 所院校设置了艺术学,另有 2 所分别设置了教育学和农学,学科专业分布基本属于应用型,如图 6-1 所示。

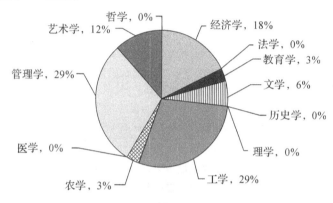

图 6-1　10 所试点示范院校学科专业分布

应用学科专业的重心转移到了新工科、金融、经管商科、信息技术、健康服务、创意产业等领域。按照托尼·比彻的学科分类观,应用学科包括应用硬学科和应用软学科,应用硬学科是指技术类学科,比如机械工程、临床医学,具有目的性,重实效,以产品或技术为目标,关注物理环境的控制和运用启发式方法,使用定量和定性方法,判断标准是目的性和实用性。应用软学科是指应用社会科学,比如教育、社会管理等,具有实用性、有用性特质,是通过软知识获得技能,关注(准)专业实践的强化,大量使用个案研究,以礼仪或

① 浙江省应用型本科院校建设指导性评价指标体系(试行)[EB/OL]. http://jyt. zj. gov. cn/art

程序为目标①。按照这个原则,浙江省示范院校的学科均属于应用学科。

(2)专业调整侧重对接新兴产业的新兴专业建设

从试点示范院校来分析,转型以调整专业结构、新设专业方向和加强交叉混合学科建设途径为主。由于概念模糊,试点示范院校基本是经验先行,以政策导向中的应用性原则,即专业对接区域、专业对接新兴产业的原则,自定义应用型专业发展,如表 6-1 所示。

表 6-1　应用型专业结构

学院	所在区域	专业结构
地方大学	省会城市	根据浙江省和杭州市产业结构调整和转型升级的需要,围绕杭州市"一基地四中心"建设和浙江省十大新兴产业(文化创意、旅游休闲、金融服务、电子商务、信息软件、先进装备制造、物联网、生物医药、节能环保、新能源等)的发展,适度新增文创类、经管类以及与区域产业结合度高的工科类专业
一流大学独立学院	省会城市	以"差异化竞争,特色化发展"为策略,主动融入城市发展战略,实施一流学科建设培育计划、"2011 协同创新中心"和省级科研平台培育计划。通过对现有学科进行梳理和分析,初步形成面向地方、突出应用、专业学科互相促进、具有一定优势和特色、与城市建设发展密切相关的信息与智慧经济类、工程类、健康服务类、商科类、创新设计类五大专业学科群
省属高校独立学院	地级市区	针对区域支柱产业、新兴产业发展需要,重点发展信息制造类、创意设计类、经济管理类、现代服务类等 4 个专业群,学院对 5 个专业的招生人数进行了缩减,暂停了 6 个专业的招生计划,新设或转型了车辆工程、酒店管理、高分子材料与工程、数字媒体艺术、应用统计学等专业,实现学院专业链与区域重点行业链的对接
省属高校独立学院	县级乡镇	以"立足浙江,依托母体,创新发展,塑造特色"为办学指导思想,开设 31 个专业,其中,64.5% 的专业属于经济学和管理学类,专业面向现代服务业、文化创意产业和公共服务领域

---

① 蒋洪池.托尼・比彻的学科分类观及其价值探析[J].高等教育研究,2008,29(5):93-98.

续表

学院	所在区域	专业结构
民办大学	省会城市	学校构建了现代服务业、电子与信息、化工与环境、建筑与土木、语言文学、文化创意等六大应用性专业群落,努力对接行业产业链
地方工程学院	单列港口城市	专业设置和学科建设方向紧密对应区域产业结构。建设五大专业群对接五大产业群,分别为机械专业群对接汽车、先进制造业,化工与材料专业群对接石化、新材料、能源产业,建筑与交通专业群对接智慧交通、建筑产业,电子信息与电气工程专业群对接互联网+、智能设备产业,经济管理专业群对接港口经济产业。增加新兴专业方向:土木工程工业装配化方向、网络工程信息安全方向、汽车工程新能源方向、大数据方向等;开展复合专业建设:安全工程的专业+安全、外语学院的语言+产业、经管学院的营销+产业等
一流大学独立理工学院	单列港口城市	重点围绕地方产业发展急需的系统芯片与信息物理技术、城镇建设、生命健康、绿色能源与装备、物联网工程、物流工程、新材料、海洋高技术装备、工业创新设计、区域金融等若干领域,五年内分步分类建设 10 个交叉学科或学科群,其中第一批的交叉学科或学科群为 4 个,第二批将培育建设 3 个交叉学科或学科群、扶植建设 3 个有潜力的交叉学科或学科群。首批将重点建设包括系统芯片与信息物理技术、城镇建设、生命健康工程、绿色能源与装备等 4 个领域内的交叉学科或学科群
民办大学	单列港口城市	针对宁波、浙江乃至长三角地区中小企业产业结构特征及其面临的转型升级需求,面向新产业、新业态发展的需求,主动服务现代服务业、文化创意等产业,大力推进学科交叉融合和校企多元合作,围绕大宗商品流通、中小企业创新创业、家族财富管理、智能制造、移动互联网、文化创意、新媒体等学科方向和本科专业 32 个
地 方 工 学院	地级市	学校工学类专业建设紧紧围绕新材料、新能源、先进装备制造和电子信息产业等 qz 市重点发展的四大战略性新兴产业,着力服务于 qz 市金属制品、特种纸、新型建材、绿色食品等四大特色优势产业的发展

续表

学院	所在区域	专业结构
省市共建高校	单列港口城市	服务国家"一带一路"、"中国制造2025"、跨境电子商务综合试验区、浙江省海洋经济发展、nb"名城名都"建设等国家和区域发展战略。一是调整专业学院结构,进行校内资源整合。撤销了计算机与信息学院,重新组建电子与计算机学院、物流与电子商务学院。二是集中资源,建设有竞争力的学科专业集群平台。电子与计算机学院以2个省一流学科、1个省重点学科为基础,构建新一代信息技术专业群;生物与环境学院以1个省一流学科、1个省重中之重学科、1个省重点学科为基础,构建对接现代农业、海洋生物等专业群;商学院以2个省一流学科、1个省重点学科为基础,构建了现代金融经贸专业群;物流与电子商务学院以1个省一流学科、1个省重点学科为基础,构建以电商为特色的现代服务业专业群。三是促进学科间的交叉融合,形成新的学科生长点。新增食品科学与工程等5个校级重点学科,英语语言文学等3个校级培育学科

(3)应用学科专业共同体的变革

试点示范院校应用学科专业共同体的创建有几种模式,一是变"学科逻辑"为"产业逻辑"设置学院,例如"阿里巴巴商学院",包括校企合作学院、校行合作、校政合作等。二是产科教融合模式,例如"创新研究院""三园融合"特色学院。三是中外合作模式,例如"新西兰UW学院"等。表6-2所示为应用型专业创设模式。

表6-2　应用型专业创设模式

学院	所在区域	创设模式
城市大学	省会城市	理念创新:提出了变"学科逻辑"为"产业逻辑"设置学院的思路,如阿里巴巴商学院(校企合作型,设理事会),国际服务工程学院(以加强教学改革为抓手)
一流大学独立学院	省会城市	"新西兰UW学院",学院与新西兰怀卡托大学合作举办非独立法人中外合作办学机构(新西兰UW学院开设金融学、工业设计、会展经济与管理等3个与地方经济社会发展紧密结合的专业)

续表

学院	所在区域	创设模式
省属高校独立学院	地级市区	1.建立"创新研究院"。成立城乡人居空间环境研究所、纺织服装计算机辅助设计研究所等25个与区域产业链紧密对接的研究所,对接柯桥科技城,建设由柯桥区人民政府和学院共同投资成立的柯桥创新研究院、浙江省国家大学科技园之江园。 2.校企合作学院。如中旅(旅游)学院、之江东方山水学院
省属高校独立学院	县级市镇	董事会治理结构、集团化办学
省会城市民办大学	省会城市	行业学院,包括校政合作、校企合作、校行合作、中外合作等四种模式与"六个共同"的运行模式。如"华为信息与网络技术学院""山屿海商学院"等9个行业学院
单列港口城市工程学院	单列港口城市	入选国家"十三五"产教融合工程规划项目应用型本科高校建设单位。学校支持杭州湾汽车学院立足杭州湾国际汽车产业园区,通过打造校园、产业园、研发园"三园融合"的特色学院,强化产教融合、科教融合、产学研协同创新,努力成为国内一流的汽车行业示范学院
一流大学独立理工学院	单列港口城市	积极推进"系统芯片设计与应用(专业硕士)"本硕一体化培养项目,"一专业一伙伴计划",一个研究生培养层次的联合学院(非独立法人中外合作办学机构性质)
地方民办大学	单列港口城市	"双院制"模式。分别采取"项目制""股份制"或"以产权和资金为纽带"等校企深度合作模式,依托传统二级学院,以基于学科交叉的特色专业或专业群建设为载体,先后共建6个特色学院,面向大宗商品、创业管理、家族财富管理、互联网营销、3D打印和VR(虚拟现实)等新产业、新业态领域开展特色专业建设,开展人才培养模式改革,切实培养新业态应用型紧缺人才
地方工学院	地级市	共建校企、校地合作育人班;大院名校合作共建的研究中心;化学与材料工程学院与中国制浆造纸研究院合作建设"中国制浆造纸研究院qz分院";机械工程学院与机械科学研究总院共建"qz智能制造技术研究中心",与北京化工大学、巨化集团联合成立"新材料加工装备及成型技术研究中心";建筑工程学院与中科院页岩气与地质工程重点实验室共建"古工程保护与地质灾害防治联合研究中心";南孔文化哲学研究中心与中国社科院哲学所共建"中国哲学与文化研究中心"等

续表

学院	所在区域	创设模式
省市共建高校	单列港口城市	产科教融合协同育人机制。创建行业特色学院、组建跨专业行业特色班、构建一大批产学研用一体化项目，校政企共同打造行业技术创新联盟，设立泛杭州湾（nb）产业研究院、浙江省临港现代服务业与创意文化研究中心等协同创新中心

案例：阿里巴巴商学院

首先，创设"理事会＋院务委员会"治理模式。学校与阿里巴巴（中国）网络技术有限公司签署协议，合作共建阿里巴巴商学院。阿里巴巴方面一次性投入5000万人民币支持学院发展，学院为学校下属公办二级学院（无独立法人资格），性质、名称、隶属关系不变，采取"理事会＋院务委员会"治理模式，组建"双方各占3人＋共建学院学生代表1人"的7人理事会，作为共建学院最高决策机构；阿里方派遣集团高管任共建学院院长，组建院务委员会作为共建学院的日常管理机构，负责执行理事会的决议，并制定《阿里巴巴商学院理事会章程》《阿里巴巴商学院院务委员会章程》规范运作模式。通过校企协同育人机制改革创新，按照"一流商学、一流人才"的模式打造管理团队、引进高层次人才。

其次，深度进行管理模式、师资建设、课程和教材开发、人才培养等方面的合作。将市场需要的新理念、新知识，按照专题报告—系列讲座—选修课程—必选课程滚动发展和递进的方式纳入课程体系；建立四年一贯制的实践、实战教学平台，即大一学生淘宝开店尝试网络交易，大二学生进入阿里巴巴实训课程体系，大三学生通过网络平台做项目设计，大四学生进入企业顶岗实习，全面提高学生的创新创业意识和实践能力。校企合作课程从原有的"淘宝网店运营基础""电子商务实务与技巧"等"阿里选修课程"，扩大到"网络零售""跨境网络零售实务""网络营销""网络贸易"等专业核心课程和"市场营销""创业管理""人力资源管理"等专业选修课程。企业师资参与授课方式多样化，有全程授课、半程授课（负责实操部分）和1到2次案例、经验分享课等。企业师资来源从阿里巴巴集团及其服务商,扩大到拓逊信息科技有限公司、全麦网尚电子商务有限公司、点库电子商务有限公司、赛群网络科技有限公司、万事利集团、澳赢教育咨询公司、锦渊工艺礼品厂等企业。

2. 应用学科专业结构变化的不同趋向

与区域对接产业的专业建设原则以及应用办学基础不同,应用型院校由于所处地域、办学历史和学科结构的差异,应用型学科专业转型有不同趋向。

(1)应用学科专业转型侧重专业学位研究生培养

转型示范院校中的省会城市百年名校大学,以建设成为特色鲜明的一流综合性大学为办学目标,在转型中以专业学位研究生培养为重点。学校拥有工程硕士(软件工程领域和化学工程领域)、临床医学硕士、社会工作硕士、教育硕士、体育硕士和艺术硕士6个专业硕士授权类别,以及计算机应用技术、凝聚态物理学2个二级学科学术型硕士点。侧重专业学位研究生教育的转型有以下几个特征。

一是强调学科与专业的互融,学校学科建设分为三类:学术研究类、应用服务类、传统特色类。应用型本科建设中侧重加强应用服务类学科建设,在文化创意、旅游休闲、金融服务、电子商务、信息软件、新材料等相关产业或领域,培育和促进优势特色学科和专业群的形成。其中电子商务、国际商务(跨境电商)、软件工程、旅游管理、高分子材料与工程等专业成为优势和特色专业。

二是创建专业学位人才培养模式。在教育硕士、工程硕士等专业学位类的研究生培养中,紧紧瞄准行业发展的前沿动态以及产业先进技术的转移和创新,与行业企业开展联合培养,通过遴选优质学校和企业作为实践教学基地,建设校外实践教学基地。

三是打造高学历"双师双能"型师资,实施百名教师进企入园见习工程,遴选100名左右博士和教师到一线锻炼和服务,实行"双导师制",聘请行业企业高层次人才担任指导教师,实施"双师课程"教学等,聘请校外行业导师。

四是重视高水平应用研究。学院有有机硅化学及材料技术实验室、移动健康管理系统教育部工程研究中心等省部级重点实验室、工程研究中心、工程实验室和产学研平台;拥有生物实验教学示范中心、教师专业技能实验教学中心等省级实验教学示范中心;有电子商务与信息安全实验室等市厅级平台;还有校政企共建新安硅谷研究院。设立有机硅化学及材料技术实验室、艺术教育研究院、整合药学研究院等独立运行的校级科研机构。

侧重专业转型存在的问题,一是缺乏顶层设计和系统性建设。专业转型模式中的应用型学科专业转型主要依托两个学院,即"阿里巴巴商学院"和"应用工程服务学院",因此学科专业的融通缺乏整体学科力量的整合。二是应用研究与人才培养的脱节。比如,学院的艺术教育研究院。

这个研究院(艺术教育研究院)的协同创新开发还会有进一步的提升,从应用研究角度,开发的产业市场远远大于传统基础研究领域。

(2)应用学科专业侧重与区域经济发展对接

侧重与区域经济对接的院校集中在地级市属院校。

如单列港口城市工程学院,专业设置和学科建设方向紧密对应区域产业结构。建设 5 大专业群对接 5 大产业群,分别为机械专业群对接汽车、先进制造业,化工与材料专业群对接石化、新材料、能源产业,建筑与交通专业群对接智慧交通、建筑产业,电子信息与电气工程专业群对接互联网+、智能设备产业,经济管理专业群对接港口经济产业。

如地级市工学院,学校本科专业分属 6 大学科门类,包括工学类、理学类、文学类、教育学类、管理学类、艺术学类。学校工学类专业建设紧紧围绕新材料、新能源、先进装备制造和电子信息产业等 qz 市重点发展的"四大"战略性新兴产业,着力服务于 qz 市金属制品、特种纸、新型建材、绿色食品等"四大"特色优势产业的发展。学校"机械设计制造及其自动化专业"为省优势专业,"材料成型及控制工程""化学工程与工艺""电气工程及其自动化""土木工程""工程管理"等专业为浙江省新兴特色专业建设项目,教育类专业秉承近百年师范办学的优良传统,坚持为农村义务教育服务,全科型小学教师培养模式已经实施,毕业生主要在浙西地区就业。

（3）应用型学科专业转型对接新兴科技和产业发展

侧重对接科技发展的院校有三类，分别是独立学院、处于省会城市的民办院校和处于地级市的省属院校。

一流大学省会城市独立学院转型期专业调整力度较大。学院建立健全专业动态调整机制，科学调整存量结构，增设社会急需专业，不断优化专业学科布局，着力提高人才培养和区域产业需求的匹配度，学院增设资产评估、软件工程等 8 个新专业，停招生物技术等 4 个专业。积极调整专业方向，新增了轨道交通信号与控制、大数据应用等专业方向，取消出境记者、经济新闻等专业方向。学院紧紧抓住国家引导地方高校转型发展和实施创新驱动发展战略契机，初步形成面向地方、突出应用、专业学科互相促进、具有一定优势和特色、与城市建设发展密切相关的信息与智慧经济类、工程类、健康服务类、商科类、创新设计类 5 大专业学科群。

省属高校地级市独立学院转型期专业调整力度更大。学校健全专业动态调整机制，转型初期，学院对公共事业管理、工业工程、汉语国际教育、动画、信息与计算科学等 5 个专业的招生人数进行了缩减。转型中期，学院公共事业管理、通信工程、汉语国际教育、工业工程等 4 个专业暂停招生计划。新设或转型了车辆工程、酒店管理、高分子材料与工程、数字媒体艺术、应用统计学等专业，实现学院专业链与区域重点行业链的对接。遴选培育产业经济学、行政管理、计算机科学与技术、控制科学与工程、传播学、机械制造及其自动化、建筑技术、工业设计、应用数学与旅游管理等 10 个优势学科。武器系统与运用工程为省级重点学科，计算机科学与技术为省级 B 类一流学科，应用数学、旅游管理、物联网工程为市重点学科。

省属高校县乡镇独立学院，专业转型也以撤并和新设专业为主要措施。转型中期，学院首次进行专业动态调整，暂停了行政管理、劳动关系和商务英语 3 个专业的招生。紧密对接社会经济发展和产业转型升级的需求，构建形成对现代服务业、文化创意产业和公共行政管理发展领域极具支撑作用的应用型专业群。根据应用型人才培养和专业办学需要，学院调整优化学科布局，形成了以工商管理、管理科学工程和应用经济学为重点与特色，法、文、艺、理、工协同发展的学科布局,初步形成学科专业一体化发展。

一流大学单列港口城市理工独立学院是典型的以开发新兴产业、新兴专业为主以实现转型的学校。一是重点围绕地方产业发展急需的系统芯片与信息物理技术、城镇建设、生命健康、绿色能源与装备、物联网工程、物流工程、新材料、海洋高技术装备、工业创新设计、区域金融等若干领域,分步分类建设 10 个交叉学科或学科群,首批重点建设包括系统芯片与信息物理技术、城镇建设、生命健康工程、绿色能源与装备等 4 个领域内的交叉学科或学科群。二是开展应用性科学研究和科技创新。组建多个市级以上协同创新中心,校级协同创新中心 10 个。

单列港口城市省属高校。服务国家"一带一路"、"中国制造 2025"、跨境电子商务综合试验区、浙江省海洋经济发展、nb"名城名都"建设等国家和区域发展战略,积极培育优新特色学科专业集群。一是进行校内资源整合,撤销计算机与信息学院,重新组建电子与计算机学院、物流与电子商务学院。二是建设有竞争力的学科专业集群平台,以 6 个省一流学科、5 个重点学科为基础,构建新一代信息技术专业群对接现代农业、海洋生物、现代金融经贸以及以电商为特色的现代服务业专业群;面向海洋渔业、海洋医药与海洋食品、港航物流等行业与新兴产业特殊需求,设立生物工程领域和物流工程领域 2 个工程硕士培养点。

对接科技发展的学院依托学校学科资源、区域新兴产业和科技资源,侧重应用学科建设,其学科专业建设需要超越区域产业发展水平,在当地社会服务中起引领作用。在办学定位上体现立足当地、辐射全省或全国,以一流应用学科建设为目标,院校的应用学科集基础研究和应用研究于一体,以交叉、新兴学科为特征。转型途径以学科专业动态调整、重组二级学院为主。

(4)集三种转型模式于一体,凝练学校学科专业特色

单列港口城市民办大学是典型的资源运用效能最高的院校。学院应用型学科专业建设集对接区域经济、科技发展和院校特色于一体。学院与区域经济对接的方式有两种,一是科学布局与地方支柱产业和新兴产业紧密相关的应用性学科专业,细化设置专业方向,提高学科专业设置与地方产业发展

需求之间的吻合度。二是面向新产业、新业态发展的需求,大力推进学科交叉融合和校企多元合作,以创新发展、错位发展、合作共建构建新兴学科专业。

综上所述,试点示范院校应用型专业转型有四种模式,一是侧重专业学位建设的模式,二是侧重对接科技发展的模式,三是侧重对接区域新兴产业的模式,四是侧重凝练学校特色的模式。其中对接区域新兴产业的新兴专业,有两个特征,一是办学机制的变革,其创设的"双院制""行业学院""研究院＋学院＋行业联盟""大院名校共建研究基地",是新兴学科专业建设的新路径。二是专业内涵变化,转型中出现的新兴学科专业以"混合""交叉""新兴"和"职业性"为特征,接近知识生产模式 2 中的应用学科,专业设置是"倒置"式的,即产业导向为主。

第二节　应用型本科院校"学术＋职业"价值取向师资转型特征

浙江省教育厅对应用型本科试点示范院校进行中期检查时,提出的指导性指标是:具有满足应用型建设需要、结构合理的师资队伍;专业教师中行业、企业、实务部门等兼职教师占比原则上不低于 30%;专任教师中"双师双能"型和具有行业企业实践经历的教师占比不低于 70%;有满足实训教学要求的专职实训教师队伍[①]。但这个指标中概念的界定和评价标准不一,示范院校只能根据学院发展和师资现状进行认定和建设。

一、应用型师资管理模式的转变

1. 应用型师资转型措施

转型措施完善的院校出台了"双师双能"型教师认定文件。其他院校对

---

① 浙江省应用型本科院校建设指导性评价指标体系(试行)[EB/OL]. http://www.zjedu.gov.cn/news.

"双师双能"型师资建设基本停留在"外引内培"的层次,通过聘请行业企业专业人士兼职,或派送教师挂职、培训等,在计算"双师双能"型教师数时,有行业资格证和教师资格证"双证"即为"双师双能"型教师。表 6-3 所示为应用型师资建设概况。

表 6-3 应用型师资建设概况

学院名称	概况
省会城市地方大学	1.引进 8~12 名具有相关行业企业工作背景、产学合作经验丰富、技术服务能力较强的"双师"型师资,充实专业教师队伍。 2.建立稳定的兼职教师队伍,聘请 100 余名行业企业专家和技术人员担任相关专业兼职教师,毕业生与兼职教师之比≤5∶1。 专业教师中行业、企业、实务部门等兼职教师占比为 34.3%;"双师双能"型和具有行业企业实践经历的教师占比为 70.5%
一流大学独立学院	专业教师中由学院面向行业、企业、实务部门聘请的业界兼职教师 272 人,占 39.88%;专任教师中"双师双能"型和具有行业企业实践经历的教师 531 人,占 71.27%
省属高校独立学院	学院专业教师中行业、企业、实务部门等兼职教师占比 33.70%;专任教师中"双师双能"型和具有行业企业实践经历的教师占比 49.82%
省属高校独立学院	学院现有专任教师 337 人,其中"双师双能"型和具有行业企业实践经历的教师占专业教师比重达 36.19%,外聘教师 178 人,其中来自行业、企业、实务部门的 114 人,占外聘教师比重达 64%
省会城市民办大学	专业教师中行业、企业、实务部门等兼职教师占比达 44.76%;专任教师中"双师双能"型教师 230 人,占全校专任教师比例的 34.2%。专业教师中"双师双能"型和具有行业企业实践经历的教师占比达 52.22%
单列港口城市工程学院	"双师双能"型教师以及具有企业行业背景的教师 365 人,占专任教师46.2%。专业教师中行业、企业、实务部门等兼职教师占比 30.57%,专任教师中"双师双能"型和具有行业企业实践经历的教师占比 70.02%。
一流大学单列港口城市理工独立学院	五年内专任教师博士学位比例提高到 70%;兼职兼课教师占学校专任教师比例达 30%以上;整体提升"双能型"师资队伍比例,全校平均达到 60%

续表

学院名称	概况
单列港口城市民办学院	累计认定"双师双能"型教师 252 人,其中应用型教师 223 人、校内创业导师 29 人,"双师双能"型教师和其他具有行业背景、实践经历教师总数占专业教师的 75.97%;教师的横向课题研究与科技成果转化成效不断显现,人文社科与理工类教师师均横向课题经费分别增长 13.41%和 45.93%
地级市工学院	"双师双能"型和具有行业企业实践经历教师 230 人,占比为 51.45%。学校现有专业教师 363 人,行业、企业、实务部门等兼职教师 161 人,占专任教师总数的 30.73%。学校现有专职实训教师 41 人,在建校级教学团队 10 个,校企合作教学创新团队 10 个,专兼职实训教师能满足实践教学需求
省属高校单列港口城市大学	近五年共选派了 60 余名教师到政府部门、企业行业挂职锻炼,目前合作企业兼职教师达到 335 人,占比 38.46%,其中具有高级职称的兼职教师 145 人

2. 师资管理模式的转变

应用型本科院校师资管理改革主要有几种模式,一是"外引内培"并重机制的建立。规定五年内新进教师有半年以上企业经历;引进一批具有企业经历的实践指导教师;实施百名博士教授近百家企业的"双百工程",通过与企业结对,送百名博士教授进企业挂职,深度融入企业;扩大兼职教师比例,引进企业一线教师参与教学,通过"业界合作课程",鼓励各专业邀请生产一线教师走进课堂。二是制定应用型师资认定和绩效评价制度。对应用型师资建设的认识不局限在"双师双能"型的提法上,在师资建设中,以"应用型师资"为统称,并且把"创业导师"也纳入应用型师资建设。还有学院以应用型课堂教学认证创新"双师双能"型师资评价。三是把应用型师资建设的绩效指标纳入教师职称评定制度,将指导学生实践、指导学生竞赛、应用型科研项目、应用研究与转化等与应用型高校建设相适应的内容纳入教师职称评定和年度绩效考核中。创新构建"三类型四层次"应用型教师资格认定与考核体系。在岗位聘任、专业技术职务评聘、绩效考核等中对"双师双能"型教师都给予了业绩认定的倾斜政策。如表 6-4 所示为应用型师资管理措施。

表 6-4　应用型师资管理措施

学院名称	措施
省会城市地方大学	1.学校出台《关于推进产学研工作的实施意见》,实施百名教师进企入园见习工程。 2.学校《教师本科教学工作业绩考核实施办法》《学科竞赛奖励办法》以及职务评聘、薪酬激励等相关制度中,对教师指导学生实践创新和学科竞赛等工作,都给予高度肯定或奖励。 3.设置"特设岗位",以相关行业企业经历年限、项目设计(专利)、技术服务能力等为主要评价标准,引进具有丰富实践经验的高级专业技术人才作为现有师资补充
一流大学独立学院	1.出台《"双师双能"型教师队伍建设实施办法(试行)》。 2.学院在修订完善岗位聘任和专业技术职务自主评聘相关文件时,将指导学生实践、指导学生竞赛、应用型科研项目、应用研究与转化等与应用型高校建设相适应的内容纳入
省属高校独立工学院	建立"双师双能"型教师培养机制,并且建立行业、企业、实务部门教师与学校教师互聘机制,建立与应用型建设相适应的教学评价、绩效考核、职务评聘、薪酬激励等制度
省属高校独立学院	1."外引""外聘"与"内培"等方式。2.运用教学评价、绩效考核和薪酬激励机制,引导和鼓励教师积极参加学院应用型建设,教师职称评聘向教学和"双师"型倾斜,实行教学与科研等效评价
省会城市民办大学	1.学校制定"双师双能"型队伍建设办法和认定标准。2.打造"千百"工程,培养"双师双能"型师资。深化"千人业师"计划,推进"百业培师"计划
单列港口城市理工学院	1. 五年内新进教师要求有半年以上企业经历。2.引进一批具有企业经历的实践指导教师。3.实施百名博士教授进百家企业的"双百工程",通过与企业结对,送百名博士教授进企业挂职,深度融入企业,实现"双师双能"型师资的培养。4.扩大兼职教师比例,引进企业一线教师参与教学,通过"业界合作课程",鼓励各专业邀请生产一线教师走进课堂。5.职称晋升和考核评价重视企业经历
一流大学独立学院	1.加强校企合作。对应用型专业实验(实训)课师资力量薄弱的,柔性引进具有较强实践能力的优秀人才,打造校企互通、专兼一体的"双能"结构教学团队。2.坚持"工学结合"培养"双能"型教师。选派专任教师赴国内大中型企(事)业单位挂职锻炼。3.修订专业技术职务聘任办法,把专任教师特别是理工科教师具有工程实践经历纳入教师晋升高级专业技术职务要求

学院名称	措施
单列港口城市民办学院	制定《学院应用型教师资格认定考核试行办法》，把应用型教师和创业导师一并纳入"双师双能"型教师队伍建设，创新构建"三类型四层次"应用型教师资格认定与考核体系。在岗位聘任、专业技术职务评聘、绩效考核等中对"双师双能"型教师都给予业绩认定的倾斜政策
地级市工学院	学校组建"双师双能"型教师认定专家评议委员会。先后出台《关于加强"双师双能"型教师队伍建设的实施意见》《应用型人才培养有效课堂认证办法》等文件
省属高校学院	制定《教职工进修管理办法》《教职工挂职锻炼管理办法》《外聘兼职教师管理暂行规定》等政策

二、应用型师资转型趋向和新问题

1."学术＋职业"的应用型师资价值取向

浙江省示范院校应用型师资建设呈现几个趋向。一是高学历和高能力并进的师资建设。应用型本科"双师双能"型师资学历较高，以专业硕士学位培养为主的大学，"双师双能"型的师资培养以"博士进企进园"为特征，其他还有3所学院分别以"博士工作站进企业"和"博士百业培师"计划为特色，也有学院建立了"院士工作站"等，因此，应用型本科的"双师双能"型师资建设是高学历和高能力并进的过程。二是应用型课程团队建设，解决了"双师"浮于"双证"的难题。转型院校在建立"双师双能"型师资评价体系的基础上，把"双师双能"的绩效落实在应用型课程的认定上，形成应用型课程团队，学术型教师和行业背景教师共同建立课程、教材，解决了"双师双能"型师资建设停留在"双证"的难题。三是充分运用"行业学院""协同创新"平台，聘请高水平行业专家，与大院名校合作，在新兴学科建设和应用研究项目开发中培养高水平"双师双能"型师资，为专业硕士或博士培养点的获得奠定师资基础。

案例一　以专业硕士人才培养为目标的"双师双能"型师资建设

省会城市百年名校大学有几个优势。一是有百年办学历史，近年转型为以教师教育、艺术教育和文理基础学科为主，新兴应用学科发展迅速，多学科协调发展的地方综合性大学。二是属于地方高校，由杭州市人民政府主办。三是拥有最多数额的专业硕士学位授权培养点。目前学校拥有工程硕士（软件工程领域和化学工程领域）、临床医学硕士、社会工作硕士、教育硕士、体育硕士和艺术硕士6个专业硕士授权类别，以及计算机应用技术、凝聚态物理学2个二级学科学术型硕士点。

应用型师资建设特色鲜明。一是改革专业硕士人才培养模式，推动"双师双能"型师资建设。学院依托专业硕士培养优势，构建"以职业需求为导向、以实践能力培养为重点、以产学结合为途径"的专业硕士培养模式，紧紧瞄准行业发展的前沿动态以及产业先进技术的转移和创新，与行业企业开展联合培养，实行"双导师制"，实施"双师课程"等途径进行人才培养、师资建设。

二是侧重"博士进企进园项目"，培养高水平应用型师资。学校出台《关于推进产学研工作的实施意见》，实施百名教师进企入园践习工程，2015年开始遴选100名左右博士和教师到一线锻炼和服务，培养既能开展教育教学研究、做好校内实训和学生个性化培养，又能帮助企业开展技术攻关、技术咨询、技能培训的优秀中青年骨干教师。

相对来说，普通本科教师博士比例高，应用型本科"双师双能"型教师比例高，但是像我们这类具有深厚办学基础的省会城市地方大学，博士比例与"双师双能"型师资比例并不冲突，因为在"双师双能"型师资建设中，博士起点的教师比例也较高，这个与一般地方大学有些区别。

三是量化"双师双能"型师资建设绩效指标。学校通过实施"应用型人才培养提升计划"攀登项目，以教学条件和应用型师资队伍建设为重点，促进各新兴应用型专业建立兼职教师师资库，保证行业、企业、实务部门兼职教师的实务课程教学和指导学生实践有经费。选派人员原单位工作岗位待遇不变，以五年为一个周期，每个周期内至少 6 个月在企业、科技园实践锻炼和服务。其主要任务是：提高应用型专业建设水平和人才培养质量，促进学科专业发展和科研成果转化，面向企业重大战略需求和产业发展技术前沿，积极争取并主持国家科研项目、省重大科研项目研究，支持企业、科技园科技创新和当地的人才培养活动，提升学校社会服务能力。学校《教师本科教学工作业绩考核实施办法》《学科竞赛奖励办法》以及职务评聘、薪酬激励等相关制度中，对教师指导学生实践创新和学科竞赛等工作，都给予高度肯定或奖励。

以专业硕士培养为转型目标的大学，选择的是专业转型模式。学校围绕五大新兴应用型专业群进行转型建设，包括电子商务、信息技术、经济管理、应用化学、文化创意等与地方战略性新兴产业紧密衔接的五大特色专业群。目前，五大新兴应用型专业群基本建立了能够满足应用型建设需要、专兼结合、结构合理的师资队伍。

案例二　以应用型课堂教学认证创新"双师双能"型师资评价模式

学院出台《应用型人才培养有效课堂认证办法》，学校设立应用型人才培养课堂教学认证工作小组，按认证指标体系开展应用型课堂教学认证，对符合相关条件的教师，进行"双师双能"型教师资格认定，在证书有效期内津贴分 A、B 两档，教师在实际完成教学工作量的基础上，超额当量学时课酬津贴按原津贴值的 50％、30％追加奖励。闯关式教学改革成效明显，改革力度持续加强，将闯关式教学继续纳入对二级学院考核和教学经费划拨奖励。应用型课程团队的认证制度则集"学术＋职业"教师于一个课程团队，集课程、教材和研究项目等于一体，解决了"双师"浮于"双证"的难题。学院对"双师双能"型教师内涵界定如下：一是指"大学教师＋工程师"。由专任教师、企事业单位的专家、工程技术人员等专、兼职教师构成的具有"双师结构"的教师队伍。二是具备"教学能力＋工程能力"。既有培养应用型人才的教育教学能力，又有科技开发与应用、服务地方经济社会发展或指导学生实践活动的能力。文件还制定了工程教师脱产到企业一线锻炼制度。要求教师参与企业的生产、管理和设计过程,提高产学研项目开发能力,通过实施共享共育机制,建设教学水平高、实践能力强、专兼结合、满足学校应用型人才培养需要的"双师双能"型队伍。三是以协同创新博士工作站提升博士"双师双能"建设。学院提升博士等高层次人才区域产业服务能力。通过博士工作站、校企交叉任职、定期回行等制度设计,为学校高层次人才提供更加广阔的发展舞台,探索真正具有实用价值的研究课题,促进应用技术创新研究。加大教师进企业考核力度,鼓励教师进博士工作站工作,扩大博士工作站数量,探索完善工作机制,使之成为可以推广的"双师"型教师队伍建设新模式。通过内部人事、职称、分配政策的调整,面向我市企事业单位,尤其是中小微企业,鼓励学校教授博士积极参与"进企驻点"专项行动。

案例三　过程和结果不太契合的"双师双能"型师资建设

省会城市民办大学在应用型本科建设中有三大优势,即民办体制机制的优势、行业优势与院校研究优势。学院"三措并举",建设"双师双能"型师资队伍。

一是学校注重引进与培养相结合,加强高层次人才引进。学校制定了"树人学者特聘教授"制度,对紧缺专业的优秀博士采用"直签"制度,从企事业单位中引进部分优秀应用型人才。三年来,引进和录用专任教师 66 名,其中正高职称 2 名,副高职称 9 名,博士 46 名。学校在"双师双能"型师资建设中引进的博士和高层次人才比例较高,关于博士比例与"双师双能"型师资建设有无冲突,学校认为:

> 从表面上理解,可能会有冲突。普通本科教师更多要求的是其学位、学历,而应用型体现"双师双能",侧重点不一样。从深处看,如果学校引导得好,让博士们多从事应用研究、多接"地气",所谓的冲突就解决了。我校采用了引进企业导师到学校、"千人业师",遴选更多教师下企

业、"百业培师"等方式方法。

二是实施"百业培师""千人业师"计划,提高"双师双能"型师资比例。学校制定了"双师双能"型队伍建设办法和认定标准,通过聘请业师来校协同教学,支持、鼓励中青年教师下企业、进社区等途径,推进应用型师资的建设。深化"千人业师"计划,即邀请具有丰富实务经验与专业技能的行业专家深入课堂,协助师生对接市场需求和实际职场,提升学生实务能力与就业竞争力。截至 2017 年 6 月,学校已邀请 594 位业师,累计有 794 人次业师参与 662 门课程的教学。部分专业基于教师资源,开展了深度课程合作,形成校企合作的教学团队、应用性教材等成果。

但在转型过程中学校也面临以下几个问题。

问题一:教师总量不足,严重影响师资转型。目前,学院专任教师共 673 人,博士 125 人,硕士及以上学位教师占 80.7%,专业教师中行业、企业、实务部门等兼职教师占比达 44.76%,专任教师中"双师双能"型教师有 230 人,占全校专任教师比例的 34.2%。学校分析认为占比不能达标的主要原因如下:

> 一是教师总量不足,总体上自有教师数量相对不足,教师教学、科研工作任务较为繁重,相对缺少下企业、进社区参与实践和锻炼的时间。二是学校的激励政策力度不够,对教师的专业技能、指导学生实习实训等方面还缺乏系统的培养、激励和考核。三是教师的主动性还不够,部分教师对应用型认识不到位,认为自身有较高的学历、职称,培养本科学生的知识、能力、水平已满足要求,没必要花时间去企业、到基层"折腾"。四是学院没有充分利用行业学院等校企合作平台,引导教师与企业人员共同开展项目、联合指导学生实习实训,提升自身实践能力。其中,教师总量不足是关键原因。

问题二:"学术+职业"价值取向中的绩效考核问题。

示范院校中有 4 所院校出台了"双师双能"型教师认定文件,其中,单列港口城市民办学院还出台了《"双师双能"型教师业绩考核办法文件》,涉及师资力量投入与产出绩效、科研产出、教学改革贡献度、服务社会能力、学生学业成绩、就业率和创业率。但是,大量院校还存在"双师"浮于"双证"的情况,如果只是以数据占比衡量转型,认定标准科学实际的院校就会"吃亏",因此,"双师双能"师资如何考核还需进一步认证。

问题三:大部分学院以"外引内培"方式建设应用型师资队伍,那么对"外引"的师资目前缺少认定和管理机制,示范院校中没有院校建立促进此方面管理的制度建设,目前只停留在机制突破中,以"行业学院""双院制"模式培养"双师双能"型师资,突破了"双师双能"型师资建设的机制困境,在师资认定、培养、考核等方面建立了新的认知。但对"外引"师资缺乏认定和考核机制,这也是转型中的一个制度真空问题。

第三节　应用型本科院校研究与社会服务功能重新定位和漂移

应用型本科评价体系对应用研究与社会服务的要求是:有一定数量的协同创新平台,包括重点实验室、"2011 协同创新中心"、工程(技术)研究中心、产品研发中心、哲学社会科学重点研究基地、智库等,或有其他校地、校企合作研究平台;承担一定数量的横向科研项目,包括师均横向科研经费逐年增长,取得发明专利、实用新型专利和外观设计专利授权数;应用研究与转化包括积极开展应用研究、技术开发和技术推广、咨询服务等,师生参与广泛,科技成果转化收入较高,且逐年增长,一定数量的咨询建议被政府(部门)采纳。

评价体系打破了以基础研究和论文发表为主的指标要求,以校地、校企深度合作平台的数量和质量、横向科研和转化收入为主,并加入学生参与指标,把研究、服务和教学做了有机结合。这项评价指标的数据要求处于开放和不确定性状态,说明省级层面对应用研究和服务的定位存在模糊性,需要示范院校实践探索。

一、应用研究与社会服务功能变化

1. 应用研究与社会服务平台的多样化

示范院校对校地、校企深度合作产学研协同创新平台的认定也是不一致的,有些院校把各级研究院、实验室均列入协同创新平台。如表6-5所示为示范院校校地、校企深度合作共建产学研协同创新平台数。

表6-5 示范院校校地、校企深度合作共建产学研协同创新平台数

学校	平台数	备注
省会城市地方大学	72个	省部级27个,市厅级16个,校级重点实验室14个,独立运行的校级科研机构5个,2017年获第四批省"2011协同创新"中心,氟硅精细化学品与材料制造协同创新中心
一流大学独立学院	10个	国际合作1个,校企合作5个,政校合作4个
省属高校独立学院	35家	国内外技术转移中心3家,入驻孵化企业21家,引进大学研究中心、校企联合研究中心、研究所等研究机构11家
省属高校财经独立学院	144个	创业孵化基地1个,人才培养联盟3个,行业学院和研究院11个,校企合作班8个,实训中心2个,实践基地119个(含实习基地109个)
省会城市民办大学	9个	共有包括省部级创业产业园,高等学校主导型牵头单位,省部级软件园,行业企业主导型配合单位,杭州跨境电子商务创业园,省部级地方政府主导型配合单位等的9个省部级产学研协同创新平台
单列港口城市工程学院	19个	1个省级院士工作站,博士后创新实践基地和省市科创平台13个,与企业共建研究生联培基地40余个,2个市级协同创新中心,3个市级人文社科重点研究基地,与地方政府共建工业技术研究院4个,建有10个校内协同创新中心
一流大学理工独立学院	28个	省部级以上科技创新平台4个(含2个共建的省级平台),市级重点实验室5个,成立6个首批校级协同创新中心,行业企业共建5个研发中心,市级资政咨询研究机构8个,依托研究院有限公司成功孵化3家学科性公司

续表

学校	平台数	备注
单列港口城市民办学院	42个	省级平台1个,市级平台3个,校级校企、校地合作平台38个
地级市工学院	10个	省部设置的研究所9个,省级重点实验室1个
省属高校单列港口城市学院	68个	国家级协同创新公共服务平台3个,省部级技术研究重点实验室(浙江省科技厅)等5个,校地、校企合作研究院、研究基地等60个

2. 应用研究和社会服务移位新兴学科、新兴科技、新兴产业

示范院校的应用研究和社会服务转型有两种模式,一是建设以应用学科建设为目标的高水平应用研究平台,二是依托专业与区域发展,融应用研究、新兴学科专业建设和人才培养于一体。

(1)建设以应用学科建设为目标的高水平应用研究平台

转型院校具有较强的学科实力,以一流学科建设为目标,搭建高水平的应用研究平台;以增设专业硕士点为目标,创新产教融合机制,加强应用学科建设。

案例一 以高水平应用研究平台搭建为转型目标

转型学校位于省会城市,是一所曾经以教师教育、艺术教育和文理基础学科为主的大学,现阶段的目标是成为新兴应用学科发展迅速、多学科协调发展的地方综合性大学。在应用型本科试点示范建设过程中,重视与区域经济社会发展需求的对接,在学科专业转型发展规划中,构建电子商务、信息技术、经济管理、应用化学、文化创意等五大专业群,与地方战略性新兴产业紧密衔接。在这个办学背景下,学校出台《推进产学研工作的实施意见》,实施产学研联盟推进与建设工程、企业研究院(技术研发中心)建设工程、产学研公共技术服务平台建设工程、百名教师进企入园见习工程、产学对接应用型人才培养五大工程。

培养既能开展教育教学研究、做好校内实训和学生个性化培养,又能帮助企业开展技术攻关、技术咨询、技能培训的优秀中青年骨干教师。其主要任务是:提高应用型专业建设水平和人才培养质量,促进学科专业发展和科研成果转化,面向企业重大战略需求和产业发展技术前沿,积极争取并主持国家科研项目、省重大科研项目研究,支持企业、科技园科技创新和当地的人才培养活动,提升学校社会服务能力。

此类转型存在以下几个特征。

一是协同创新平台以纵向的省部级实验室和研究中心为主。目前拥有:教育部有机硅化学及材料技术实验室、移动健康管理系统教育部工程研究中心等 19 个省部级重点实验室、工程研究中心、工程实验室和产学研平台;省级"2011 协同创新"中心平台"氟硅精细化学品与材料制造协同创新中心";生物实验教学示范中心、教师专业技能实验教学中心等 8 个省级实验教学示范中心;电子商务与信息安全实验室等市厅级平台 16 个;校级重点实验室 14 个;校政企共建新安硅谷研究院。

二是具有独立运行的新兴产业和优势特色研究院。校政企共建新安硅谷研究院、有机硅化学及材料技术实验室、药学研究院等,发挥传统艺术教育研究优势,设立艺术教育研究院。

三是横向经费收入较高但科技转化收入偏低。学校横向科研经费在试点院校中偏高位,学校取得发明专利、实用新型专利和外观设计专利授权数也处于高位,但科技成果转化收入转型期前三年分别为 205.9 万元、256 万元和 350.6 万元,处于偏低位置。

案例二　以高水平协同创新推动新工科建设

学院是传统意义上典型的地方工程类高校,在应用型本科试点院校中自觉以率先垂范为使命,2010 年被教育部列入"卓越工程师教育培养计划"首批实施高校,2014 年成为首届长三角地区应用型本科高校联盟理事会主席单位,2016年入选国家产教融合发展工程建设高校,成为全省应用型本科高校联盟首届理事长单位。学院对应用研究与服务高度重视,将"产教融合"与"国际化"一起作为双轮驱动建设学校的根本,在转型中主要有以下特征。

一是建设基于学科、专业大类服务于相关行业、产业的产教融合综合基础平台。建成4位院士领衔的省级院士工作站等高端科研平台,并晋级为省级院士工作站;参与国家级协同创新中心建设平台,建立了国家土建结构预装工程技术中心分中心;与教育部规建中心、市教育局共建了全国首个先进技术课程创新基地;融入地方建立多个实体型校地合作科技服务平台。

二是以高水平协同创新成果加强新工科建设。学院对科研和社会服务自设了指标,主要是:有一定数量的高水平成果奖(教育部高校科研优秀成果奖、省科学技术奖、省哲学社会科学优秀成果奖、省教学成果奖、其他部委或省级行业(学会)成果奖等,或地(市)级奖项)。学院其他情况如下:参与获得国家科学技术进步奖2项。其中,"强潮海域跨海大桥建设关键技术"获国家科技进步奖二等奖;"重要脂溶性营养素超微化制造关键技术创新及产业化"获国家技术发明奖二等奖;近五年,"微粒刀微细加工关键技术开发及其应用"等项目,第一单位获省部级以上教学、科研奖励二十余项;拥有"建筑环境与设备工程专业教学团队""现代化工设计课程群教学团队""数据库课程体系教学团队"等3个省级教学团队;拥有"有机高分子材料与工程创新团队""智能装备与柔性制造系统创新团队"这样2个副省级科技创新团队。

案例三 以一流应用学科建设为转型目标

学院依托母体学校一流大学学科资源,坚持"人才培养应用型、科学研究服务型、社会服务区域型"的办学定位,是浙江省应用型本科高校联盟理事单位,其特征如下。

一是以一流学科建设提升应用科技创新能力。依托一流大学地方研究院学科布局,以及母体一流大学等优势资源,按照"高起点、高水平"的学科建设要求,凝练应用学科方向,以大项目、大平台等推动多学科的交叉融合,运用文理学科的协同互动和强弱学科的相互扶持,通过团队建设、集体攻关、跨学科组合等方式在学科领域取得突破性进展,培育产出若干具有重要影响力的标志性科研成果。学校紧密围绕国家和区域重点发展领域,以省市一流学科建设为重点,努力提升学校学科建设水平。重点投入建设了"先进制造技术""控制科学与工程""海洋工程与技术"等 10 个与地方产业紧密相关的优势特色学科。学校 7 个学科获批第五批市高校重点建设学科,学校被列为省新增硕士学位授予权立项建设单位。

二是学校的科研建设以"高层次科研平台"为目标。有国际科技合作基地 1 个、省级重点实验室(共建)1 个、重大技术创新服务平台(共建)1 个、重点实验室 4 个。

三是学校重视产教融合平台建设。学校"智能装备产教融合创新示范基地"被立为浙江省高等学校省级产教融合示范基地(第一批人才培养类示范基地)建设项目。建有省实验教学示范中心 4 个,以及智能装配综合创新实验室、校企联合创新实验室、海洋机电综合创新实验室、中宁化联合实验室、"理工—富士电机"联合实验室,投入超过 1000 万元。

四是重视应用科研与区域产业结合的产出。建设具有城市理工特色的科技企业和战略性新兴企业,引领和带动区域高技术发展。新型海洋养殖装备协同创新中心成为市首批协同创新中心;国家海洋局新型海洋养殖装备研发与服务中心、装备制造业产学研联盟、市金融研究院、市电子商务研究院先后落户学院。成立的经理学院采用市校联动模式,实施大规模企业家培训工程,培训规模以上企业负责人 1000 余人,受训企业的总体经济规模占全市生产总值 50% 以上;近三年,学院累计服务企业 400 余家,技术合同交易额近 2 亿元,技术合同交易额连续五年居在甬高校首位。

(2)依托专业与区域发展,融应用研究、新兴学科专业建设和人才培养于一体

应用研究需要依托校企、校地或政校合作,示范院校通过机制创新,突破产教融合难点,融应用研究、学科专业建设和人才培养于一体,比如以"研究院＋学院＋产业"模式与区域产业经济紧密结合,集科研成果、新兴学科和专

业、师资和人才培养改革于一体。

案例四　应用学科建设与"行业学院"共同发展

对接科技发展的学院依托学校学科资源、区域新兴产业科技资源,侧重应用学科建设,其学科专业建设需要超越区域产业发展水平,在当地社会服务中起引领作用。办学定位体现立足当地、辐射全省或全国,以一流应用学科建设为目标,院校的应用学科集基础研究和应用研究于一体,以交叉学科为特征。转型途径以学科专业动态调整、重组二级学院为主。

一是积极打造应用型学科平台。学校拥有 5 个省一流学科,2 个学科基地,2 个省行业平台、1 个省创新团队、25 个校级研究机构及平台。学校以"十三五"省级一流学科为抓手,打造优势特色明显、能支撑应用型专业的高水平应用型学科,推进实施硕士学位培育点建设计划,与应用型本科建设协同发展。

二是加强应用科学研究扶持力度和绩效考核。学校制定《产学研合作平台认定与考核办法》,采取先建设、后认定的运作机制拓展产学研合作平台,并将认定结果与学院二级考核指标完成情况挂钩。同时,学校出台科技成果转化收益的分配与奖励政策,加大二级学院科研考核指标的行业性权重。学校依托自身的科研团队、实验室,与企业人员协同攻关,在服务地方产业经济的同时,推进校企合作深入发展。

三是学校积极探索与政府、行业企事业单位协同育人的长效机制。为使高级应用型人才培养落地见效,学校以供给侧结构性改革的思想为指引,积极探寻建设路径,确定了以行业学院为主要载体的思路。学校出台《关于进一步推进行业学院建设的若干意见》,建设行业学院大楼,助力行业学院内涵发展,探索本科院校与行业深度融合机制,实行机构共建共管、成果共有共享、责任共负共担,提高人才培养的精准性和高效率。学校通过与政府、行业、企业及国外高校合作共建,先后成立了"华为信息与网络技术学院""山屿海商学院"等 9 个行业学院,初步形成校政合作、校企合作、校行合作、中外合作等四种模式与"六个共同"的运行模式。

案例五　契合区域新兴产业，集新兴学科建设、人才培养、职业标准于一体的新型协同创新模式

学院从顶层设计对校地、校企合作平台做了界定，平台对接地方新兴产业，主导产业，通过校政、校企、校行和校校合作模式，共同育人、共同成长。学校建立大宗商品流通协同创新中心、清华大学技术创新研究中心分中心、自动化装备协同创新研究院、家族财富管理研究院等校企、校地合作平台。对接新兴产业建设新兴专业，以"研究基地＋学院＋产业"的模式，推进新兴产业研究，推进跨学科的新兴学科专业建设。人才培养模式中加强产业科技渗透，从课程建设、专家讲座到实践教学和实验实践，形成"理论＋实践＋讲座"的课程组合模式，通过培养"双师双能"型师资队伍，制定新兴产业职业标准。这类协同创新基地以应用研究成果推动学科发展、人才培养、职业标准规范化，形成新型的应用型本科协同创新发展模式，是校政企行合作资源运用最大化的典范。

以大宗商品交易协同创新基地为例。大宗商品交易是浙江海洋经济发展重要战略，是当地港口经济构建"三位一体"港航物流服务体系的关键支撑产业。为满足新兴产业发展和人才紧缺的需求，学院根据自身财务类学科专业优势，建立大宗商品交易研究基地，获市政府 5000 万元专项建设资金支持。基地依托"国际大宗商品研究中心""大宗商品产学研战略联盟"，与 15 家关键创新伙伴单位签署了联合组建协同创新中心战略合作协议，组建"浙江省现代大宗商品产业体系协同创新中心"。大宗商品交易协同创新基地的构架模式，是校政企行合作资源运用最大化的典范。

一是跨学校、跨学科资源整合，突破学校自身学科资源短缺困境。大宗商品交易协同创新基地有四大方面的预期目标，即优势资源汇集、创新能力领先、创新成果突破、转化应用引领。为保证协同创新基地的前瞻性，基地建立了强大的跨学科支撑，包括西安交通大学国家重点学科产业经济学和学院

国际贸易学,以及西安交通大学两个国家一级重点学科(管理科学与工程、工商管理)、华中科技大学西方经济学和学院计算机应用技术学科,中心已初步形成一支由96人组成的研究人员队伍,与100余位大宗商品领域专家建立了咨询与顾问合作关系;拥有市重点学科"国际贸易学",转型升级形成了与国际大宗商品贸易、开放经济与国际大宗商品价格波动、国际投资与民营企业国际化这3个相对稳定、特色鲜明、水平较高的学科研究方向。

二是以协同创新应用研究为依托,打造一流应用学科。学院以打造一流的大宗商品经济学学科为目标,依托国际大宗商品研究中心、金融研究所和现代服务业发展研究所,以"浙江发展大宗商品交易的理论和实践研究""现代服务业发展及浙江大宗商品交易模式比较研究"和"浙江大宗商品交易相关的现代物流服务研究"等3个研究方向为重点方向,在大宗商品产业数据库和金融数据库建设、大宗商品实验中心及信息发布平台建设、大宗商品市场体系和做市商制度研究、大宗干散货运输智能配载系统与航运物流过程可视化技术开发应用等多个细分创新任务领域取得创新成果,成为中国一流的大宗商品产业创新中心,在大宗商品产业体系关键领域取得有效突破,初步构建起符合区域经济特点的现代产业体系,成为浙江大宗商品产业创新发展的重要引擎。

三是协同创新融入专业建设。在研究基地建设的基础上,学院设立大宗商品商学院,解决四大问题:人才培养体系未建立;现有学科专业已经不能满足大宗商品企业的实际发展需求;浙江大宗商品相关企业专业人才招聘困难;目前国家大宗商品领域职业标准与资质认证缺乏。学院依托并服务于浙江大宗商品企业,培育大宗商品产业领域的"应用型""复合型""国际化"高级专门人才。大宗商品商学院全日制本科学生招生计划达到每届1000人,累计培养大宗商品相关领域的硕士研究生300人左右,通过"交换培养""留学培养""互认学分""短学期机制"等方式累计培养接受国际教育与科研锻炼的学生50人左右。同时研究制定大宗商品国家职业标准体系与资质认证方案,建成在国内具有影响力的大宗商品专业人才社会培训基地,大宗商品社会培训规模达到了500人/年。人才培养模式中加强产业科技渗透,从课程建设、专家讲座到实践教学和实验实践,形成"理论＋实践＋讲座"的课程组合模式,实行"双班主任"和"双导师制";通过培养"双师双能"型师资队伍,制定新兴产业职业标准。

二、应用研究和社会服务功能移位中的新问题

浙江省应用型本科转型中期检查设置了校地、校企深度合作共建产学研协同创新平台数,科技成果转化收入,学生取得发明专利、实用新型专利和外观设计专利授权总数及生均数三项指标,但没有数据要求。应用研究和社会服务在转型中起着联结政府、行业和学院的作用,同时也是衡量学院教师学术水平的关键指标,中期检查的数据模糊,也表明国家和省级层面对应用型本科的研究和服务功能还缺乏明晰的认知,主要表现为以下几点。

问题一:应用研究和社会服务绩效考核数据界定不明确。

指导性评价体系打破了以基础研究和论文发表为主的指标要求,以校地、校企深度合作平台的数量和质量、横向科研和转化收入指标为主,并加入学生参与指标,把研究、服务和教学做了有机结合,但没有数据要求。可见,对应用型本科的研究和社会服务发展处于不确定和探索阶段。示范院校对校地、校企深度合作产学研协同创新平台的认定也是不一致的,有些示范院校把各级研究院、实验室均列入协同创新平台。示范院校中只有 2 所院校对应用研究和社会服务做了认定,由于没有通用的质量标准,面对评估体系,有明确认定标准的院校有可能出现数据上报"吃亏"的情况。

问题二:按照国家和省"2011 协同创新中心"的评审标准,应用型本科处于"夹心饼干"状态。

"2011 计划"的全称为高等学校创新能力提升计划,以协同创新中心建设为载体,协同创新中心分为面向科学前沿、面向文化传承创新、面向行业产业

和面向区域发展四种类型①。按照"2011 计划"的目标,未来,国内一批高校将从重大前瞻性科学问题、行业产业共性技术问题、区域经济与社会发展的关键问题以及文化传承创新的突出问题出发,充分发挥高校多学科、多功能的综合优势,联合国内外各类创新力量,建立一批协同创新平台,形成"多元、融合、动态、持续"的协同创新模式与机制,培养大批拔尖创新人才,逐步成为具有国际重大影响的学术高地、行业产业共性技术的研发基地和区域创新发展的引领阵地,在国家创新体系建设中发挥重要作用。该计划国家层面实施了两批。

浙江省在省级层面继续该项目的实施,遵循"2011 计划"的总体精神和要求,坚持"高起点、高水准、有特色",择优推荐符合"国家急需,世界一流"条件,具有解决重大问题的协同创新能力,具备重大机制体制改革基础,前期培育成效明显的协同创新中心。自 2012 年 7 月起,浙江省累计认定了 4 批 37 个省级"2011 协同创新中心",牵头高校 20 所。从认定的 4 批协同创新中心看,国家级 3 个,浙江大学 2 个,浙江大学、浙江工业大学等合作 1 个,省级层面的以浙大和划入一本的大学为主。2017 年 10 月起,浙江省教育厅启动"应用技术协同创新中心"建设工作,第一批认定 7 个高职院校,显然,在协同创新建设中,应用型本科又处于"夹心饼干"状态。

示范院校应用研究和服务虽然平台数较多,但没有高端的研发平台,协同创新的平台以国家专项性科研开发平台或省市地合作平台为主,省会城市高校是唯一一所获批省第四批"2011 协同创新中心"的学校。本著作以财经类院校为例,比较应用型本科示范院校、高等职业学院、省属高校三所学校的横向项目,对教师科技成果转化及收益,学生教师取得发明专利、实用新型专利和外观设计专利授权总数进行比较与分析,数据以 2015—2017 年为主(财经类)。数据显示,应用型本科建设中对地校企合作、政校企合作育人的理念关注度较高,平台数也较多,三所学校分别有 7 个、47 个和 1 个;但高端协同

---

① 2011 协同创新中心[EB/OL]. https://baike. so. com/doc/5356440-5591937. html.

创新平台和横向经费与传统本科有差距,2016 年的数据分别是 2529.81 万元、1900 万元和 48344 万元;2016 年的专利数分别是 145 项、63 项和 19 项。如表 6-6 所示为 2015—2017 年三校应用研究与社会服务比较结果。

表 6-6　2015—2017 年三校应用研究与社会服务比较

学校	校地、校企深度合作共建产学研协同创新平台数	横向项目经费	专利授权总数	科技成果转化
省属高校	2017 年,4 个; 2016 年,3 个; 2015 年,0 个; 2 个省级 2011 协同创新项目:"现代商贸流通体系建设协同创新中心""现代食品安全与营养协同创新中心"	2015 年,横向项目 215 项,3663.45 万元 2016 年,横向项目 309 项,2529.81 万元 2017 年,横向项目 287 项,2641.3 万元	2015 年,取得发明专利 91 项、实用新型专利 18 项和外观设计专利 0 项; 2016 年,取得发明专利 139 项、实用新型专利 6 项和外观设计专利 0 项; 2017 年,取得发明专利 173 项、实用新型专利 4 项和外观设计专利 2 项	没有统计数据
应用型本科学校	47 个	2015—2016 学年,主持横向课题 144 项,合同金额超 1500 万元;2016—2017 学年,主持横向课题 129 项,合同金额超 1900 万元,师均横向科研经费逐年增长;2016—2017 学年师均横向科研经费额比前一学年增长 24%	2016 年,取得知识产权授权 63 项;26 项决策建议稿被采纳或转化,其中获省委主要领导批示 3 项,获宁波市领导批示 2 项,被省级部门采纳 6 项,被市级部门采纳 19 项	专利权转让 4 项,转让金额 7.25 万元;研究成果通过企业转化 596.8 万元
高等职业学院	2018 年 1 个"省协同技术创新平台"	2016 年,48344.8 万元	2016 年,19 项	2016 年,460.8 万元

应用研究与服务作为应用型本科建设的重要指标,是衡量院校、教师科研和科技研发力的一个新视角。从 3 个学校的数据比较来看,在政策导向评估的外力推动下,产学研协同创新平台建设成为应用型本科发展的新优势,应用型本科的协同创新超越"知识增值"的核心,更多地体现在新兴学科专业

建设、新兴产业的职业标准研究和制定、新兴产业急需人才的培养上,附带了横向科研经费和转化收入、应用型师资建设、学生创新创业能力(包括科技专利和发明等)的提升。

  实际上"应用技术协同创新中心"设在应用型本科院校比较合适,对于协同创新中心中的一部分职能,包括技术转化、课程开发和教材编写等,高职目前的师资严格意义上讲还没有具备这个实力,能达到的只是技能方面的提高,实际开发的课程和教材适合中职使用。因此,应用技术协同中心最合适的组合是应用型本科院校联合高职院校和行业协同,传统本科院校联合应用型本科院校和行业协同,这样,才能在科技、技术、技能的转化和开发上形成良性循环,推动产业升级。

2012年,国内学者陈劲在解析我国"2011协同创新"项目时,认为"协同创新是以知识增值为核心,以企业、高校科研院所、政府、教育部门为创新体的价值创造过程。基于协同创新的产学研合作方式是国家创新体系中重要的创新模式,是国家创新体系理论的新进展"[①]。

通过对大宗商品学院的协同创新分析,应用型本科的协同创新超越"知识增值"的核心,更多地体现在新兴学科专业建设、新兴产业的职业标准研究和制定、新兴产业急需人才的培养上,附带了横向科研经费和转化收入、应用型师资建设、学生创新创业能力(包括科技专利和发明等)的提升。这个现象与国际上提倡的"知识三角战略"更接近。"知识三角战略"由欧盟发起,并且欧盟指出:"科学研究对创新活动的价值已普遍得到了认可,但知识三角战略更关注的是它们之间的反向联系,即产业创新在提升高校科学研究和人才培养方面的重要作用;高校在教育方面的职能不仅仅为科学研究和创新活动提供人才资源,同样地,技术创新不能局限地理解为处于知识创造过程的底端,

---

  ① 陈劲,阳银娟.协同创新的理论基础与内涵[J].科学学研究,2012,30(2):161-164.

它同样是教育和科学研究活动的重要产物。"①因此,对应用型本科协同创新功能的再认知和重新定位关系着应用型高校的发展,以及高等教育中关于学科观念的更新。

---

① 项杨雪.基于知识三角的高校协同创新过程机理研究[D].杭州:浙江大学,2013:2.

第七章　应用型本科院校转型成效因素分析

政策导向中的应用型本科转型成效,取决于转型与政策要求的契合度。示范院校转型显示,处于区域产业发达、新兴产业增长活跃的地级市属高校,内部"应用"建设质量保证体系完善,体制机制创新幅度大,转型综合资源指数高,成效显著;处于省会城市,依托母体办学的独立学院,其母体的学科资源是双刃剑,虽转型力度大,综合资源优势会超越地级市高校,但学科资源也会成为最大的阻力。还有三类学校比较特殊,一是选择专业转型的院校,转型会局限在人才培养层面,应用师资和协同创新转型缓慢;二是设在县级镇的独立学院,镇和县对接院校专业发展的产业资源薄弱,严重影响其转型和建设;三是转型力度大,但缺乏行业资源优势的院校,其自身学科专业资源相对较弱,虽然有强有力的改革措施,积极推进校企合作,但转型缓慢。

转型是个系统工程,"区域、学校、学科专业、政策、机制"成为新的办学资源,转型呈现新的办学形态但也体现了一些值得反思的新问题。一是院校与区域经济、新科技和新兴产业结合更加紧密,区域资源成为第一要素,打破了以学术资源为第一要素的办学框架,区域产业资源薄弱的院校转型成效不明显,也就意味着这类大学对区域产业资源的依赖程度明显增加。二是应用型本科在国家和省级政策资源支持中还处于弱势地位。转型中还存在应用建设经费投入过少、应用学科专业体系还未形成、新兴学科政策支持力度不够、应用型本科协同创新处于夹缝状态等问题。三是存在省级层面无法解决的问题,国家层面的分类体系还未构建,学科评估和学位管理制度制约着应用型本科转型,影响应用型本科可持续发展。

第一节 应用型本科院校五大办学资源要素重构

一、应用型本科院校转型成效趋向分析

1. 应用型本科院校转型发展三大关键指标成效分析

一是应用学科专业转型分析。从示范院校的应用学科专业建设来分析,转型中的应用学科专业是指:契合学院办学定位,对接区域产业特别是新兴产业和特色产业,以科技、工程、服务类(商业、金融、文化产业)为主,学科专业以交叉、混合为主。转型的模式包括:侧重专业学位对接、侧重与区域经济对接、侧重与科技发展对接、侧重凝练学院特色。应用学科专业转型达成度较高,但校企合作专业偏少,前8位应用型专业就读学生占比适中。示范院校应用学科专业转型,按成效可分为两组,第一组:地级市工学院、省会城市独立工学院、一流大学城市学院、单列港口城市民办学院、省属高校港口城市学院和一流大学港口城市独立学院,应用型专业比例均在70%以上,应用型专业就读学生占比基本达到70%以上,前8位应用型专业就读学生占比最高的是单列港口城市民办学院。应用型本科转型中关于校企合作专业的数据不完整,只有两所院校明确表示达到标准,分别是省属高校独立工学院(90%以上)和单列港口城市民办学院(100%)。第二组院校应用型专业占比总体在30%~40%。地处乡镇省属高校独立学院和省会城市民办大学应用型专业占比偏低,分别是45.5%和50%,以专业转型的省会城市地方大学占比12.8%。专业转型总体排名较后的3个学校是:省会城市地方大学、省会城市民办大学和地处乡镇的省属高校独立学院,应用型专业转型达成度相对偏低。

二是应用型师资建设成效趋向分析。"双师双能"型师资是应用型本科院校转型发展的关键,应用型师资建设成效可分三组,第一组是应用型师资

达到70%的院校,分别是一流大学城市学院76.39%,单列港口城市民办学院75.97%,省会城市地方大学70.5%,单列港口城市工程学院70.02%;第二组是应用型师资70%以下的院校,分别是省属高校独立学院67.30%,地处单列港口城市的省属高校56.26%,省会城市民办大学52.55%,省属高校独立工学院49.82%,一流大学单列港口城市理工学院44.80%;第三组是最低的地级市院校只有30.73%左右;其中一流大学独立城市学院和单列港口城市民办学院比例较高。因此,70%的占比是否科学,有待认证。

三是应用研究与社会服务成效趋向分析。示范院校的横向科研经费收入可分三组,第一组是一流大学独立城市学院和一流大学单列港口城市理工学院,经费收入分别是9833万元/年和7307万元/年;第二组是单列港口城市工程学院、省属高校独立财经学院、省会城市地方大学和省属高校独立工学院,经费收入2000万~4000万元/年;第三组是单列港口城市民办学院、地级市工学院和地处单列港口城市的省属高校,经费收入700万~2000万元/年。

发明专利数由于统计口径不一,有学校高至536项/年,也有学校只有个位数,说明该数据在院校评估中属于新数据,统计口径和标准有待研究。科技成果转化收入最高的是一流大学城市学院,达3292.20万元/年,其次是省会城市民办大学,达1206.56万元/年。且一流大学城市学院依托母校学科和师资资源的优势较明显,科研转化收入达到横向经费的40.9%;单列港口城市工程学院借助国家工程产教融合平台,省会城市民办大学作为民办大学注重投入和产出的效益,分别在38%和28.5%,其他院校处于0.08%~28.5%。

分析应用型本科示范院校的应用研究和社会服务指标,可得出应用型本科的协同创新实力已远远超越高职院校,以2016年高职院校年度质量报告的统计为例,2016年浙江省高职科研年度到款额中位数是417.2万元,位列第二位的江苏省是201.2万元,第三位湖南省是69万元①。2016年浙江省高职院校年度到款额最高的是浙江机电职业技术学院,到款1000万元,而十所应

---

① 上海市教育科学研究院,麦可思研究院.2016中国高等职业教育质量年度报告[R].北京:高等教育出版社,2016.

用型本科的到款额中位数是 2852 万元左右。因此,应用研究与社会服务成效显著,协同创新成为错位发展优势。

2. 应用型本科院校转型发展院校整体成效分析

以浙江省应用型本科转型指导性评价指标为依据,排序统计以 23 个指标权重排序设置比重,排序采用总体成效标准化数据处理方式,对示范院校转型建设指标进行统计和分析。

从排名前四所大学的情况来分析,比如一流大学独立城市学院 23 个指标总体较均衡,排名第一,其中科技转化成果收益指标远超其他院校,这个得益于其母体的应用学科资源,以及转型过程中与区域经济的紧密结合;比如单列港口城市工程学院位列第三,取决于其远超其他学院的经费投入,实践、实训的投入,以及教师承担横向课题的经费数,这些数据的产生与其依托区域产业优势有着极大关系;再如地级市工学院位列第四,取决于其百分之百的应用学科专业、应用型本科经费投入、强大的实践教学投入以及科技转化收入,学院地处产业优势并不明显的地区,其校企合作办学历史,以及超越自身学科师资优势的"与大院名校共建研究院",使其获得应用型本科转型优势。

转型相对缓慢的院校,其专业转型的策略影响整体转型成效。学院在应用型本科指导性评价的 23 项指标中,有 11 项指标低于院校均值,分别是:2.应用型专业就读的学生占学校在校生总数的比例;3.前 8 位应用型专业就读学生占学校在校生总数的比例;6.学校加强应用型建设专项经费(自然年度内学校立项用于应用型建设的专项经费总额);8.生均本科实习实训经费(自然年度内用于本科培养方案内的实习实训环节支出经费生均值);11.实习生数与校外实践基地数比例(学年度内实习生总数与实际承担实习任务的校外实践基地的比例);14.行业、企业、实务部门师资讲授本科课程占课程总门次数的比例(一门课程的全部课时均由实务部门师资授课,计为 1;由多名教师共同承担的,按该教师实际承担学时比例计算);15.校地、校企深度合作共建产学研协同创新平台数;16.专任教师师均承担横向科研经费数(人文社科类专任教师和理工科类专任教师分别统计);17.科技成果转化收入;18.学生取得发明专利、实用新型专利和外观设计专利授权总数及生数;19.学生参加创新创业活动项目生均数。分析这些指标,发现薄弱环节主要体现在需要学校层面推动的经费投入、产教融合协同创新体制机制改革方面,这些环节在二级学院和专业管理层面很难整体推进。

具体分析来看,省属高校独立工学院,学院原处于省会城市,后搬迁至地级市郊,学院原有的专业优势与当地产业结构并不匹配,区域合作处于弱势,师资力量等均薄弱,定位不明确,这些是影响其转型成效的主要原因,在"双师双能"型师资、实践教学学分占比、实践基地、协同创新平台指标上成效相对不明显;地处乡镇的省属高校独立学院,在自身办学、区域资源和师资等方面均较薄弱,学院在应用学科专业占比、学生应用学科就读占比、行业部门师资授课、教师横向科研开发、学生专利发明指标上均成效不明显;处于省会城市的民办大学,23个指标总体成效都不明显,其中实验实训投入指标处于最末,其作为民办大学,虽地处省会城市,但其应用型本科资源优势相对薄弱,在对接区域经济、师资建设、学科专业优势、政策优势等方面均处于弱势,学院能进入浙江省第一批试点示范,取决于院校内部机制创新,以及在应用学科专业认定评估、"双师双能"型师资认定和校企合作机制创新上的突破,但与同样是民办院校的单列港口城市学院相比,在学科专业资源、区域资源和校企合作协同创新方面差距逐渐拉大。

二、"区域、学校、学科专业、政策、机制"开放性重组

以浙江省应用型本科转型中期检查成效来分析,以"应用"和提高"四个度"为转型目标的评价体系,打破了原有评价体系中的院校秩序,院校转型成效与五大资源要素整合度相关,也促使应用型本科办学形态从传统大学模式向开放式资源组合模式转变。

1. "转型"是办学资源要素的重组和结构的重构

在应用型本科转型中,一个根本问题是学术与职业的关系问题,如何重构则是试点示范院校必须回答和解决的问题,也是应用型本科转型的根本问题。在传统人才培养模式中,学校根据学术资源设置学科专业课程,学术型

师资是第一资源要素,决定了学校层次。在应用型本科人才培养模式中,学校是根据社会需求设置学科专业结构,学术资源的配置必然需要学校和社会资源的结合。因此,资源的重组是应用型本科转型的机制动力。转型建设中涉及5个关键要素:区域产业要素、办学定位、学科专业资源重组、外部政策资源(包括评估导向)、院校办学机制创新,如图7-1所示。

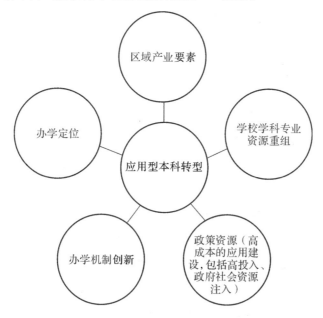

图 7-1　应用型本科转型中的五大资源重组结构变化

第一是区域产业要素。应用型本科的学科专业建设,从建校开始就依附于当地的产业结构,与学校所在区域的经济结合紧密,其间部分高校也出现了盲目设置学科专业的阶段。随着学生自主择业政策的出台,地方本科院校盲目设置专业现象逐渐减少,比如大学在一个没有机电产业的城市设置机电专业,必然会面临校企合作、实践教学等困境,学生就业竞争力也必然弱于机电产业强的城市的同专业学生。因此,区域产业成为应用型本科办学的第一要素。从示范院校来分析,应用型本科的学科专业建设也已不仅仅局限在工程、机电、制造业等需要技术或科技含量的传统产业,而更强调传统产业的转型升级,比如先进制造业与现代服务业(金融、信息、物流、会展等生产性服务业,养老、家政、教育文化等生活性服务业)。应用型本科学科专业建设应与新兴产业对接,比如与浙江省打造的信息经济、节能环保、健康、旅游、时尚、金融、高端装备制造与新材料、文化产业等八大万亿级产业,以及"互联网＋产业"的融合产业对接。因此,区域产业发展水平决定着应用型本科的学科专业建设水平。

第二是办学定位。办学定位的选择决定了院校发展目标、人才培养定位和学科发展架构等,应用型本科转型过程中,办学定位明确的院校就实现了迅速转型。以浙江省10所试点示范院校的遴选过程为例。按照地方性和新建本科的划分,浙江省有41所院校符合应用型本科转型资格,2015年应用型本科转型政策启动时,高校内部存在着"应用型本科转型是否是退回高职院校?""应用型本科转型后,属于职业教育与成人教育范畴""应用型本科仅仅是本科教学,没有研究生教育"等观点,一些院校开始犹豫办学定位,比如省属高校科技学院,是全国最早探索与德国应用技术大学合作的应用型本科,但没有参加2015年应用型本科试点院校的申报,当时因内部存在办学定位之争,转型滞后于第一批,但在2019年进入浙江省第二批应用型试点示范院校。因此,办学定位在应用型本科转型中是关键要素。其中存在着两个层次的探讨,一是院校自身的办学定位,二是对应用型本科转型后办学定位的新认识。分析浙江省政策导向和试点示范院校转型实践,可知应用型本科的办学定位是"将应用技术型高校建设成为直接融入技术进步过程和产业链价值创造过程,和地方、行业、企业共同成长的新型大学",新的应用型本科办学定位激发了转型院校建设应用型本科大学的动力。

第三是学科专业资源重组。从院校内部资源分析,学科专业资源是应用型本科与外部资源对接的基础,院校学科专业水平与产业资源的发展相当或更高,才能产生良性互动。应用型本科的学科专业资源主要有三种设置模式,一种是从建校初为适应当地经济发展设置的专业,比如地级市工学院,学院的化工和机械专业即是为适应20世纪80年代地区工业而设置的,学校以社会需求为导向,确立"做大做强工科类专业,做精做优师范类专业,做实做好经管类专业"目标,2010年升格为地方学院时,把当地的师范学院合并其中，2015 年应用型本科试点示范方案中，确立"做大做强工科类专业，做精做优师范类专业，做实做好经管类专业"方针。第二种模式是对接地方主导产业设置专业，比如，地级市工学院与地方主导产业密切相关的化工材料、机械、信息电子、大土木工科类专业；一流大学单列港口城市理工学院重点围绕地方产业发展急需的系统芯片与信息物理技术、城镇建设、生命健康、绿色能源与装备、物联网工程、物流工程、新材料、海洋高技术装备、工业创新设计、区域金融等若干领域，重点建设包括系统芯片与信息物理技术、城镇建设、生命健康工程、绿色能源与装备等 4 个领域内的交叉学科或学科群。第三种模式是对接区域新兴产业、辐射全省发展前景较好和市场较大的产业设置专业，这类专业一般科技水平超越当地产业水平，比如省会城市地方大学，在转型建设中，根据浙江省和杭州市产业结构调整和转型升级的需要，围绕杭州市"一基地四中心"建设和浙江省十大新兴产业（文化创意、旅游休闲、金融服务、电子商务、信息软件、先进装备制造、物联网、生物医药、节能环保、新能源等）的发展设置专业。地级市学院工学类专业建设紧紧围绕新材料、新能源、先进装备制造和电子信息产业等市重点发展的"四大"战略性新兴产业，着力服务于市金属制品、特种纸、新型建材、绿色食品等"四大"特色优势产业的发展。地处单列港口城市的省属高校，服务国家"一带一路"、"中国制造 2025"、跨境电子商务综合试验区、浙江省海洋经济发展、港口城市"名城名都"建设等国家和区域发展战略，积极培育优新特色学科专业集群。在对接产业的过程中，也会出现学院自身学科专业储备的不胜任情况，比如港口城市工程学院在分析转型问题时，就认为"新经济发展不断涌现出移动互联网、云计算、大数据、物联网、智能制造、服务型制造、电子商务、移动医疗服务、云医院、互联网安全产业、智能安防系统等新兴产业和业态，而现有的专业结构不能完全适应新形势的需求"。因此，在对接区域产业的应用型学科专业建设中，学院自身的学科专业资源决定着专业建设广度和高度，也决定着培养本科、硕士或博士的资质。

第四是政策资源（高成本的应用建设，包括高投入、政府社会资源注入）。在 2008 年应用性本科教育国际研讨会上，德国汉诺威应用科技大学的法尔克·霍恩博士认为:将职业教育作为一个分支纳入学位教育的轨道,这是一种政治决策。① 浙江省第一批应用型本科试点示范院校中,地处宁波市就有 4 所,这与宁波市对应用型本科建设的相关政策扶持力度较大密切相关。宁波近几年在政策环境上,出台了一系列推进应用型本科建设的措施,实施了新一轮宁波市高校学科、专业能力提升计划②,四年内推动建设 50 个市级重点学科、85 个市级重点专业,主动对接国家"产教融合"试点改革、"中国制造 2025"试点示范、跨境电商综合试验区等重大战略,支持在甬高校深化与国内外高水平大学合作,开展学科、专业共建,引进先进技术、高水平团队,重点建设一批国家实验室、国家重点实验室、产业技术研究院、工程技术研究中心等一流科研合作和产教融合平台。

第五,院校办学机制创新。国家层面关于应用型本科转型政策中,特别强调转型可以有效破解顶层设计不够、改革动力不足、体制束缚太多等突出问题。省级层面关于体制机制创新,要求转型应突出改革,以推进改革为抓手解决人才培养中的突出问题,包括办学体制、治理结构、学科专业设置、人才培养和师资队伍建设机制。要求高校将产教融合、校地校企合作作为建设应用型高校的重要途径。着力建立行业企业和用人单位参与的大学理事会(董事会)制度、专业指导委员会制度,建立社会参与的教学质量评价制度,学校和行业企业共建共管二级学院或专业(群)制度,进行二级学院混合所有制试点,校企政合作建设实训基地、实习基地、创业基地,共同开发教学资源,以及多形式的技术合作中心和各类人才培养培训平台。应用型本科转型涉及最多的是学科专业调整、"双师双能"型师资建设、产教融合发展,这些转变和建设需要强大的顶层设计、组织转型和经费投入。分析应用型本科试点示范院校建设,可知在转型动力机制、转型行动计划、转型质量保证等关键环节,与国家、省级层面政策导向互动紧密、改革力度较大的院校依次是:单列港口

---

① 吴智泉.2008 应用性本科教育国际研讨会会议综述[J].北京联合大学学报,2008,6(4):132-136.

② 宁波综合施策助推高校"弯道超车"发展[EB/OL].http://jyt.zj.gov.cn/art.

城市民办学院、省会城市民办大学、地级市工学院、地处单列港口城市的省属高校。这四所学院分别创设了"双院制""行业学院"和"大院名校、校地、校企合作研究院",这些机制在应用型本科转型建设中起到动力作用,解决学科专业转型、师资转型和产教融合的难题和痛点。

五大资源要素中,区域产业成为第一要素,打破了以院校自身学术资源为基础的框架,形成新的院校办学形态。院校办学要素之间不再是一个封闭的环形,而是一个以院校新的管理机制为中心的发散性系统,中心与其他要素的关系是互动的,互动建立在各自资源的基础上,资源和互动机制决定了此类型院校的办学水平和层次。因此,5个关键要素的重组和结构转变是"转型"的机制动力,"转型"的成功与否和办学水平取决于五大资源要素的重组和办学结构的转变。

第二节　应用型本科转型发展成效显著院校案例分析

从总体成效看,单列港口城市民办学院转型的跨越度最高。学院在 2011 年普通本科教学工作和业绩中处于 29 所院校的最末位。2017 年在教学业绩年度考核的分类评价中处于 31 所多科教学型本科院校第 6 位。在应用型本科转型建设中,学院总体指标均较高,其中应用型本科投入经费和实践经费相对较高,"双师双能"型师资占比较高,毕业生创业率较高,因此总体得分超越几个办学基础较强的院校,跃居第二。其内部应用型质量保证体系的建设,使关键指标的概念界定和绩效评估制度的建立契合政策导向指标设计,并使办学机制创新在转型中发挥关键作用。

一、应用型本科转型办学资源要素分析

1. 具备应用建设办学基因优势

学院是一所经教育部批准设立的全日制民办普通本科高校,创办于2001年,2008年经教育部批准升格为本科院校,2015年成为浙江省首批应用型本科建设试点示范高校,2018年更名为财经学院。学校注重打造服务区域新经济发展的财经学科特色,形成了以经济、管理学科为主,经、管、工、文、艺等多学科协调发展的学科专业体系,着力培养具有创新精神和创业能力的中小企业中高端技术、管理岗位高素质应用型人才。学校坚持"致良知、育实才、立善业"的办学理念,坚守"成为中小企业发展的首选大学"的办学理想,秉承"自信、专注"校训,围绕应用型示范建设目标,努力建成国内领先、有改革创新示范价值、特色鲜明的民办大学。学院制定应用型本科转型建设的标志性成果如表7-1所示。

表7-1　应用型本科转型建设标志性成果

应用型人才培养	应用型专业占所在院校专业数的70%以上,在应用型专业就读的学生占所在院校在校生的80%以上,前8位应用型专业就读学生占所在学校在校生的30%以上
应用型专业群建设	重点建设7个应用型专业群,即面向制造业的机械电子类专业群,面向网络信息技术产业的计算机专业群,面向中小企业转型发展的工商管理专业群,面向商品流通领域的物流贸易专业群,面向家族财富管理的财会金融专业群,面向文化创意产业的设计类专业群,面向现代媒体的传播类专业群
应用型学科群建设	重点建设4个应用型学科群,即现代信息产业学科群,现代制造业学科群,现代服务业学科群,现代文化创意产业学科群。在重点学科建设的基础上,加强学位点建设,力争成为硕士研究生培养单位
应用型师资队伍建设	建设期间每年引进培养具有博士学位教授10人、引进青年优秀博士20人,到建设期末应用型教师达到专业教师的60%,国际背景教师达到20%

创新创业教育	建立"以资金、事业、利益为纽带,以企业办学为主"的创业教育校企合作新模式。建立大学生创新创业资金支持体系与激励政策。与政府、企业合作共建大学科技园,力争把该园建设成为杭州湾新区职业教育与产业协同创新试验区创业孵化的核心载体,建成 nb 高校第一所创客基地(众创空间)
地方合作与服务	学科专业价值和服务区域经济社会发展能力不断增强。在建设期,校企联动合作共建共管研究院、协同创新中心等产业技术创新联合体 6～8 个,高质量应用技术人才培养基地 20 个以上
创新办学机制	推进与企业共建共管二级学院运行模式,继续加大和企业合作举办二级学院的力度,根据学科专业不同,探索出 5～6 个产教融合、校企合作共管共建二级学院运行模式

2. 学院应用型建设五大资源要素分析

以下从应用型本科转型建设中涉及的 5 个关键要素来分析案例院校的具体情况:区域产业要素,院校定位,学科专业资源,外部政策要素(包括评估导向),院校办学机制。

第一,对接区域主导产业资源要素。学院地处副省级计划单列市,该市是首批沿海开放城市、中国海滨城市、长三角五大区域中心之一、长三角南翼经济中心、浙江省经济中心、现代化国际港口城市、中国著名的院士之乡。"十三五"期间的建设目标是:努力建设更具创新能力的经济强市。经济保持中高速增长,力争提前实现生产总值、人均地区生产总值、城乡居民人均可支配收入比 2010 年翻一番的目标。区域创新体系更趋完善,主要创新发展指标跃上新台阶,进入全国创新型城市和人才强市行列。产业迈向中高端,工业化和信息化深度融合,产业结构调整取得实质成效,新产业新业态形成规模,以技术、质量、绿色为核心的竞争力基本形成。"十三五"期间提出"十大千亿产业培育工程"计划。表 7-2 所示为地方十大千亿产业培育工程。

表 7-2　地方十大千亿产业培育工程

产业	目标
绿色石化产业	重点发展石油炼化、有机化工合成、精细化工,延伸产业链、提升价值链、完善循环链,力争到 2020 年实现总产值 4500 亿元
新材料产业	重点发展高性能金属材料、先进高分子及合成材料、电子信息材料及器件、高性能纤维及复合材料、无机纳米材料和特种功能材料,力争到 2020 年实现总产值 2000 亿元
高端装备制造业	重点发展轨道交通及新能源汽车、航空装备、高端船舶与海工装备、智能制造装备等,力争到 2020 年实现总产值 2000 亿元
节能环保产业	重点发展新能源及节能装备、资源综合利用、智能电网设备、节能环保新材料、节能环保服务等领域,力争到 2020 年实现总产值 2000 亿元
信息经济	重点发展集成电路、光电子器件等电子信息制造、软件和信息服务、电子商务等领域,力争到 2020 年实现核心产业产值 4000 亿元
时尚产业	延伸纺织服装、智能家电、文具、模具等优势产业的时尚设计环节,建设时尚名城和若干时尚产业园,力争到 2020 年实现总产值 6000 亿元
贸易物流业	重点巩固大宗商品贸易优势,做大进口贸易、服务贸易、能源贸易规模,大力发展港航服务、电商物流、城市配送、保税物流、供应链物流、冷链物流等领域,力争到 2020 年物流业增加值突破 1500 亿元
金融业	推进银行业、证券业、保险业提升发展,培育总部金融、私募金融、互联网金融等产业新增长点,建设金融要素市场,提升金融支持产业转型和创新发展能力,建设区域性金融中心,力争到 2020 年增加值突破 1000 亿元
健康产业	重点发展民办医疗、健康管理、妇幼保健、养老、中医保健、体育、健康保险、心理咨询等服务业,壮大生物医药、医疗器械、保健食品、康复器具等研发、制造和流通规模,建立全生命周期健康产业体系,力争 2020 年实现增加值 1000 亿元
旅游业	重点发展文化旅游、滨海旅游、湖泊休闲、乡村旅游、会议会展、观光农业等业态,力争到 2020 年旅游总收入达 1800 亿元

学院在转型期,根据港口城市提出的智慧城市建设、文化创意产业、港口经济、先进制造业和现代服务业产业发展规划,进一步明确学院学科专业架构,重点发展对接区域主导产业的 7 个专业群,分别是面向制造业的机械电子类专业群,面向网络信息技术产业的计算机专业群,面向中小企业转型发展

的工商管理专业群,面向商品流通领域的物流贸易专业群,面向家族财富管理的财会金融专业群,面向文化创意产业的设计类专业群,面向现代媒体的传播类专业群。比如学院新兴专业大宗商品交易,体现了应用型本科院校对接区域新兴主导产业的优势,区域规划提出的构建"港口经济圈",港口经济中的大宗商品交易和跨境电子商务,智慧物流、航运交易、航运金融、航运保险、海事服务成为新兴主导产业,规划提出"十三五"时期达到大宗商品市场交易额3万亿元,创新交易业务和模式,培育本土期货经营机构,建成全国有影响力的多商品定价和交易中心等目标,成为学院对接新兴主导产业创建新兴专业的优势产业资源。

第二,院校定位。作为单列港口城市的民办学校,学校于2001年启办高职院校,2008年升本,2015年进入首批应用型本科建设示范单位,2018年改名财经学院,学院在办学过程中抓住高等教育发展机遇,在同类院校中发展迅速。学院通过学习借鉴国内外同类学校办学经验,从办学定位到内涵建设都以应用型为鲜明特色。学院升本后即启动应用型地方本科院校建设,制定相关规划,重点围绕提高应用型人才培养质量,在人才培养目标定位、学科专业布局、应用型师资建设、深化校地及校企合作、人才培养模式改革等方面开展实践探索。学校是全国35所应用技术大学试点建设院校,"应用技术大学(学院)联盟"首批成员,"长三角"地区应用型本科高校联盟首批理事单位。学校开展应用技术大学建设战略研究和实践探索,参与教育部规划司应用技术大学改革试点战略研究项目,设置试点方案研究组,撰写关于应用技术大学设置试点方案的研究报告,设立的"我国应用技术大学师资队伍建设研究"课题被立项为首批地方高校转型发展专题研究项目,参与教育部《关于地方本科高校转型发展的指导意见》文件的制订研究工作。围绕学校培养"中小企业中高端技术、管理岗位应用型人才"的定位,进行应用型内涵建设和研究。针对中小企业产业结构特征及其转型升级需求,结合区域经济智慧城市、临港优势特色产业、先进制造业和现代服务业、文化创意产业等发展目标,科学布局与地方支柱产业和新兴产业紧密相关、与中小企业发展需求相适应的应用性学科专业,提高学科专业设置与地方产业发展需求之间的吻合度,增强学校发展与区域经济的适切性,提升应用性发展水平。

第三,学科专业资源。学校设有信息工程学院、机电学院、金融贸易学院、财富管理学院、工商管理学院、人文学院、电子商务学院 7 大专业学院,以及基础学院、社科部、公共体育部、网络中心和现代教育技术中心等教学教辅单位。开设 25 个本科专业,涉及工、经、管、文、艺等 5 大学科门类,其中计算机应用技术、机械制造及其自动化、设计艺术学、新闻学等 4 个学科为省重点学科,国际贸易学为市重点学科,计算机科学与技术专业为省重点专业、省优势专业和市品牌专业,国际经济与贸易(大宗商品交易)、工商管理(创业管理)、信息管理与信息系统(移动电子商务)、机械设计制造及其自动化(数控机床设计)为省新兴特色专业,动画专业为市特色专业,面向软件外包的软件信息技术专业群被列为市重点专业群。学校拥有专任教师 1000 人左右,正高职称 100 人左右,副高职称 230 人左右,博士 120 人左右,硕士 620 人左右,省级教学团队 2 个,省中青年学科带头人 6 人,省教坛新秀 4 人,市青年学科带头人 1 人,市领军拔尖人才 8 人,参与浙江省青年教师资助计划 16 人,参与省新世纪 151 人才工程培养 3 人。学校教学设施包括:校内实验(实习)中心 10 个,下设实验(实训)室 232 个,计算机实验与工程训练中心、经济与管理实验中心为省级实验教学示范中心。校企政行合作实践教学资源包括:与 200 余家企业建立校企合作关系,校企合作共建二级学院,共建学科专业,共建应用型教学团队、课程体系、校外实践教学基地等,共同推进基于产学研结合的应用型人才培养模式多样化,共同开展应用科研、咨询、培训等社会服务。国际合作与交流良好,学校与美、英、德、澳、韩等 10 余个国家的 50 余所高校建立了良好的交流与合作关系,开展"2+2 本科双学位"联合培养、学分互认、交换生、保送生、短期交流、教师聘任与访学等国际合作项目。相对省内其他应用型示范院校,该学校的学科专业资源基础处于中下水平,但其充分挖掘应用型教学资源的策略胜于其他院校。

第四,外部政策资源要素(包括评估导向)。高成本的应用建设包括高投入、政府社会资源注入。浙江省应用型本科的政策资源有两部分,一是省级层面的政策资源。根据国家政策导向和浙江省具体情况,教育厅、财政厅和发改委共同制定《关于积极促进更多本科高校加强应用型建设的指导意见》《关于积极促进更多本科高校应用型建设的指导意见》，教育厅制定《应用型本科转型试点示范院校中期检查导向性指标建设方案》，对应用型本科试点示范建设具有明确的导向作用。浙江省在招生政策、师资培训政策等方面对应用型本科试点示范院校倾斜，2018年改革试点"中职＋应用型本科""3＋4"培养计划。二是地市政策资源。学校所在当地政府出台了一系列推进应用型本科建设的措施。学校所在地方政府把推动该学校开展应用型建设成省级示范高校列入规划，设立加强本科高校应用型建设试点工作项目专项资金。地方政府推出一系列有利于应用型本科发展教育政策，"十三五"期间提出实施新一轮市高校学科、专业能力提升计划，四年内推动建设50个市级重点学科，85个市级重点专业，主动对接国家"产教融合"试点改革、"中国制造2025"试点示范、跨境电商综合试验区等重大战略，支持高校深化与国内外高水平大学合作，开展学科、专业共建，引进先进技术、高水平团队，重点建设一批国家实验室、国家重点实验室、产业技术研究院、工程技术研究中心等一流科研合作平台和产教融合平台。产教融合校企合作是应用型本科转型发展的主线，产教融合校企合作要解决校方"一头热"的痛点难点，区域政策环境起着决定性作用。当地政府落实从中央到省级层面产教融合相关政策，继2013年出台《关于实施协同创新战略　全面提升高等教育服务经济社会发展能力水平的若干意见》后，2015年起又出台了一系列推进产教融合相关政策，包括《关于深化产教融合的实施意见》《关于深入实施人才和创新"栽树工程"加快建设高水平创新型城市的决定》《关于加快产业技术研究院发展改革的若干意见》《产业技术研究院认定管理办法》等，为应用型本科转型发展提供政策指导。评估导向是高校发展的指挥棒，当地政府教育部门出台《高校办学绩效评价办法（试行）》，提出分类指导评估目标，按照一级指标分别进行评价，为鼓励不同类型高校在不同层次争创一流，评价时结合学校定位和规划，重点考察在同类高校中的办学成效、排名及进位情况，根据学校的规模和类型等设定相应的修正系数。不同办学类型、不同培养目标的高校可以依据各自办学定位，选择具体的支撑性绩效评价指标，评估导向体系与区域政府紧密相关的社会贡献指标,要求对接区域政府重大工作重大项目,绩效拨款与区域服务贡献度挂钩,有效落实应用型本科的办学导向。

第五,院校办学体制机制。一是学校治理体系。转型学校属于民办非营利性普通本科高校,学校的举办者是企业教育集团。学校党委领导与理事会、行政班子党员领导之间依法依规实行"双向进入,交叉任职"。学校依法设立理事会,实行理事会领导下的校长负责制,同时设立监事会、校务委员会、学术委员会和学位委员会等。民办学校的体制灵活性是其转型的优势,学校在转型期形成理事会和校长依法行使职权、教授治学、民主管理、社会参与的大学治理体系。二是办学机制创新。学校面向区域新经济、新业态快速发展创新办学机制,采取"项目制"、"产权和资金"为纽带、"混合制"等多种合作形式,探索"人才共育、过程共管、成果共享、责任共担"的运行机制,形成"双院制"协同培养新业态紧缺人才新模式,逐步构建起面向社会、开放办学的服务型办学体系。学校推行"双院制"改革,实施"传统学院+特色学院"的管理运行模式,有效融合校企双方资源,着力打造新兴特色学科专业,大力开展特色人才培养模式创新,形成政校企协同、产学研用紧密结合的新业态紧缺人才培养新机制。学校改革内部管理体系,成立校企合作工作委员会,设立地方服务与合作处,出台《推进校企合作工作的指导意见》《校企合作管理试行条例》《校企合作工作奖励暂行办法》《深化落实特色建设工程的若干意见》等制度,推进产教融合校企合作发展。三是考核机制和质量评价机制。学校充分发挥民办体制优势,建立学校事业发展规划核心指标考核机制,发挥考核机制的效能,将应用型建设核心指标,列入各二级学院的日常工作中。学校设置质量管理处,完善高校内部诊改体系和内部质量保证体系,建立督导评估制度,出台《应用型专业认定办法》《应用型师资建设管理办法》《应用型课程团队管理办法》等,注重考查评价高校人才培养与地方经济社会发展需要的契合度,注重考查评价高校对地方经济社会发展的贡献度,注重考查评价毕业生对自身职业发展现状的满意度,注重考查评价用人单位对学生的满意度,建立以高质量就业能力、产业服务能力、技术贡献能力为重点的应用型高校建设评估标准和评价体系。四是办学经费筹措机制。学校多渠道筹措建设经费,设立应用型专业建设专项经费,积极争取社会投入各种项目经费。

分析院校应用型本科转型五大资源,可知该校在区域专业资源、体制机制创新和区域政策资源中具备优势资源,但学校学科专业规模比较小,办学历史较短,师资力量较弱,经费筹措和来源不够充足,制约了应用型建设的成效和速度,但院校转型总体成效还是处于领先地位,可见,区域、体制机制和政策资源在应用型本科建设中占据了很大优势。地方本科转型应用需科学衡量办学的五大资源要素,从资源要素配置的角度进行改革发展。

二、公共策略和学校专业推进的有效结合

1. 应用型学科专业建设措施

(1)应用型学科专业布局从经管和工科类逐渐演变为财经服务类

学院学科专业布局调整从 2008 年升本持续到 2017 年,学科涉及经济学、管理学、工学、文学、艺术学 5 个一级学科,从 2008 年的 5 个专业扩展至 32 个专业,分设在金融贸易学院、财富管理学院、信息工程学院、工商管理学院、机械与电气工程学院、人文学院、艺术与传媒学院 7 个学院,具体如表 7-3 所示。

表 7-3　学科专业布局

年份	专业名称	个数(个)
2008	国际经济与贸易、财务管理、计算机科学与技术、机械设计制造及其自动化、英语	5
2009	信息管理与信息系统、电气工程及其自动化、日语	3
2010	市场营销、工业设计、广播电视学、动画	4
2011	工商管理、软件工程、广告学	3
2012	网络工程、编辑出版学、视觉传达设计、环境设计、产品设计	5

(2)形成以财经为主、文化创意为辅的应用型专业主干体系

学校紧密对接区域经济特征及产业发展需求,科学调整专业结构布局,形成以财经为主、文化创意为辅的应用型专业主干体系。应用型专业占

78.12%,应用型专业学生占89.08%,前8位专业就读学生占43.62%,校企合作专业100%,如表7-4所示。

表 7-4　专业结构及应用型专业比例

专业结构(总数 32 个)					应用型专业及学生比例(总数 25 个)			校企合作专业
财经类	文传类	艺术类	机械类	信息类	应用型专业	应用型专业学生	前8位专业就读学生	
11	8	5	5	3	78.12%	89.08%	43.62%	100%

(3)应用学科专业转型和建设策略

①传统专业转型应用的选择模式和策略——以财务管理专业为例

一是设置对接新兴产业的新专业发展方向。财务管理专业是财经类院校的传统主干专业,本科院校和高职院校均有设置,学院在应用型专业建设中选择侧重对接新兴产业的模式,设置对接新兴产业的新专业发展方向。一是瞄准新产业、新业态、新领域对专业人才的紧缺需求;二是在与当地产业紧密接轨的基础上,分析学院办学定位和优势,抓住市中小企业兴盛和家族企业日益庞大的特征,确定"中小企业财务管家""家族财富管理""投资与理财"3个重点方向。

财务管理专业现分3个专业方向,分别为中小企业财务管家、投资与理财、家族财富管理。根据学院人才培养定位,即"培养具有创新精神和创业能力的中小企业中高端技术、管理岗位高素质应用型人才",财务管理专业开设的3个专业方向明确对接市场需求,错位争先。

家族财富管理方向为国内首创。浙江省是家族企业高度集中的地区,正面临企业转型升级的压力和家族财富传承的需要,财务管理专业与"蓝源家族财富管理研究院"共同实施家族财富管理特色专业方向人才培养方案,学生在学习财务管理专业核心课程的基础上,兼顾学习家族财富管理方向课程以及拓展课,毕业生能在家族企业、金融机构等从事财富管理和传承工作。与蓝源资本深度融合,不仅能完善培养人才的知识结构,而且使专业定位更符合区域经济发展要求。

中小企业财务管家方向为国内唯一。浙江是中小企业大省,中小企业要求财务人员具有"一岗多能"的特质,即作为财务人员的同时,还需要承担文员、接待、统计等方面的工作。据此,专业开设了中小企业财务管家专业,不仅满足了区域经济发展的需要,而且与其他高校财务管理专业形成了错位竞争格局。学院财务管理专业带头人和课程负责人对转型过程中遇见的困难、困惑和解决方案有以下思考:

(1)面对应用型师资短缺,我们一方面提倡教师去企业、财富管理机构、会计师事务所挂职锻炼,在实践中提高专业技能,另一方面通过整合企业资源,围绕专业核心能力和综合应用能力,构建专兼结合的应用型课程及教学团队,使行业企业一线技术、管理专家真正进课程、进课堂,有效提升学生综合应用能力。(2)适应信息技术发展的财务类课程的开发也是难点。我们联合业界专家开发与信息技术相融合的财务类等新课程。

(专业带头人)

(1)困惑是许多名牌高校称自身为应用型,不同层次的应用型高校如何定位自身的应用型内涵;(2)国家层面对高校评估、考核的标准并没有真正区分研究型和应用型大学。

(课程带头人)

二是构建"学校＋产业联盟＋研究院＋权威培训机构"四方联动人才培养机制。财富管理学院与浙江蓝源资本组建"家族财富管理研究院",实施家族财富管理特色方向人才培养方案;与地方职业经理人协会成立"财会职业经理人培养校企合作联盟",实施校企"双主体"育人模式;与开元会计服务公司、招商证券等合作单位共同举办"3＋1"订单班,实施订单式企业紧缺人才培养。专业教学指导委员会中行业专家7名,占比为60％。财务管理专业专业带头人和核心课程带头人的思考如下。

问:人才培养方案是如何制定的? 如何考虑课程结构?(理论、实验、实训、校内实践、校外实践等)

答：按学校的要求,设置通识教育课程、学科专业基础课、专业课、专业拓展课、集中实践教学项目等课程类别。总学分160,从宽口径、厚基础角度出发,通识课程一般占60学分左右,学科专业基础课占20学分左右,专业课占40学分左右,专业拓展课占10学分左右,集中实践教学项目占30学分左右。实践类学分占总学分30%左右。实践类课程包括：校内(课程内的实践课时项目、独立设置的实训课程)、校外(社会实践性课程、毕业实习)等。

（课程带头人）

问：传统的学科知识体系课程结构如何转型？

答：随着云计算、大数据、区块链、人工智能、物联网等智能技术的快速发展,财务及会计领域正在经历一场大变革。我们将对传统课程按照智能财务要求重构知识体系。我们将根据区域经济特点和行业企业发展新要求,借助多媒体技术和云技术等搭建虚拟仿真实践教学平台,探索基于任务驱动的虚拟仿真教学环境,创新实践教学模式,提高综合性、设计性实践教学比例。

（专业带头人）

①从本科教育角度看,传统学科类课程总体还应保留,但内容结构、关联课程的内容应整合;②对因社会发展快,需要学生及时了解掌握的内容,应用恰当的方式融入课程;③开设方向班(或实验班、特色班等),在调研、论证的基础上,调整部分课程设置,在保证专业核心能力的培养不受影响的前提下,替换部分课程,强化方向能力的培养。

（课程带头人）

问：应用型专业课程建设与传统本科专业课程的区别在哪里？

答：强化实践类课程的设置与实施,校内、校外相结合。财会类专业学生大规模到一个单位实践的可能性较小,应尽力拓展实践教学基地,借助政府、社会组织的力量为学生找到实习单位和相应的实习岗位。

问：课程建设中学科的连贯性和应用导向性如何协调？

答：理解好学科基础课和专业课的内在联系,课程应按学科体系要求开设,但对与社会发展联系密切的课程和操作能力强的课程,则应从应用角度增加实习实训项目及社会实践。

一是采用模块化教学。课程群中的课程内容相互关联,又相对独立,且会计类课程具有严格的学习顺序。本课程群在应用型课程建设中,通过教学实践和研讨,将进一步细分课程模块,形成细化的内容结构,便于整合,开展针对性教学,提高教学效果。

模块一 基础会计模块(第二学期,4学分,64学时,其中实践学时16)

模块二 中级财务会计Ⅰ和Ⅱ(中级财务会计Ⅰ,第三学期,4学分,64学时,其中实践学时8;中级财务会计Ⅱ,第四学期,3学分,其中实践学时8)

模块三 税法(第四学期,4学分,64学时)

模块四 会计实务综合模拟(第七学期,3学分,集中3周)

以上课程的内容构成了企业会计岗位基本业务链,即从会计基础入手,通过中级财务会计加强深化,再经过分项实践,进行会计实务综合性模拟,同时融合企业涉税基本业务,形成会计核算和涉税业务处理的专业核心能力,使学生可以直接适应中小企业会计岗位的相关工作。

二是职业资格导向的考核评价改革。逐步由试卷测试为主向成果导向转变,除考核其模拟实践账册完成情况外,尝试将"基础会计学"的考核和"会计从业资格证考试"的结果联系起来,将"中级财务会计Ⅰ"的考核和"会计专业技术资格考试(初级)"的结果联系起来,使课程教学体现一定的职业性。

三是实训教材建设。结合多年本科教学实践,逐步形成适合本校应用型本科教学的特色教材。在已出版了《税法》教材的基础上,将在近期出版应用型本科院校经济管理类系列实验教材《会计实务综合模拟》。同时,修订已经使用的《基础会计模拟实践》和《中级财务会计实训》两本自编实践性教材,形成本课程群的特色教材。

(课程带头人)

为保证新开发课程的顺利教学,校企共同编写特色教材,制定教学大纲。公开出版的特色教材有《家族财富管理概论》《家族资产配置》《家族企业治理》《家族基金运作》《家族企业文化》《家族信托》,以及《家族财富管理法律与案例》等。

问:应用型教材的编写理念是什么? 学科创新点体现在哪里?

答:(1)基本保证理论的完整性和系统性,但强化实践性与应用性,章节后面应配有不同类型的案例、习题、实践性项目材料,并设提示性栏目,提示学生自己查找、阅读相关资料;(2)学科创新点很难表述,对课程内容的整合和从应用角度深化应是与传统教材明显的不同之处吧。

(课程带头人)

财务管理专业把产教融合、校企深度合作作为人才培养模式改革的主要路径,坚持多途径、多类型、多平台合作育人,通过强化实践教学,构建"点线面体"四维实践教学体系。财务管理专业与新道公司合作成功申请教育部产教融合项目,与地区经理人协会共同发起成立"CFO菁英俱乐部",与招商证券和盛世开元集团合作成立"3+1"订单班。财务管理专业除了与蓝源资本有在人才培养方面的深度合作外,还与世明会计师事务所、盛世开元会计服务公司、招商证券、金蝶软件、用友软件、太平鸟服饰股份有限公司等10余家单位建立了长期、稳定的校企合作关系。其中,与招商证券股份有限公司宁波分公司合作共建招商证券致远金融理财"3+1"订单班,与宁波盛世开元会计服务有限公司合作共建盛世开元会计"3+1"订单班。

问:实践性教学体系如何建设?

答:我校构建了"点线面体"四维实践教学体系,具体来说,点:以课程为主,以验证性实验教学为主,目的是巩固所学的知识。线:以模块课程为主,结合综合性、设计性实验开展教学,如会计综合实训、审计综合实训、税务技能实训等,着重培养与提高学生同一课程的不同知识点,或同一专业的不同课程知识点的综合应用和融会贯通能力。面:以跨专业、跨学科为主,进行综合性、设计性和创新性实验,让学生在模拟的环境下,学会各个实践过程的连接,达到学会学习、学会应用和学会创新的目标。如财务决策、沙盘对抗、理财之道等。体:以第二课堂、社会实践、学科竞赛、毕业论文为主,培养学生解决实际问题的动手能力和创新意识。

三是建立职业能力核心课程达成度评估体系。围绕专业核心能力培养,通过教学内容整合和课程体系优化,重点建设《中级财务会计Ⅰ》《中级财务会计Ⅱ》《财务管理》《成本管理会计》《财务分析》《证券投资》等6门专业核心课程,课程建设突出理论教学和实践教学的深度融合,充分体现应用型特征,并进行职业能力核心课程达成度评估。

问:学生学习成果评估体系如何改革?

答:学生学习成果评估以职业资格证书、应用论文、就业创业率、用人单位满意度和学生成就满意度考核为主。

财务管理专业学生共考取会计从业资格证、全国涉外会计岗位专业证、全国信息化工程师管理信息化应用资格证、银行业专业人员职业资格证、中国市场营销经理助理资格证书、国际商务单证员、单证员岗位资格证等各类专业资格证书等共2087本,其中非专业类902本。大学英语四级通过率在非英语专业排名中位居前列。通过四年来的教学实践,学生毕业时,做到人手至少一本职业资格证书和一本竞赛证书。通过课证赛融通,学生的核心能力和岗位适应能力明显提高,毕业生的就业竞争力明显增强,有效满足了行业发展对财务管理应用型人才的需求。

（专业带头人）

财务管理专业多数学生选择银行柜员、企业出纳、事务所财务助理、财富公司工作人员等与专业契合度较高的职业进行实习,54.92%的毕业论文在实习、实践中完成。近三年,毕业生年均就业率在95%以上,毕业一年后专业相关度平均66分。约20%的毕业生在浙江小微企业做财务经理,约50%的毕业生从事主办会计,大约30%的毕业生考取研究生、金融机构、公务员和事业单位等。从省评估院课堂满意度统计数据来看,毕业生对专业教学的课堂满意度近三年平均值为 72.89 分,本专业的课堂教学得到学生认可。

关于社会认可度的评估,目前学校和相关评估机构都以社会报道、社会交流等为指标,指标是软性的,专业社会认可度的指标评估有待研究和认定。个人认为,更主要的是以专业地位,比如以在同专业中的地位以及专业知名度(报考率和录取率)来衡量。

(专业带头人)

②创设对接新兴产业的新兴专业——以大宗商品交易专业为例

大宗商品交易专业最初是国际经济与贸易的一个专业方向,2014 年以浙江省高校新兴特色专业建设项目设置,2016 年在特色专业建设的基础上,成立市特色学院"大宗商品商学院"和市高校协同创新中心"大宗商品流通协同创新中心"。

大宗商品交易专业的设置、构成和建设融合了应用型建设 10 大元素:①创设"双院制"组织模式。"研究院＋行业协会联盟＋学院"模式。大宗商品交易所与大连商品交易所共同探讨 PVC 产品的期现仓单互换业务,以推动期现对接,这在全国尚属首例,是对期现市场对接模式的新探索,将为期货市场服务实体经济增加新的亮点。学院依托强大的研究院资源,打造集"专业教学、应用研发、社会服务"等功能于一体的国际化大宗商品专业学院,目标是建设成为长三角乃至全国一流大宗商品特色人才培养和学术研究基地,以大宗商品为特色的应用经济学学科成为浙江省一流学科,以大宗商品人才培养为特色的专业(群)成为浙江省优势专业和重点专业。②创设专业建设新的治理模式。学院实行理事会领导下的院长负责制,采用社会化的人员聘用和流动方式,引进聘任了一批企业部门主管、研究员、高校专业负责人和专家学者,担当企业讲师(短期课程计划)、讲座教授、兼职(客座)教授、特聘研究员。采取理事会审议、理事长管理监督、团队负责人负责制的任务(项目)管理模式。③拨款方式:市政府为大宗商品商学院的建设投入了 5000 万元专项建设资金,社会服务引进 344 万元资金,分别是政府购买服务经费 27 万元,企业技术服务经费 83 万元,纵横向科研项目经费 187 万元,捐赠经费 22 万元,培训收入 25 万元,共培训 200 人次。④专业设置精准对接新兴产业人才需求。大宗商品是指可标准化、可交易、被广泛作为工业生产的基础原材料,具有金融属性和商品属性两大特点,在实际交易活动中,大宗商品一般可以分为金属矿石、能源化工和农产品三大类。2015 年区域人才紧缺指数显示,大宗商品交易岗位人才紧缺综合指数为 0.6055,大宗商品交易分析员需求较大。④"双师双能"型师资力量。大宗商品商学院加强高素质教师队伍建设,引进特聘教授 1 人,浙江省中青年学科带头人 2 人,市拔尖人才第一、第二层次共 3 人。已形成大宗商品产业理论与政策、大宗商品金融与投资、大宗商品交易等 3 个特色学科研究团队和一个大宗商品流通专业教育特色专业研究团队。博士学位教师比例 38.46%,学院与合作企业开展启动"实职互派、双向兼职"工作,开通行业企业人才引进绿色通道。⑤产教融合校企合作项目推进。学院建立专业综合实习或联合研究基地 35 个。包括:与国内最大金融数据服务商深圳国泰安开展合作共建大宗商品研究中心,与长城战略咨询研究所建立长期战略合作关系,与宁波普天通信技术有限公司、思科等国内外著名企业开展产学研合作,与德国弗劳恩霍夫物流研究院开展国际交流与合作等。⑥应用学科专业建设。2014 年国际经济与贸易(大宗商品交易方向)获批省新兴特色专业备案,2014 级新生按国际经济与贸易(大宗商品交易方向)备案招生。⑦职业标准研制和人才培养融会贯通。研究院研究制定职业标准,学院根据职业标准制定人才培养方案,形成了职业标准制定和人才培养的无缝对接。学院将大宗商品分析师职业标准内容嵌入课程体系,联合企业开发了"大宗商品概论""大宗商品物流"等大宗商品特色课程。⑧建立校内外联动机制创新教学模式。由专任教师、知名专家、企业高管和实战精英构成专业教学团队,建立校内外联动机制,共同开发大宗商品系列教学软件、共同开展学科竞赛,采用"理论讲授+专家讲座+企业实践+实验竞赛"的创新教学模式,解决学生理论知识学习与实践能力培养相脱节的难点问题。⑨建立国内领先行业实验实训基地。市政府投资近 2000 万元建设了国内领先的大宗商品实验中心,中心下设大宗商品交易实验室、大宗商品金融实验室、大宗商品物流实验室、大宗商品地理信息中心等,配备了国内知名的 CSMAR 数据库。

⑩改革人才培养质量评估体系。人才培养质量侧重"四个度"的评估,包括教学满意度、社会需求吻合度、学生职业满意度、用人单位满意度。

2. 应用型教师共同体的构建和转型策略

学院作为教育部首批应用技术大学联盟单位、浙江省应用本科高校联盟单位、浙江省应用型试点示范高校,承担着"双师双能"型师资队伍建设的项目探索与改革实践任务,在转型发展建设期间,学院累计认定"双师双能"型教师 252 人,其中应用型教师 223 人、校内创业导师 29 人,"双师双能"型教师和其他具有行业背景、实践经历教师总数占专业教师的 75.97%;教师的横向课题研究与科技成果转化成效不断显现,人文社科与理工类教师师均横向课题经费分别增长 13.41% 和 45.93%。应用型教师评价、考核体系改革经过近四年的深入探索,取得了一系列显著成果,受到学界同人、专家以及兄弟院校的普遍认可,形成了良好的社会影响,具有较好的改革示范价值,具体包括以下措施。

一是探索应用型教师的科学占比。学院根据发展需要,设定应用型教师数占全院专业教师总数的 60%。初期制定宏观调控原则,应用教学型、研究型、实践型按 5:2:3 比例下达,准入级不确定比例。中期调整二级学院应用型师资的分配额,以各学院学生规模、教师规模、应用型人才培养及应用研究工作业绩下达应用型教师职数和岗位数,其中高级、中级、初级应用型教师按 3:5:2 下达。后期制定全院性应用型师资分配额,调整为:高级、中级、初级、准入级应用型教师比例达到 1:3:4:2,并要求兼职应用型教师不低于本校教师的 20%。

二是探索制定应用型教师认定标准和考核办法。学院制定《应用型教师资格认定、考核试行办法》,各二级学院上报工作方案初稿,初稿基本上是在学校原则意见基础上做了一些细化要求,但没有体现出各学院的专业特色和应用型导向,人事处就工作方案和各学院多次交流后,听取各学院工作过程中的疑问、问题、建议,最后就一些问题做了统一要求。

职能部门对各学院试行的方案和评定工作进行了梳理。首先,从各学院最终上交的工作方案来看,由于各学院的认定结果出入较大,人事处对分院上报材料进行了全面检查,共有100项分院审核未通过,经人事处审定后33人降级或被取消资格。主要出现的问题有:①全校首次聘任高级就达到22人,中级达到39人,偏多;②各学院中级以上分布不均衡,说明各学院在对学校条件标准的把握上出入较大;③部分学院没有对聘任类型进行审核,部分人员岗聘岗位与聘任类型不符。其次,对二级学院的评定工作进行了审核和公告。

学院应用型师资初次评定类型分析:共有181人被认定为应用型教师,高级8人(4.42%),中级30人(16.57%),初级72人(39.78%),准入级71人(39.23%),各级别人数和比例控制较好。从各二级学院的具体情况也可以看出"双师双能"型师资建设难易与学科的相关度。

首先,应用型核定过程中的计量问题。比如:①项目如果是老师个人行为,与学校无关,是否有效;②"开发校外实训实习基地,经教务等部门验收,取得实际成效",这项条件旨在推进任课教师主动加入校外实训实习基地的开发、建设和维护,如果是职务行为是否有效,比如地方合作处人员、学院校外实训负责人。

其次,应用型教师认定工作的管理机制建立问题。学院采取"自上而下,自下而上"政策制定方式,学院人事处经过研讨制定标准,在具体执行过程中以二级学院自主设定指标细则的方式开展,主要是考虑二级学院的学科区别。但是,仅仅依托二级学院还是会有问题,比如,在二级学院对应用型师资的认定和考核出发点的认识问题上,有些学院还是把认定和审核当作教师福利和地位,没有统一到应用型本科建设的大局中。还有些二级学院在审核材料的过程中,只是检查是否有项目,对于项目的成果是否最后落实到人才培养和课程教学当中缺乏考察,甚至与专业不符的项目也能通过审核,没有按照"应用教学型和应用技术型教师是指本身具有实践应用能力并能够培养学生实践应用能力的教师"的要求进行审核。

只有分院在各审核环节标准明确,真正地评出代表能力水平的教师才能对教师起到激励作用,对分院今后的工作起到推动作用。职能部门对分院的实际情况并不十分了解,只能在材料上做一些要求,无法对提供的材料是否达到标准做出准确判断,材料又不能太局限,所以做好工作关键靠分院。

最后是应用型师资建设的机制体制问题。学院在"双师双能"型师资方面建设的难点突破中建立了校企融合的混合制特色学院、项目制联合培养平台,形成了"双师双能"型教师能力提升支持体系,为应用型教师实践应用能力提升与素养转型提供了重要支撑。"双院制"模式打通了"双师双能"型师资建设中校企协同的利益驱动环节。"双院"联动,与企业共同培养师资,提升高校教师应用实践能力,同时发挥企业中、高级专业人员的技术引领作用,有效引入企业兼职师资,为培养紧缺人才提供良好的师资保障。"双院制"的目标:协同提高新业态学科专业建设水平、协同创新人才培养模式、协同开展应用型科技研发、协同改善实践教学环境、协同完成优秀文化的传承、协同培养应用型师资队伍。

3. 重新定位应用研究与社会服务功能

学校应用研究绩效在示范院校中排名第四,以中期数据为例,当年专利权转让收入 6.3 万元,研究成果企业转化 368.4 万元,合计 374.7 万元。作为一所师资总量小,研发基础薄弱的院校,能取得如此成效,得益于院校准确把握应用研究定位,制定精准的绩效考核制度。

(1)研发的分类

学院作为文理兼有多学科学院,把研发分为两类,第一类是打造新型智库型,围绕着特色学科及研究方向,着力打造"大宗商品流通""技术创新管理""家族财富管理"等一系列省、市智库平台,为宁波市乃至浙江省相关政府部门和企业提供大量咨询和服务。第二类是科技成果转化型,面向新产业、新业态发展的需求,紧密服务地方,与企业合作开展科学研究。

(2)应用研究和社会服务平台界定

学院对校地、校企合作平台做了界定:以校企合作共同育人、校师生共同成长为业绩的平台为主。校地、校企深度合作共建产学研协同创新平台 47 个,其中省级平台 1 个,市级平台 3 个,如大宗商品流通协同创新中心、清华大学技术创新研究中心宁波分中心、埃美柯自动化装备协同创新研究院、蓝源家族财富管理研究院等。联合建立 47 个校地、校企协同创新平台。

4. 新型的应用型本科协同创新发展模式

学院以"研究基地＋学院＋产业"的模式,推进新兴产业研究,推进跨学科的新兴学科专业建设,人才培养模式中加强产业科技渗透,从课程建设、专家讲座到实践教学和实验实践,形成理论＋实践＋讲座的课程组合模式,通过培养"双师双能"型师资队伍,制定新兴产业职业标准。协同创新基地以应用研究成果推动学科发展、出人才、出职业标准,形成新型的应用型本科协同创新发展模式。以大宗商品交易协调创新中心为例。

(1)跨学校、跨学科资源整合,突破学校自身资源短缺困境

大宗商品交易协同创新基地有四大方面的预期目标,即:优势资源汇集、创新能力领先、创新成果突破、转化应用引领。一是与老牌本科大学建立学科联盟。为保证协同创新基地的前瞻性,基地建立了强大的跨学科支撑,包括:西安交通大学国家重点学科产业经济学和学院国际贸易学,以及西安交通大学两个国家一级重点学科(管理科学与工程、工商管理)、华中科技大学西方经济学和学院计算机应用技术学科,中心已初步形成一支由96人组成的研究人员队伍,与100余位大宗商品领域专家建立了咨询与顾问合作关系;拥有市重点学科"国际贸易学",形成了转型升级与国际大宗商品贸易、开放经济与国际大宗商品价格波动、国际投资与民营企业国际化3个相对稳定、特色鲜明、水平较高的学科研究方向。

(2)以协同创新应用研究为依托,打造一流应用学科

以打造一流的大宗商品经济学学科为目标,依托宁波国际大宗商品研究中心、金融研究所和现代服务业发展研究所,以"浙江发展大宗商品交易的理论和实践研究""现代服务业发展及浙江大宗商品交易模式比较研究"和"浙江大宗商品交易相关的现代物流服务研究"3个研究方向为重点方向,形成国际大宗商品贸易、开放经济与国际大宗商品价格波动、国际投资与民营企业国际化3个相对稳定、特色鲜明、水平较高的学科研究方向。在大宗商品产业数据库和金融数据库建设、大宗商品实验中心及信息发布平台建设、大宗商品市场体系和做市商制度研究、大宗干散货运输智能配载系统与航运物流过程可视化技术开发应用等多个细分创新任务领域取得创新成果,成为中国一

流的大宗商品产业创新中心,在大宗商品产业体系关键领域取得有效突破,初步构建起符合区域经济特点的现代产业体系,成为浙江大宗商品产业创新发展的重要引擎。学院拥有1个市社科重点研究基地:大宗商品交易研究基地;3所研究所(中心):区域金融研究所(与浙江大学共建)、国际大宗商品研究中心、现代服务业发展研究所;1个市协同创新中心;学院与15家关键创新伙伴单位签署了联合组建协同创新中心战略合作协议,成立了"大宗商品流通协同创新中心",目前已被市政府列为高校协同创新中心。

(3)协同创新融入专业建设,推动学科出人才、出职业标准

在研究基地建设的基础上,学院设立大宗商品交易学院,解决四大问题:人才培养体系未建立的问题;现有学科专业已经不能满足大宗商品企业的实际发展需求的问题;浙江大宗商品相关企业专业人才招聘困难的问题;目前国家大宗商品领域职业标准与资质认证缺乏的问题。

第三节　现代产业学院组织创新和产教融合政策系统构建

一、现代产业学院成为应用建设的风向标

应用型本科转型过程中,需突破应用学科专业建设、"双师双能"型师资建设中"双师"浮于"双证"的困境,提高教师实践教学能力与高素质应用型人才培养需求的匹配度,校企协同育人资源开发与利用需求有效度,科技成果转化、推广和产业化与服务地方经济社会发展需求的精准度等。融合机制的创新需要学校顶层设计,更需要契合的政策环境。

关于应用型本科转型发展办学机制创新,国家政策层面有明确的表述。2015年,教育部、国家发展改革委、财政部发布《引导部分地方普通本科高校向应用型转变的指导意见》,明确提出"建立学校、地方、行业、企业和社区共

同参与的合作办学、合作治理机制",包括:校企共同组建教育集团,校与行业、企业、产业集聚区共建共管二级学院;建立有地方、行业和用人单位参与的校、院理事会制度、专业指导委员会制度,其成员中来自政府、行业、企业和社区的比例不低于50%;支持行业、企业全方位全过程参与学校管理、专业建设、课程设置、人才培养和绩效评价;争取地方、行业、企业的经费、项目和资源在学校集聚。浙江省发布的《关于积极促进更多本科高校加强应用型建设的指导意见》,明确提出"高校应将产教融合、校地校企合作作为建设应用型高校的重要途径"。重点包括:建立行业企业和用人单位参与的大学理事会制度、专业指导委员会制度;建立行业企业和用人单位专家参与的学科专业设置评议和人才培养方案共同制定制度;建立社会参与的教学质量评价制度;建立学校和行业企业共建共管二级学院或专业(群)制度,进行二级学院混合所有制试点;鼓励高校和行业企业用人单位合作建设实训基地、实习基地、创业基地,共同开发教学资源;支持学校与行业企业建设多形式的技术合作中心和各类人才培养培训平台。2017年12月,国务院办公厅颁布《关于深化产教融合的若干意见》,要求"促进教育链、人才链与产业链、创新链有机衔接",同时强调"鼓励企业依托或联合职业学校、高等学校设立产业学院","产业学院"建设正式写入国家文件,成为促进产教融合的国家策略。在国家政策引领下,产业学院发展从局部试点向全国推广,产业学院数量迅速增长。以广东省为例,截至2018年已经建成的独具特色的产业学院超过200个,覆盖20多个产业领域[①]。

浙江省应用型本科转型指导性指标体系中有两项指标是衡量突破校企合作困境的机制创新要求,一是办学定位和机制,要求"学校领导重视应用型人才培养,实行政校企合作、产教融合的开放办学体制,建设与行业企业深度合作的机制",设立创新和特色项目,鼓励学校在办学定位与办学机制方面的创新和特色;二是协同育人,要求"积极与行业企业、实务部门共建二级学院

---

① 郑荣奕,蒋新革.现代产业学院建设:发展历程、组织特征与改革路径[J].职业技术教育,2021,42(30):14-19.

或专业（群），并建立良好的运行机制；共同组建校内外实践教育基地、校企合作班、实验室、实训中心、人才培养联盟、创业孵化基地等校企合作育人平台，建立校企合作共建共管共享的长效机制"。设立两个观测点，一是体制机制，要求：学校领导重视应用型人才培养，实行政校企合作、产教融合的开放办学体制，建设与行业企业深度合作的机制；二是创新和特色，要求学校在办学机制方面有创新和特色。相对应的，浙江省第一批应用型本科试点示范院校体制机制创新分两类，一是"混合所有制模式"，即企业、学院共同出资，以"理事会＋学院"的治理结构开展合作。比较典型的有杭州师范大学"阿里巴巴商学院"。二是"双院制模式"，是宁波大红鹰学院提出的一种院校内部改革模式，通过内部组织结构调整，整合传统学院和新兴学科资源于一体的管理模式，表现为"特色学院"或"行业学院"和"研究院＋学院＋产业"模式，其功能是通过学院传统学科资源和新兴学科资源的整合，建立与区域产业经济紧密结合，集科研成果、新兴学科和专业、师资和人才培养改革于一体的运作机制。"混合所有制"和"双院制"两种模式推动了校企深度融合。

2020 年，教育部颁发《现代产业学院建设指南（试行）》，它是教育部针对现代产业学院建设出台的第一部规范性文件，要求在特色鲜明、与产业紧密联系的高校建设若干高校与地方政府、行业企业等多主体共建共管共享的现代产业学院，引导高校瞄准与地方经济社会发展的结合点，突破传统路径依赖，探索产业链、创新链、教育链有效衔接机制，为应用型高校建设提供可复制、可推广的新模式[①]。产业学院建设进入国家级示范项目推动的新阶段，即"提质培优"新阶段。产业学院由"传统"向"现代"迈进、由"数量"向"质量"转变。

教育部《现代产业学院建设指南（试行）》明确了产业学院的建设原则、建设任务和建设基础。首先，产业学院的建设有 4 个建设原则，即：坚持育人为

---

① 探索建设多主体共建共管共享的现代产业学院 推动高等教育与区域产业联动发展［EB/OL］.（2020-08-28）［2021-11-17］. http://www. moe. gov. cn/jyb _ xwfb/s271/202008/t20200828_481670. html.

本,坚持产业为要,坚持产教融合,坚持创新发展。其次,产业学院有七大建设任务,一是创新人才培养模式,二是提升专业建设质量,三是开发校企合作课程,四是打造实习实训基地,五是建设高水平教师队伍,六是搭建产学研服务平台,七是完善管理体制机制。再次,产业学院有九大建设基础条件,包括:①人才培养主要专业与区域产业发展具有高度契合性,相关专业已经列入"国家级一流专业"建设范围,具有相对优势;②相关产业列入区域发展整体规划,参与的企业主体参考产教融合型企业相关要求,在区域产业链条中居主要地位,或在区域产业集群中居关键地位;③具有相对稳定的高水平教学团队;④相关企业主体参与的兼职教师人员,中、高级专业技术职务的人员数量不低于高校专职教师的数量;⑤加强产教融合,实践教学学时不低于专业人才培养方案总学时的 30%;⑥具有相对丰富的教学资源;⑦初步形成理念先进、顺畅运行的管理体系;⑧学校能够提供相对集中、面积充足的物理空间,每年提供稳定的经费支持,用于人员聘任、日常运行;⑨学校给予发展所需政策扶持①。

2021 年 11 月,浙江省教育厅、浙江省经信厅转发《现代产业学院建设指南(试行)》,提出:浙江省将分批立项 50 个左右建设基础好、产教融合深、特色鲜明的融人才培养、科学研究、技术创新、企业服务、创新创业等功能于一体的省级重点现代产业学院建设点,加强示范引领,推动高校构建与新发展格局相适应的人才培养体系。2021 年 11 月,浙江省教育厅启动首批现代产业学院建设申报工作,经高校申报、专家评审、厅长办公会议审议,决定立项浙江工业大学的区域产业集群数字化制造产业学院、浙江工商大学的泰隆金融学院等 21 个产业学院为省级重点支持现代产业学院。要求立项高校根据教育部、工业和信息化部和我省对现代产业学院建设的总体要求,进一步共同论证建设方案,共同设计实施建设举措,共同打造高水平双师团队,共同开发

---

①　教育部办公厅 工业和信息化部办公厅关于印发《现代产业学院建设指南(试行)》的通知[EB/OL].(2020-08-12)[2021-11-28].http://www.moe.gov.cn/srcsite/A08/s7056/202008/t20200820_479133.html.

高质量课程和教材,共同培养培训产业急需人才,共同探索高效务实的管理体制和运行机制,明确校企责任,强化政策和经费等支持,建立健全对现代产业学院及其负责人和合作方的评价考核。省教育厅、省经信厅重点考察现代产业学院的人才培养培训、建设成效、政策支持和保障条件等①。

从浙江省 21 个首批省级重点现代产业学院分析,具有以下特征。

一是立项高校分布结构。省属高校 9 所,分别是浙江工业大学、浙江师范大学、浙江理工大学、浙江工商大学、浙江海洋大学、浙江科技学院、浙江传媒学院、浙江农林大学和浙江万里学院;地方本科大学 7 所,分别是杭州电子科技大学、杭州师范大学、温州大学、温州医科大学、湖州师范学院、宁波工程学院、浙大宁波理工学院;民办本科高校 1 所,浙江树人学院;职业技术大学 1 所,浙江广厦建设职业技术大学。

二是产业学院的产业面向。面向新一代信息技术的产业学院有 3 个,分别是杭电上虞新一代信息技术现代产业学院、温州大学的浙南数字经济产业学院、浙江广厦建设职业技术大学的智慧建造产业学院;面向智能制造业的有 5 个,分别是浙江工业大学的区域产业集群数字化制造产业学院、浙江师范大学的浙江轨道交通学院、浙江科技学院的机器人产业学院、湖州师范学院的先进装备智能制造产业学院、浙大宁波理工学院的现代高端装备及智能制造产业学院;面向新材料产业的有 3 个,分别是浙江理工大学的纺织新材料现代产业学院、浙江海洋大学的浙石化学院、宁波工程学院的杭州湾汽车学院(面向新能源汽车);面向生命健康产业的有 3 个,分别是浙江工业大学现代生物产业学院、温州医科大学眼视光产业学院、浙江树人学院的智慧康养产业学院;面向现代服务业的有 5 所,分别是浙江工商大学的泰隆金融学院、浙江工商大学跨境电商学院、浙江万里学院的物流与电子商务学院、杭州师范大学的阿里巴巴学院、浙江理工大学的时尚创新现代产业学院;面向农林类产业的有 1 所,浙江农林大学现代粮食产业学院;面向影视传媒业的有 1 所,浙

---

① 浙江省 2021 年省级重点支持现代产业学院建设点名单的公示[EB/OL].(2021-12-09)[2021-12-21]. http://jyt.zj.gov.cn/art/2021/12/9/art_1229266336_4819795.html

江传媒学院的华策电影学院。

三是产业学院组建模式。浙江省首批重点产业学院的组建模式比较单一,21 个产业学院中有 19 个属于校企合作模式,1 个校政合作模式,1 个校政企合作模式。可见,浙江省企业资源比较丰富,但组建模式较单一。而江苏省产业学院的组建模式较为丰富。江苏省 2020 年遴选首批省级重点产业学院建设点 15 个,2021 年遴选省级重点产业学院建设点 15 个。对这 30 个入选省级重点产业学院的共建情况进行分析,数据显示江苏产业学院组建模式包括校企共建、政校企共建、校行企共建、政校行企共建、政校研企共建、校—研究院共建、2011 产业学院(1 个)等 7 种组建模式[①]。

四是产业学院的区域分布。地处杭州市的有 11 个,金华市 2 个,宁波市 4 个,舟山市 1 个,温州市 2 个,湖州市 1 个。台州、嘉兴、绍兴、衢州、丽水 5 个地级市没有入选的省级重点建设产业学院。地处杭州市的产业学院,主要对接智能制造、生物医学、新材料、新一代信息技术、金融业、数字贸易、数字经济、生命健康、机器人和高端装备业、影视传媒产业和乡村振兴产业等;地处宁波市的产业学院对接跨境电商与国际物流、新能源汽车、高端装备、节能环保和新能源等;地处舟山市的产业学院对接绿色石油化工;地处温州市的产业学院主要对接生物医药和高性能医疗器械、生命健康服务产业、新一代信息技术产业等;地处湖州市的产业学院主要对接新一代信息技术、高端装备、新材料。

五是产业学院的层级。浙江省 21 个省级重点产业学院中,获国家级首批现代产业学院的有 2 个,分别是浙江工业大学的区域产业集群数字化制造产业学院、宁波工程学院的杭州湾汽车学院(面向新能源汽车)。

总体分析浙江省首批重点产业学院,可知对接区域主导产业和新兴产业的产业学院总数偏少,不能契合浙江省主导产业重点产业的发展规划,产业学院组织模式还比较单一,说明浙江省高校的产业学院改革力度不大,层次

---

① 李巨银,等.产教融合视域下的江苏省重点产业学院:群像特征与发展启示[J].职业技术教育,2021,42(30):20-25.

丰富性不够。浙江省对重点建设产业学院提出了地方要求,要求围绕数字经济、量子科学、生命健康和新材料等建设未来技术学院和特色化示范性软件学院,鼓励大力培养集成电路、人工智能和软件产业等战略性新兴产业急需人才。产业学院建设需符合以下条件,一是健全产业学院的管理机制。将产业学院建设纳入学校"十四五"规划和年度重点工作,根据学科和专业特色,在部分学院先试先行。统筹校内外资源,紧密对接区域优势特色产业,建立产业学院发展的长效运行机制和管理模式。

二是深化产教融合共建示范基地。重点建设一批综合性和凸显产业技术前沿的校内外实训实习基地,扩大辐射面和影响力。鼓励校企共建课程、共建师资、共建教材,共建协同创新中心、技术合作中心、研究生联合培养基地、创新创业基地等平台,共同申报国家级、省级重大科研平台和项目。

三是加大专业技术职务评聘和收入分配制度改革。产业学院可实施教师分类考核和评聘制度,推行社会服务型的教师职称系列,制定企业人员兼职办法和评价标准,探索产业学院"双师"型教师的聘任制度,改革教师收入分配制度。

四是支持产业学院招生。高校可为产业学院单列专业学位研究生招生名额,提升产业人才培养层次和规模,对列入省级产教融合型的企业,可以委托高校产业学院进行"订单式"培养,进一步提高企业人员学历①。分析 21 所产业学院的产业分布和区域分布,可知浙江省产业学院建设产业对接度不高,区域局限较大,地方高校与产业对接匹配度不足,可见浙江省高等教育发展急需加强基础研究、应用研究,地方高校的应用型建设还需加强。

就全国情况来看,2021 年 12 月,教育部发布首批现代产业学院建设名单,全国共有 50 个产业学院入围。首批产业学院的建设重点是以提高人才培养能力为核心,针对关键要素深化改革。一是加强专业建设,围绕国家和区

---

① 浙江省教育厅办公室 浙江省经信厅办公室转发教育部办公厅 工业和信息化部办公厅关于印发《现代产业学院建设指南(试行)》的通知[EB/OL].(2020-11-13)[2021-12-18].http://jyt.zj.gov.cn/art/2020/11/13/art_1228998760_58916384.html.

域产业布局,建设紧密对接产业链的应用型特色专业(群)。二是加强课程建设,校企合作建设能够及时响应产业发展需求的课程体系。三是加强教材建设,建设一批体现产业发展前沿的新形态高质量教材和案例库。四是加强技术创新,推动信息技术与教育教学深度融合,营造智能化的学习环境。五是加强实践训练,强化"产学研用"体系化设计,建设"浸润式"产学研融合实践平台。六是建强教师队伍,探索校企人才双向流动机制,建设一支"双师双能"型教师队伍①。分析 50 个全国首批入选的现代产业学院,可知其主要有以下特征。一是现代产业学院的区域分布。江苏省入选 10 个,广东省入选 7 个,辽宁省、上海市各入选 3 个,河北省、浙江省、安徽省、重庆市、吉林省、湖北省和四川省各入选 2 个,天津市、山西省、内蒙古自治区、黑龙江省、福建省、江西省、河南省、贵州省、云南省、新疆维吾尔自治区、广西壮族自治区、湖南省和陕西省各 1 个。二是现代产业学院的产业分布。对接智能制造产业有 13 个,分别是河北工业大学的智能汽车产业学院、江苏大学的人工智能与智能制造学院、常州工学院的智能制造产业学院、扬州大学的智能制造装备产业学院、浙江工业大学的数字化制造产业学院、合肥工业大学的智能制造现代产业学院、福建工程学院的智能制造产业学院、河南科技大学的智能装备制造产业学院、广西科技大学的智能车辆(制造)与新能源汽车产业学院、新疆大学的智能制造现代产业学院、东莞理工学院的西门子智能制造学院、湖北汽车工业学院的东风 HUAT 智能汽车产业学院、宁波工程学院的杭州湾汽车学院;对接新材料新能源产业的有 13 个,分别是东华大学的新材料现代产业学院、盐城工学院的新能源学院、南京师范大学的南瑞电气与自动化学院、常熟理工学院的光伏科技学院、广东工业大学的集成电路设计产业学院、佛山科学技术学院的半导体光学工程产业学院、重庆理工大学的新能源汽车现代产业学院、西南石油大学的天然气现代产业学院、江西理工大学的先进铜

① 教育部办公厅 工业和信息化部办公厅关于公布首批现代产业学院名单的通知[EB/OL]. (2021-12-30)[2022-02-17]. http://www. moe. gov. cn/srcsite/A08/s7056/202201/t20220106_592729.html.

产业学院、沈阳化工大学的菱镁产业学院、南京工业大学的 2011 膜产业学院
和上海大学的上海微电子产业学院、南通大学的通科微电子学院;对接信息
技术产业的有 11 个,分别是山西省中北大学的信创产业学院、渤海大学的大
数据产业学院、常州大学的阿里云大数据学院、江苏大学的人工智能与智能
制造学院、安徽工程大学的机器人现代产业学院、湖北工业大学的芯片产业
学院、深圳大学的腾讯云人工智能学院、广州大学的智能软件学院、东莞理工
学院的粤港机器人学院、重庆邮电大学的工业互联网学院、昆明理工大学的
人工智能产业学院;对接生物和健康产业的有 5 个,分别是天津中医药大学的
中药制药现代产业学院、吉林农林大学的参茸道地药材现代产业学院、华东
理工大学的现代生物医药产业联合学院、广州医科大学的金域检验学院、贵
州医科大学的健康医药现代产业学院;对接交通行业的有 3 所,大连交通大学
的中车学院、中南大学的轨道交通现代产业学院、西南交通大学的中车时代
微电子学院;对接休闲旅游业的有 3 所,分别是河北科技师范学院的葡萄酒学
院、内蒙古师范大学的旅游学院、西北农林科技大学的葡萄酒现代产业学
院;对接现代农业产业的有 1 所,是黑龙江八一农垦大学的北大荒农产品加工现
代产业学院;对接现代建筑业的有 1 所,为吉林建筑大学的亚泰数字建造产业
学院。

产业学院是深化产教融合,推动高校与区域产业联动发展的主要载体。
从应用型本科转型试点院校的实践情况看,产业学院主要解决高校转型的两
大问题,一是解决对接区域主导产业新兴产业建设新兴专业的问题。产业学
院可以从机制体制上解决传统二级学院以学科为基础的组织架构,通过跨学
科研究团队、跨学科教学组织、跨学科实践项目的组建,形成对接新兴产业主
导产业,以及对接龙头企业的新型教学组织模式,推动建设新工科与新农科、
新医科、新文科融合发展,促使高校完成对接区域产业的学科专业转型。二
是解决对接企业深度开展人才培养模式改革的问题。目前高校产教融合的
难点是校企合作紧密度不够,大部分高校的校企合作局限在学生实习实践层
面,校企合作产生新专业、新教材和新人才培养模式没有实质性进展,重要原
因是校企缺乏全程深入的紧密型工作关系和利益关系。三年制高职院校的

校企合作,主推"订单制""现代学徒制"模式,这些模式只是解决了最后的就业实习问题,而且还存在企业积极性不高、学生管理难度大的问题,也没有形成产业链、教育链、人才链的有机融合,更没有达到高校高水平发展的质量目标。因此,产业学院通过组织模式的变迁,使企业与高校成为组织共同体、利益共同体,共同研制对接产业的新兴专业建设方案,校企合作进行教材、课程和教学团队建设,甚至是对接科技含量较高产业的科研创新团队,提升教师学科和研究水平,从而反哺教学,提高教学质量和教学水平。

分析上述省级应用型重点建设产业学院和国家首批现代产业学院,可知地方高校专业对接国家和区域主导产业的匹配度极低,服务产业的面很窄,地方高校已远远落后于社会经济的发展,因此,地方本科高校急需加强应用型建设,提升应用研究、新兴专业建设和人才培养水平,现代产业学院成为高校社会服务能力的风向标。

二、构建产教融合政策系统

应用型本科转型政策实施过程中,国家层面的政策推进是一个"渐进调适"的过程。应用型本科转型政策最初定位于加快构建现代职业教育体系建设,从 2014 年 6 月开始,国家相继出台《关于加快发展现代职业教育的决定》(以下简称《决定》)、《现代职业教育体系建设规划(2014—2020 年)》(以下简称《规划》),2015 年 11 月,教育部、国家发改委、财政部联合印发《关于引导部分地方普通本科高校向应用型转变的指导意见》(以下简称《指导意见》)。

2014 年相继出台的两个文件中,《决定》提出的政策观点是:采取试点推动、示范引领等方式,引导一批普通本科高等学校向应用技术类型高等学校转型,重点举办本科职业教育。独立学院转设为独立设置的高等学校时,鼓励其定位为应用技术类型高等学校。建立高等学校分类体系,实行分类管理,加快建立分类设置、评价、指导、拨款制度。招生、投入等政策措施向应用技术类型高等学校倾斜。《规划》提出的目标是:推进高等学校分类管理。建立高等学校分类体系,探索对研究类型高校、应用技术类型高校、高等职业学校等不同类型的高等学校实行分类设置、评价、指导、评估、拨款制度。鼓励举办应用技术类型高校,将其建设成为直接服务区域经济社会发展,以举办本科职业技术教育为重点,融职业教育、高等教育和继续教育于一体的新型大学。

2015 年 6 月出台的《指导意见》,进一步明确应用型本科转型的目标:采取试点推动、示范引领等方式,确定一批有条件、有意愿的试点高校率先探索应用型(含应用技术大学、学院)发展模式,充分发挥评估评价制度的导向作用,以评促建、以评促转,使转型高校的教育目标和质量标准更加对接社会需求、更加符合应用型高校的办学定位。《指导意见》对应用型高校提出了"四个转变"建设目标,即:转到服务地方经济社会发展,转到产教融合校企合作,转到培养应用型技术技能人才,转到增强学生就业创业能力。《指导意见》进一步明确了"四个坚持"转型基本思路,即:坚持顶层设计、综合改革;坚持需求导向、服务地方;坚持试点先行、示范引领;坚持省级统筹、协同推进。提出转型发展的十四项任务,具体包括:①明确类型定位和转型路径;②加快融入区域经济社会发展;③抓住新产业、新业态和新技术发展机遇;④建立行业企业合作发展平台;⑤建立紧密对接产业链、创新链的专业体系;⑥创新应用型技术技能型人才培养模式;⑦深化人才培养方案和课程体系改革;⑧加强实验实训实习基地建设;⑨促进与中职、专科层次高职有机衔接;⑩广泛开展面向一线技术技能人才的继续教育;⑪深化考试招生制度改革;⑫加强"双师双能"型教师队伍建设;⑬提升以应用为驱动的创新能力;⑭完善校内评价制度和信息公开制度。《指导意见》提出了配套政策和推进机制,推进机制 5 个措施包括:①落实省级政府统筹责任,各地要结合本地本科高校的改革意愿和办学基础,在充分评估试点方案的基础上确定试点高校;②试点高校综合考虑民办本科高校和独立学院;③总结推广改革试点典型经验;④营造良好改革氛围和舆论环境;⑤建立教育部、发展改革委、财政部协调工作机制,加强对转型发展工作的指导。需要建立的配套措施包括七项:①省级改革试点方案要落实和扩大试点高校的考试招生、教师聘任聘用、教师职务(职称)评审、财务管理等方面的自主权。②建立高校分类体系,实行分类管理,制定应用型高校的设置标准。③制定应用型高校评估标准,开展转型发展成效评估,强化对产业和专业结合程度、实验实习实训水平和专业教育的符合程度、双师型教师团队的比例和质量、校企合作的广度和深度等方面的考察,鼓励行业企业等第三方机构开展质量评价。④制定试点高校扩大专业设置自主权的改革方案,支持试点高校依法加快设置适应新产业、新业态、新技术发展的新专业。⑤支持地方制定校企合作相关制度和配套政策。⑥加大对试点高校的政策支持。通过招生计划的增量倾斜、存量调整,支持试点高校就符合产业规划、就业质量高和贡献力强的专业扩大招生,将试点高校"双师双能"型高水平师资培养纳入相关人才支持项目;在国家公派青年骨干教师出国研修项目中适当增加试点高校选派计划;支持试点高校开展与国外同类高校合作办学,与教育援外、对外投资等领域的国家重大战略项目相结合走出去办学;充分发挥应用技术大学(学院)联盟等作用,与国外相应联盟、协会开展对等合作交流。⑦加大改革试点经费支持。各地可结合实际情况,完善相关财政政策,对改革试点统筹给予倾斜支持,加大对产业发展急需、技师性强、办学成本高和艰苦行业相关专业的支持力度;建立以结果为导向的绩效评价机制,中央财政根据改革试点进展和相关评估评价结果,通过中央财政支持地方高校发展等专项资金,适时对改革成效显著的省(区、市)给予奖励;高校要健全多元投入机制,积极争取行业企业和社会各界支持,优化调整经费支出结构,向教育教学改革、实验实训实习和"双师双能"型教师队伍建设等方面倾斜;积极创新支持方式,探索政府和社会资本合作等模式,吸引社会投入。

从应用型本科转型发展政策实施情况看,《指导意见》存在政策对象模糊和不确定性,提出的配套政策过于繁杂且缺乏精准度等问题。由于高等教育是个底部沉重的系统,政策执行的主体是各级政府、学校以及利益相关者,执行主体具有区域性、复杂性、易变性和顽固性的特点,高等教育内部存在着认识论和政治论的争执,认识论在高等教育发展史中占据时间长,学术自由、大学自治等观念深入系统。因此,政策执行这类带有政治论色彩的改革,会遭遇认识论占主导的传统高等教育的顽固抵制。这种抵制可能是认知不统一的抵制,也有可能是政策导向不符合教育规律的抵制。因此,良好的政策环境需具备一个良好的政策框架,具体包括以下几个方面。一是政策导向准确科学。需要在政策出台前有严谨的研究、调研和论证,具有明晰的政策目标、措施和对象。二是有系列子政策配套措施出台,形成政策执行链,产生"组合拳"。三是建立逐级完善的教育政策执行体系。国家宏观层面确定教育大政方针和改革总体推进,明确政策意义价值、目标、原则、方向,省级中观层面出台政策实施意见和地方性政策,明确政策的执行周期、阶段目标、实施方略、政策配套、考核评估等,学校主要是根据上级政策的方针、意见和细则实施政策。四是政策设计应预留政策执行策略空间。由于各地政策执行环境千差万别,刚性执行和胡乱变通执行都不能取得良好的政策执行效果。对于一些探索类的教育政策,在政策制定时并没有现成的解决方案,需要在实践中探索,需要在探索中逐渐形成相应的模式或范式,在"管"与"放"之间需要保持一个政策执行的策略空间。

2017 年 12 月,国务院办公厅正式印发《关于深化产教融合的若干意见》,这是我国首次聚焦产教融合的指导性文件,国家发改委有关负责人强调指出:"产教融合的核心是要让行业企业成为重要办学主体,这是深化教育供给侧结构性改革的重大举措,既涉及宏观的教育布局和结构,又涉及人才培养模式改革,还事关教育组织形态和服务供给多元化,是完善现代办学体制和教育治理体系的一项制度创新。"[①]《关于深化产教融合的若干意见》的出台,从政策层面解决产教融合校企合作缺乏整体性、系统性政策供给,激励保障服务不到位,政府企业学校行业社会各负其责、协同共进的发展格局尚未健全等问题。深化产教融合的主要目标是,逐步提高行业企业参与办学程度,健全多元化办学体制,全面推行校企协同育人,用十年左右时间,教育和产业统筹融合、良性互动的发展格局总体形成,需求导向的人才培养模式健全完善,人才教育供给与产业需求重大结构性矛盾基本解决,职业教育、高等教育对经济发展和产业升级的贡献显著增强。为更好落实产教融合工作,该文件

---

① 国家发展改革委有关负责人就《关于深化产教融合的若干意见》答记者问[EB/OL].（2017-12-19）[2021-11-18]. http://www. gov. cn/zhengce/2017-12-19/content_5248610.htm

列出了重点任务分工,具体如表 7-5 所示。

表 7-5　深化产教融合重点任务分工

序号	工作任务	主要内容	责任单位
1	构建教育和产业统筹融合发展格局	同步规划产教融合与经济社会发展	国家发展改革委会同有关部门,各省级人民政府
2		统筹职业教育与区域发展布局	教育部、国家发展改革委、人力资源社会保障部,各省级人民政府
3		促进高等教育融入国家创新体系和新型城镇化建设	教育部、国家发展改革委、科技部,有关省级人民政府
4		推动学科专业建设与产业转型升级相适应	教育部、国家发展改革委会同有关部门
5		健全需求导向的人才培养结构调整机制	教育部会同有关部门
6	强化企业重要主体作用	鼓励企业以独资、合资、合作等方式依法参与举办职业教育、高等教育。坚持准入条件透明化、审批范围最小化,细化标准、简化流程、优化服务,改进办学准入条件和审批环节	教育部会同有关部门
7		鼓励有条件的地区探索推进职业学校股份制、混合所有制改革,允许企业以资本、技术、管理等要素依法参与办学并享有相应权利	有关省级人民政府
8		深化"引企入教"改革,促进企业需求融入人才培养环节	教育部、人力资源社会保障部、工业和信息化部会同有关部门
9		健全学生到企业实习实训制度,推进实习实训规范化	教育部、国家发展改革委、人力资源社会保障部会同有关部门
10		引导高校将企业生产一线实际需求作为工程技术研究选题的重要来源。高校、科研机构牵头申请的应用型、工程技术研究项目原则上应有行业企业参与并制订成果转化方案。完善高校科研后评价体系,将成果转化作为项目和人才评价重要内容	教育部、科技部会同有关部门
11		继续加强企业技术中心和高校技术创新平台建设,鼓励企业和高校共建产业技术实验室、中试和工程化基地。利用产业投资基金支持高校创新成果和核心技术产业化	国家发展改革委、教育部、科技部、财政部会同有关部门

续表

序号	工作任务	主要内容	责任单位
12	强化企业重要主体作用	强化企业职工在岗教育培训	全国总工会、人力资源社会保障部会同有关部门
13		鼓励区域、行业骨干企业联合职业学校、高等学校共同组建产教融合集团(联盟),带动中小企业参与,推进实体化运作	有关部门和行业协会,各省级人民政府
14		注重发挥国有企业特别是中央企业示范带头作用,支持各类企业依法参与校企合作	国务院国资委、全国工商联
15		结合推进国有企业改革,支持有条件的国有企业继续办好做强职业学校	国务院国资委、国家发展改革委、财政部
16	推进产教融合人才培养改革	将工匠精神培育融入基础教育。深化全日制职业学校办学体制改革,在技术性、实践性较强的专业,全面推行现代学徒制和企业新型学徒制	教育部、人力资源社会保障部、国家发展改革委、全国总工会会同有关部门
17		健全高等教育学术人才和应用人才分类培养体系,提高应用型人才培养比重	教育部、国家发展改革委会同有关部门
18		加强产教融合师资队伍建设。支持企业技术和管理人才到学校任教,鼓励有条件的地方探索产业教师(导师)特设岗位计划	教育部,各省级人民政府
19		适度提高高等学校招收职业教育毕业生比例,建立复合型、创新型技术技能人才系统培养制度。逐步提高高等学校招收有工作实践经历人员的比例	教育部会同有关部门
20		加快学校治理结构改革。创新教育培训服务供给	教育部会同有关部门
21	促进产教供需双向对接	强化行业协调指导;规范发展市场服务组织;打造信息服务平台;健全社会第三方评价	国家发展改革委、教育部、有关部门和行业协会,有关省级人民政府
22		实施产教融合发展工程	国家发展改革委、教育部、人力资源社会保障部
23	完善政策支持体系	落实财税用地等政策	财政部、税务总局、自然资源部、国家发展改革委,各省级人民政府
24		强化金融支持	人民银行、银监会、证监会、保监会、国家发展改革委、财政部

序号	工作任务	主要内容	责任单位
25	完善政策支持体系	开展产教融合建设试点	国家发展改革委、教育部会同有关部门,各省级人民政府
26		加强国际交流合作	教育部会同有关部门

国家发展改革委有关负责人就《关于深化产教融合的若干意见》答记者问主要内容如下。①

问:当前深化产教融合面临的主要问题和困难有哪些?

答:我认为,当前产教融合发展还面临不少瓶颈和制约因素,比如教育人才培养和产业需求存在着"两张皮"问题,主要表现在:宏观层面,教育和产业统筹融合、良性互动格局尚未根本确立。一些地方发展"见物不见人",教育资源规划布局、人才培养层次、类型与产业布局和发展需求不相适应,技工、高技能人才求人倍率居高不下,部分高校毕业生就业压力持续增大,人才供需结构性矛盾凸显。微观层面,校企协同、实践育人的人才培养模式尚未根本形成,校企合作"学校热、企业冷",处于浅层次、自发式、松散型、低水平状态。企业参与办学积极性不高,课程内容与职业标准、教学过程与生产过程相对脱节,"重理论、轻实践"问题普遍存在。政策层面,缺乏促进产教融合、校企合作的整体性、系统性政策供给,激励保障服务还不到位,政府企业学校行业社会各负其责、协同共进的发展格局尚未健全。

问:制定《意见》的总体考虑是什么?

答:产教融合的核心是要让行业企业成为重要办学主体,这是深化教育供给侧结构性改革的重大举措,既涉及宏观的教育布局和结构,又

---

① 国家发展改革委有关负责人就《关于深化产教融合的若干意见》答记者问[EB/OL].（2017-12-19）[2021-11-23]. http://www. gov. cn/zhengce/2017-12/19/content _5248610.htm.

涉及人才培养模式改革,还事关教育组织形态和服务供给多元化,是完善现代办学体制和教育治理体系的一项制度创新。在制定《意见》过程中,我们紧紧把握贯彻新发展理念,推进人才和人力资源供给侧结构性改革的要求,按照党中央、国务院的决策部署,将深化人才发展体制机制改革和推进供给侧结构性改革结合起来统筹推进。同时,将落脚点放在提高教育质量,优化服务供给,切实解决人才供需"两张皮"的现实问题上,推动教育与经济社会发展相协调,促进就业创业,引领和支撑产业转型升级。

2019年10月,国家发展改革委、教育部等六部门印发《国家产教融合建设试点实施方案》,通过五年左右的努力,试点布局建设50个左右产教融合型城市,在试点城市及其所在省域内打造形成一批区域特色鲜明的产教融合型行业,在全国建设培育1万家以上的产教融合型企业,建立产教融合型企业制度和组合式激励政策体系①。内容包括以下三方面内容。

一是从2019年起,在部分省、自治区、直辖市以及计划单列市,试点建设首批20个左右产教融合型城市。适时启动第二批试点,将改革向全国推开。试点城市应具有较强的经济产业基础支撑和相对集聚的教育人才资源,具有推进改革的强烈意愿,推出扎实有效的改革举措,发挥先行示范引领作用,确保如期实现试点目标。除计划单列市外,试点城市由省级政府推荐,直辖市推荐市辖区或国家级新区作为试点核心区。面向区域协调发展战略,统筹试点城市布局,中西部地区确定试点城市要适当考虑欠发达地区实际需求。

二是省级政府在推动试点城市全面深化产教融合改革基础上,依托区域优势主导产业或特色产业集群,推进重点行业、重点领域深化产教融合,强化行业主管部门和行业组织在产教融合改革中的协调推动和公共服务职能,打造一批引领产教融合改革的标杆行业。

三是积极建设培育一批深度参与产教融合、校企合作,在职业院校(含技

---

① 关于印发国家产教融合建设试点实施方案的通知[EB/OL].(2019-09-25)[2021-12-25].https://zfxxgk.ndrc.gov.cn/web/iteminfo.jsp? id=16431.

工院校）、高等学校办学和深化改革中发挥重要主体作用，在提升技术技能人才和创新创业人才培养质量上发挥示范引领作用的产教融合型企业。

2019 年 3 月 28 日，国家发改委、教育部印发《建设产教融合型企业实施办法（试行）》①，提出"建设产教融合型企业政策设计的出发点和落脚点，就是有效引导和充分激发企业内生动力，在鼓励企业率先探索的同时，积极加大政府支持引导，形成'先行者先受益'的政策激励效应，把数以万计产教融合型企业打造成为支撑高质量发展的'学习工厂'"②。国家发改委有关负责人表示，纳入产教融合型企业建设信息储备库的建设培育企业，由省级政府按要求落实国家支持企业参与职业教育的各项优惠政策，实行定期跟踪、跟进服务，确保已出台政策落地。各地在试点中采取的建设培育政策，被实践证明是行之有效的，国家发改委、教育部等将在全国范围内复制推广。进入产教融合型企业认证目录的企业，由国家按规定给予"金融＋财政＋土地＋信用"的组合式激励，具体办法结合试点工作进展，另行制定。

2020 年 7 月，教育部办公厅、工业和信息化部办公厅印发《现代产业学院建设指南（试行）》③。2019 年 12 月，教育部发布关于《中华人民共和国职业教育法修订草案（征求意见稿）》公开征求意见的公告④。2022 年 4 月 20 日第十三届全国人民代表大会常务委员会第三十四次会议通过了修订历时 26 年的

---

① 国家发展改革委　教育部关于印发《建设产教融合型企业实施办法（试行）》的通知［EB/OL］.（2019-03-28）［2021-12-27］. http://www. gov. cn/zhengce/zhengceku/2019-12/01/content_5435044. htm.

② 打造支撑高质量发展的"学习工厂"——解读《建设产教融合型企业实施办法（试行）》［EB/OL］.（2019-04-03）［2021-12-27］. http://www. gov. cn/zhengce/2019-04/03/content_5379409. htm.

③ 教育部办公厅　工业和信息化部办公厅关于印发《现代产业学院建设指南（试行）》的通知［EB/OL］.（2020-07-30）［2021-12-27］. http://www. gov. cn/zhengce/zhengceku/2020-08/28/content_5538105. htm.

④ 教育部关于《中华人民共和国职业教育法修订草案（征求意见稿）》公开征求意见的公告［EB/OL］.（2019-12-08）［2021-12-27］. http://www. gov. cn/xinwen/2019-12/08/content_5459462. htm.

《职业教育法》①，标志着我国现代职业教育法治发展进入了新的历史阶段。产教融合为现代职业教育发展的一般规律、办学道路和国家战略，在2022年版《职业教育法》中有明确规定，涉及"产教融合""校企合作"的内容有5章共10条。具体包括：①第一章总则第四条明确规定"职业教育必须坚持……坚持产教融合、校企合作"。②第一章总则第六条明确规定"职业教育实行政府统筹、分级管理、地方为主、行业指导、校企合作、社会参与"。③第三章职业教育的实施第二十三条明确规定"行业主管部门、工会和中华职业教育社等群团组织、行业组织可以根据……培育供需匹配的产教融合服务组织"。④第三章职业教育的实施第二十七条明确规定"对深度参与产教融合、校企合作，在提升技术技能人才培养质量、促进就业中发挥重要主体作用的企业，按照规定给予奖励；对符合条件认定为产教融合型企业的，按照规定给予金融、财政、土地等支持，落实教育费附加、地方教育附加减免及其他税费优惠"。⑤第三章职业教育的实施第二十九条明确规定"县级以上人民政府应当……组织行业主管部门、工会等群团组织、行业组织、企业等根据区域或者行业职业教育的需要建设高水平、专业化、开放共享的产教融合实习实训基地"。⑥第三章职业教育的实施第三十条明确规定"推行中国特色学徒制……鼓励和支持有技术技能人才培养能力的企业特别是产教融合型企业与职业学校、职业培训机构开展合作，对新招用职工、在岗职工和转岗职工进行学徒培训，或者与职业学校联合招收学生，以工学结合的方式进行学徒培养。有关企业可以按照规定享受补贴"。⑦第四章职业学校和职业培训机构第四十条明确规定"职业学校、职业培训机构实施职业教育应当注重产教融合，实行校企合作"。⑧第四章职业学校和职业培训机构第四十一条明确规定"职业学校、职业培训机构开展校企合作……取得的收入用于改善办学条件；收入的一定比例可以用于支付教师、企业专家、外聘人员和受教育者的劳动报酬，也可以作为绩效工资来源，符合国家规定的可以不受绩效工资总量限制"。⑨第五章

① 中华人民共和国职业教育法[EB/OL]. http://www.gov.cn/xinwen/2022-04/21/content_5686375.htm.

职业教育的教师与受教育者第四十五条明确规定"产教融合型企业、规模以上企业应当安排一定比例的岗位,接纳职业学校、职业培训机构教师实践"。⑩第六章职业教育的保障第五十八条明确规定"企业设立具备生产与教学功能的产教融合实习实训基地所发生的费用,可以参照职业学校享受相应的用地、公用事业费等优惠"。《职业教育法》的修订,从根本问题出发,充分解决企业参与职业学校教育的难点、痛点,对产教融合从政策支持上升到法律保障。

第八章 应用型本科院校基因重构和发展趋势

以应用为导向的大学,办学要素必将发生变革,从而导致办学形态的变化。应用型本科建立起一个新的办学场域。在伯顿·克拉克关于政府、大学和市场三角关系协调模式中,这类学校处于政府和区域产业并驱的框架中。转型是个系统工程,"区域、学校、学科专业、政策、机制"成为新的五大办学资源。五大资源要素中,区域产业成为第一要素,打破了以院校自身学术资源为基础的框架,形成新的院校办学形态。院校办学要素之间不再是一个封闭的环形,而是一个以新的管理机制为中心的发散性系统,中心与其他要素的关系是互动的,互动建立在各自资源的基础上,资源和互动机制决定了此类院校的办学水平和层次。应用型本科推动了高等教育体系的变革,知识生产模式2视角的质量评价新维度,在三维空间重新定义应用学科和专业的发展,应用研究和服务功能的演变。正如德国学者 Hendrik Lacknerde 的解释,应用型的构建是一项不间断的持久性任务,应用型的特征是不断追求进一步发展和优化。比如在学校和产业界之间建立新的教学计划,学校和企业合作的创新整合或研发,应用型高等教育绝不比传统高校要求低。特殊的应用发展背景赋予了其鲜明的特点,一是办学方向立足教学,与产业紧密结合;二是科研方向主要集中在对基础研究转化为产业需求的领域;三是课程专业设置灵活,能及时根据产业需求变化做出调整,注重学生实践经验和知识应用能力的培养。在这些共同特征前提下,应用导向的大学的发展是多元化的,可呈现以教学质量和毕业生就业率为优势的特征;以学生满意度、可雇佣性为竞争力的办学方向;以创业型大学为优先,与工商业密切联系;还可成为"工读交替制课程"提供者,以教学卓越与创新而闻名于世。

第一节　重新定义应用学科和专业的三维变化空间

一、应用学科发展的三维空间

应用学科是个新概念,是相对应用科学而言的。因此,其内涵和边界还是处在一个发展和争议颇多的过程中,关于对应用学科建设的展望,本著作试图从 3 个维度展开,一是高等教育发展,二是科学研究与发展,三是国内现实发展基础。

1. 高等教育发展维度

应用学科的提出源于英国学者托尼·比彻的学科分类论,比彻认为,从20 世纪 80 年代晚期到 20 世纪 90 年代,学术部落和学科领地已发生了本质上的变化,在科技策略、招生政策、财政管理和大学自治等方面,各国的趋同现象日益明显,大学越来越注重应用科学的研究,大学课程设置越来越以职业教育为中心①。"巨型大学""虚拟大学""公司大学"等冲击着传统大学,这些大学有能力面向众多的学生开设不同层次的课程。

关于如何安放大学中的应用科学,职业性明显的学科、专业和课程,成为20 世纪末高等教育界的热点话题,托尼·比彻基于科尔布-比格兰的前期研究,将学科领域划分为纯硬科学、纯软科学、应用硬科学和应用软科学。他指出应用硬科学的知识特点是目的明确、实用性强(通过硬科学知识获得),注重与物质环境相联系、应用启发方式、采用定量研究和定性研究,判断标准具

---

① 托尼·比彻,保罗·特罗勒尔.学术部落及其领地:知识探索与学科文化[M].唐跃勤,蒲茂华,陈洪捷,译.北京:北京大学出版社,2015.

有目的性和功能性,研究成果为产品或技术。应用软科学的知识特点是具有实用性、功利性(通过软科学知识获得),注重专业(或半专业)实践,在很大程度上使用个案研究和判例法,研究成果为规约或程序的形成。由于劳动生产力的提高越来越依赖于科学技术,因此学科的应用价值备受关注。比彻在1994年《高等教育学科分类研究》中,采用了科尔布-比格兰的学术领域认识论层面分类,并提出了学科分类的框架,具体如表 8-1 所示。

表 8-1　广义学科领域分组①

比格兰	科尔布	学科领域
纯硬科学	抽象深思	自然科学
纯软科学	具体深思	人文和社会科学
应用硬科学	抽象行动	基于科学的专业
应用软科学	具体行动	社会专业

比彻在其《学术部落及其领地》著作中对应用学科做了进一步界定:应用度较高的学科的许多概念和理论源于实践,这类学科体系的构建倾向于以实际的需求为导向,由实践推动理论的方式而形成,即遵循着"由下至上"的路线②。应用学科的提出,使得高等教育的"无边界"现象趋于合理。托尼·比彻又从认识论和社会学角度运用 4 个基本维度对所有的学科进行了划分。这4 个基本维度即认识论角度的硬/软和纯/应用维度,以及社会学角度的汇聚/分散和城市/乡村维度,如表 8-2 所示。

---

① TONY BECHER. The significance of disciplinary differences [J]. Studies in Higher Education, 1994,19(2):151-161.

② 蒋洪池.托尼·比彻的学科分类观及其价值探析[J].高等教育研究,2008,29(5):93-98.

表 8-2　学科群体及其知识特征①

学科群体	知识特征
纯科学(如物理学):"纯硬学科"	累积性;原子论的(晶状/树形状的);与普遍、数量、简化相联系;客观性,价值中立;对知识的验证和知识的成就有明确的原则;对于现在和将来所需解决的重大问题达成一致性意见;研究成果为某种发现或对某种现象进行解释
人文学科(如历史)和纯社会科学(如人类学):"纯软学科"	反复的;有组织的(有机的/与河流相似);注重细节、质量与复杂性;主观性,受个人价值观的影响;对知识的确认标准和知识的成就标准存在争议;就所需解决的重大问题缺乏一致意见;研究成果为对某种现象进行理解或鉴赏
技术(如机械工程学、临床医学):"应用硬科学"	目的性;实用性强(通过硬科学知识获得);关注与物理环境相联系;运用启发方式;采用定量和定性方法;判断标准具有目的性和功能性;研究成果为产品或技术
应用社会科学(如教育学、法学、行政管理学):"应用软学科"	实用性;功利性(通过软科学知识获得);注重专业(或准专业)实践;大量使用个案研究和判例法;研究成果为规约或程序的形成

因此,从学科发展的维度,应用学科具备的特征包括:目的性;实用性强(通过硬科学知识获得);关注与物理环境相联系;运用启发方式;采用定量和定性方法;判断标准具有目的性和功能性;研究成果为产品或技术实用性;功利性(通过软科学知识获得);注重专业(或准专业)实践;大量使用个案研究和判例法;研究成果为规约或程序的形成。

在 2018 年卡耐基高等教育研究所(CCIHE)发布的学科领域与学科专业分类目录(CIP)匹配地图(CIPMAP)中,将 CIP2010 版的 1425 个学科划分为人文科学(Humanities),社会科学(Social Sciences),科学、技术、工程和数学(STEM,Science, Technology, Engineering & Mathematics),其他(专业项目和其他项目)(Other Professional and Other Programs)等 5 个学科领域。

---

① 托尼・比彻,保罗・特罗勒尔.学术部落及其领地:知识探索与学科文化[M].唐跃勤,蒲茂华,陈洪捷,译.北京:北京大学出版社,2015:40.

美国的研究生教育中培养专业学位研究生的学科达 870 个,占到学科总数的 61%①。

英国高等教育质量保障署于 2002 年开始,发布和修订学科基准,用于统一高等教育领域同一学位名称的质量要求,目前已发布学士学位学科基准 61 个、硕士学位 16 个、威尔士专业论证 6 个、健康管理类专业 16 个,学科基准对学科的核心做了阐述。比如对金融学的描述是:一种与国家和国际资本市场的运作以及这种市场与诸如家庭、公司、金融机构和政府等经济单位之间的相互作用有关的活动。金融学作为一门学位课程,要求学生学习金融系统(包括银行、证券交易所、金融中介机构、金融机构及政府)、结构及工具的设计和运作,特别是金融资产的定价、风险的计量和管理,以及优化公司、金融机构及个人行为的可能性。这个学科可从多个角度进行,包括行为、道德、经济、可持续及统计/数学。学生至少需要了解金融活动和金融体系的潜在道德和社会层面规则,而不仅仅是经济层面。虽然财务经常与会计一起学习,但不需要有深入的会计知识。然而,合理的会计实践和税收原则的知识,以及它们对公司的影响是必须掌握的。学科基准在定义原则时特别强调:金融学作为本科学位的主要组成部分,涉及学科概念和应用两方面的考虑。

2. 科学技术发展和研究创新维度

应用学科的发展得益于世界工业化进程的迅速推进。1963 年《弗拉斯卡蒂手册》首次发布,它是经济合作与发展组织(OECD)开发的关于研究与试验发展(以下简称 R&D 活动)测度的指导性文献。1970 年第二版发布,在 3 个层次上定义了基础研究和应用研究,其中对研究与开发下了一般性定义,即"在系统化的基础上增加科技知识,利用这些知识及其新应用而进行的创造性工作"②。并且其将基础研究定义为:为获得新的科技知识和认识而进行的

---

① 托尼·比彻,保罗·特罗勒尔.学术部落及其领地:知识探索与学科文化[M].唐跃勤,蒲茂华,陈洪捷,译.北京:北京大学出版社,2015:40.

② D.E.司托克斯.基础科学与技术创新:巴斯德象限[M].周春彦,谷春立,译.北京:科学出版社,1999:55.

创造性工作;应用研究是:为获得新的科技知识和认识而进行的基本探索,在一开始就直接面向特殊的实际目的或目标。2015 年第 7 版本做了较大修改,提出了企业、政府、高等教育与私人非营利机构是实施 R&D 活动的 4 个执行部门,归纳出识别 R&D 活动的 5 个标准——新颖性、创造性、不确定性、系统性以及可转移/可复制,提出了区分三类 R&D 活动(基础研究、应用研究与试验发展)的核心标准——研究成果的预期使用,以及两个辅助问题:项目多长时间产生能够应用的研究成果,R&D 项目研究成果的潜在应用领域的范围有多广泛①。其中特别值得关注的变化是试验发展在人文社科领域的扩展,该版本通过案例展示了人文社科领域(尤其是人文科学和艺术科学领域)的各种试验发展活动,实际上修改了第 6 版认为"人文社科领域的试验发展活动没有意义"的观点。

3. 国内现实基础维度

根据科技部 2018 年关于高等学校 R&D 活动统计②,高等学校 R&D 活动主要集中在基础研究领域,基础研究经费 589.9 亿元,占全国基础研究经费的 54.1%;高等学校发表 SCI 论文 32.0 万篇,占全国 SCI 论文的 85.1%。而高等学校的发明专利申请量为 22.7 万件,发明专利授权 7.5 万件;高等学校作为卖方在技术市场签订技术合同 7.6 万项,占全国技术合同成交量的 18.4%,技术合同成交金额为 453.2 亿元,占全国技术合同成交金额的 2.6%。可见,迅猛发展的新产业、新业态和新商业模式需要高等学校做出快速反应,应用型大学和应用学科的建设成为科技发展进步新的主力军。

目前,我国已基本形成了以硕士学位为主,博士、硕士、学士 3 个学位层次并存的专业学位教育体系。硕士层次专业学位有金融硕士等 40 种,博士层次专业学位有口腔医学等 5 种,学士层次专业学位有建筑学 1 种。《教育部 人

---

① OECD. Frascati manual 2015:Guidelines for collecting and reporting data on research and experimental development[M]. Paris:OECD Publishing,2015.

② 2018 年我国高等学校 R&D 活动统计分析[EB/OL]. http://www.most.gov.cn/xxgk/xinxifenlei.

力资源社会保障部关于深入推进专业学位研究生培养模式改革的意见》一是明确了专业学位研究生改革目标：以职业需求为导向，以实践能力培养为重点，以产学结合为途径，建立与经济社会发展相适应、具有中国特色的专业学位研究生培养模式；二是改革招生制度，积极推进专业学位与学术学位硕士研究生分类考试、分类招生；三是完善培养方案，培养方案应合理设置课程体系和培养环节，加大实践性课程的比重，鼓励培养单位结合区域经济社会发展特点和自身优势，制订各具特色的培养方案，培养方案的制（修）订工作应有相关行（企）业专家参与；四是改进课程教学，着重考察研究生运用所学基本知识和技能解决实际问题的能力和水平；五是加强实践基地建设，培养单位应积极联合相关行（企）业，建立稳定的专业学位研究生培养实践基地，共同建立健全实践基地管理体系和运行机制；六是强化学位论文应用导向，培养单位应根据各专业学位研究生教育指导委员会意见，分类制定专业学位论文标准，规范专业学位论文要求，专业学位论文应与学术学位论文分类评阅；七是推进与职业资格衔接，推进专业学位研究生培养内容与特定职业人才工作实际有效衔接……十一是国家按专业学位类别（或领域）制订博士、硕士专业学位基本要求，建立与特定职业岗位要求相适应的质量评价标准，鼓励开展联合培养。

二、新兴专业发展趋势的 3 个维度

1. 高等教育发展维度

中国高等教育的学科专业分类和管理自 19 世纪 50 年代起以国家宏观调控为主，此间经历了四次大调整，甚至出现过全国范围的院系大调整，中国的高校似乎也习惯了在一个预定的学科专业框架下设计人才培养方案，尽管从 1978 年开始就实行学分制的教学管理模式，学分制的意图是想学习国外高校学生自主选择和学习的形式，为学科交叉学习和激发学生创新力创造条件，但总体是在一个已有几十年预设专业学习的历史前提下进行改革。因此，"新兴专业""特色专业""应用型专业"成为还未在教育部设置备案的专业名

称之前的几种称谓。

高等教育中关于学科、专业和专业人才培养方案在不同国家有不同的表达，中国沿用苏联通称"专业"并有明确的定义。英国高等教育界与此相似的词是"program"，美国高等教育界与此相似的词是"major"，对专业这个词的不同认识，导致不同国家对专业管理的模式的不同。面对日益增多的专业，特别是如何处置发生在高校中的"新兴专业"或"应用型专业"，需要灵活多变又符合高等教育规律的机制设计。

《辞海(第六版)》一书对"专业"的概念做解释如下：在教育上，指高等学校或中等专业学校根据社会专业分工的需要设立的学业类别，各专业都有独立的教学计划，以体现本专业的培养目标和要求[①]。从这个角度看，中国高校的专业设置具有明显的稳定的实体特征，教育部对专业有明确的设置原则和分类，高校内部的专业设置也带有固定的教学组织行政特征。我国高校依照国家专业目录设置专业，专业名称统一，国家专业教学指导委员会统一颁布专业教学规范。我国高校的专业分两种，一种是国家控制设置专业，另一种是目录外专业。通常目录外专业与现有产业需求相契合，是全国范围内专业结构的调控，有利于学生就业，避免出现专业过剩情况，这种管理特征与过去中国实行计划经济有着极大的关联。

中国高校自1978年恢复高考制度以来，曾进行过4次大规模的学科目录和专业设置调整工作，分别是1978年、1993年、1998年和2012年。2012年普通高等学校专业目录分为基本专业352种和特设专业154种，并确定了62种专业为国家控制布点专业[②]。目录内专业均以一级学科分类，基本是单一学科下的专业设置，没有交叉学科专业、双学科专业或多学科专业。2012年之后，高等教育在大众化以及经济科技的飞速发展中，专业名称和数量急剧

---

①　薛天祥. 高等教育学[M]. 桂林：广西师范大学出版社，2001：26.

②　教育部关于印发《普通高等学校本科专业目录(2012年)》《普通高等学校本科专业设置管理规定》等文件的通知[EB/OL]. (2012-10-19)[2021-12-18]. http：//www.
Moe. Edu. cn / publicfiles/ business/ htmlfiles/moe / s3882 /201210.

增长,根据 2020 年度普通本科专业备案和审批结果显示,2020 年新设置 37 个新专业,新增备案 2046 个,新增审批 177 个;撤销专业 318 个;合计 13 个学科门类,2223 个专业,调整学位授予门类或修业年限专业 93 个①。融合教育、古文字学、量子信息科学、智能交互设计、应急装备技术与工程、能源服务工程、智慧交通、密码科学与技术、智能飞行器技术、音乐教育等 37 个新专业列入普通高等学校本科专业目录。在新增备案本科专业名单中,数量最多的是人工智能,清华大学、中国科学技术大学等 130 所高校新增备案该本科专业。此外,有 84 所高校新增备案智能制造工程本科专业,62 所高校新增备案数据科学与大数据技术本科专业,59 所高校新增备案大数据管理与应用本科专业,53 所高校新增备案机器人工程本科专业。

占有半壁江山的高等职业教育,随着社会需求也逐渐开展职业本科教育。为此,教育部职成教司于 2021 年 1 月颁布了《本科层次职业教育专业设置管理办法(试行)》,设置原则是坚持职业教育类型特点,坚持高层次技术技能人才培养定位。专业设置则要求服务产业新业态、新模式,对接新职业,聚焦确需长学制培养的相关专业。

2021 年教育部公布的《职业教育专业目录(2021)》中高等职业教育本科专业共设 19 个大类,90 个专业类,247 个专业。2020 共有 36 个高职本科专业类招生,新能源发电工程类、机电设备类、广播影视类、公共服务类、建设工程管理类、印刷类等 9 个专业类下设的专业小类上年均有招生。计算机类专业上年约有 67% 的招生。第一批 27 所本科层次职业大学的前身多是应用型学校,因此这些院校更倾向于在实践性强的计算机类、机械设计制造类专业招生。上年共有 21 所院校开放了高职本科专业招生计划,其中 67% 的院校招生专业数超过 10 个。广西城市职业大学和海南科技职业大学的招生本科专业远多于其他院校,这两所院校均为第一批本科层次职业教育试点学校,

① 教育部关于公布 2020 年度普通高等学校本科专业备案和审批结果的通知[EB/OL].(2021-02-10)[2021-12-27]. http://www. gov. cn/zhengce/zhengceku/2021-03/05/content_5590415. htm.

首批各设 12 个职业本科专业,2020 年较首年增加约 58% 的招生专业。因此,截至 2020 年,我国本科专业从 2012 年的 516 个专业发展到 2470 个专业,可见新兴专业的发展迅猛。

2. 新一轮技术革命与产业变革维度

"十二五"期间,我国节能环保、新一代信息技术、生物、高端装备制造、新能源、新材料和新能源汽车等战略性新兴产业快速发展。2015 年,战略性新兴产业增加值占国内生产总值比重达到 8% 左右[①],产业创新能力和盈利能力明显提升。新一代信息技术、生物、新能源等领域一批企业的竞争力进入国际市场第一方阵,高铁、通信、航天装备、核电设备等国际化发展实现突破,一批产值规模千亿元以上的新兴产业集群有力支撑了区域经济转型升级。大众创业、万众创新蓬勃兴起,战略性新兴产业广泛融合,加快推动了传统产业转型升级,涌现了大批新技术、新产品、新业态、新模式,创造了大量就业岗位,成为稳增长、促改革、调结构、惠民生的有力支撑。

"十三五"时期是我国全面建成小康社会决胜阶段,也是战略性新兴产业大有可为的战略机遇期。我国创新驱动所需的体制机制环境更加完善,人才、技术、资本等要素配置持续优化,新兴消费升级加快,新兴产业投资需求旺盛,部分领域国际化拓展加速,产业体系渐趋完备,市场空间日益广阔。但也要看到,我国战略性新兴产业整体创新水平还不高,一些领域核心技术受制于人的情况仍然存在,一些改革举措和政策措施落实不到位,新兴产业监管方式创新和法规体系建设相对滞后,还不适应经济发展新旧动能加快转换、产业结构加速升级的要求,迫切需要加强统筹规划和政策扶持,全面营造有利于新兴产业蓬勃发展的生态环境,创新发展思路,提升发展质量,加快发展壮大一批新兴支柱产业,推动战略性新兴产业成为促进经济社会发展的强大动力。紧紧把握全球新一轮科技革命和产业变革重大机遇,培育发展新动能,推进供给侧结构性改革,构建现代产业体系,提升创新能力,深化国际合

---

① 国务院关于印发"十三五"国家战略性新兴产业发展规划的通知[EB/OL]. (2016-12-19)[2021-11-18]. http://www.gov.cn/zhengce/content/2016-12/19/content_5150090.htm.

作,进一步发展壮大新一代信息技术、高端装备、新材料、生物、新能源汽车、新能源、节能环保、数字创意等战略性新兴产业,推动更广领域新技术、新产品、新业态、新模式蓬勃发展,建设制造强国,发展现代服务业,为全面建成小康社会提供有力支撑。

　　未来 5 到 10 年,是全球新一轮科技革命和产业变革从蓄势待发到群体迸发的关键时期。信息革命进程持续快速演进,物联网、云计算、大数据、人工智能等技术广泛渗透于经济社会各个领域,信息经济繁荣程度成为国家实力的重要标志。增材制造(3D 打印)、机器人与智能制造、超材料与纳米材料等领域技术不断取得重大突破,推动传统工业体系分化变革,将重塑制造业国际分工格局。基因组学及其关联技术迅猛发展,精准医学、生物合成、工业化育种等新模式加快演进推广,生物新经济有望引领人类生产生活迈入新天地。应对全球气候变化助推绿色低碳发展大潮,清洁生产技术应用规模持续拓展,新能源革命正在改变现有国际资源能源版图。数字技术与文化创意、设计服务深度融合,数字创意产业逐渐成为促进优质产品和服务有效供给的智力密集型产业,创意经济作为一种新的发展模式正在兴起。创新驱动的新兴产业逐渐成为推动全球经济复苏和增长的主要动力,引发国际分工和国际贸易格局重构,全球创新经济发展进入新时代。

　　以浙江省为例,"十二五"时期,浙江省提出建设"创新型省份"的目标。"十二五"时期浙江省将培育发展战略性新兴产业作为转方式、调结构、促发展的重大战略举措,并将物联网产业、高端装备制造业、新能源产业、新材料产业、节能环保产业、生物产业、新能源汽车产业、海洋新兴产业以及核电关联产业等九大产业确定为战略性新兴产业。各高校根据浙江省经济社会发展需求建设特色专业,如海洋技术(重点方向:海水淡化与海洋化工)、能源化学工程(重点方向:绿色能源技术与节能减排)等。2011 年以来,浙江省出台了一系列促进战略性新兴产业发展的政策文件,产业发展环境不断优化。浙江省陆续出台《关于加快推进战略性新兴产业培育发展工作的实施意见》《浙江省高端装备制造业发展规划》等规划和意见文件。针对不同的行业,主要从以下几个方面着手:一是体制机制的完善,加强组织领导,建立工作机制,并且规划引导发展;二是发展平台提升,创建省级高新技术产业园区,构建以企业为主体的创新体系;三是增强要素保障,即加大财政扶持。根据浙江省委、省政府《关于加快培育发展战略性新兴产业的实施意见》,2011 年开始,省财政设立了每年 5 亿元的战略性新兴产业财政专项资金;然后是保障发展用地,对战略性新兴产业用地可以以工业用地最低标准确定出让底价;还要落实税收优惠,支持金融创新,浙江省金融办推进战略性新兴产业企业在中小板、创业板上市,开展未上市公司股权转让试点,支持企业通过发行企业债券、公司债券、短期融资券、中期票据、集合票据、可转债等方式进行融资;最后是引进高端人才,出台《浙江省博士后事业发展"十二五"规划》,并支持开展重大产业技术创新研究。在积极的政策指引下,浙江省战略性新兴产业发展迅猛。

2017 年 9 月,浙江省人民政府发布《浙江省人民政府办公厅关于印发浙江省培育发展战略性新兴产业行动计划(2017—2020 年)》,主要目标是:围绕网络经济、高端制造、生物经济、绿色低碳和数字创意等五大领域,重点发展信息技术、物联网、人工智能、高端装备制造、新材料、生物、新能源汽车、新能源、节能环保、数字创意等十大战略性新兴产业。到 2020 年,战略性新兴产业综合实力显著增强,创新能力大幅提高,产业贡献作用明显提升,成为国民经济的重要支柱产业;主营业务收入突破 2.5 万亿元,年均增速超过 13%;产业体系逐步完善,先进制造业、高技术服务业比重大幅提升,支撑产业迈向中高端水平;新增龙头骨干企业 100 家以上。[①]

在全球新一轮技术革命和产业变革呈现"一主多翼"加速融合的背景下,浙江围绕"互联网+双创+中国制造 2025"形成了某些先发优势,在电子商务、移动支付、云技术、信息安全等领域实现全球"并跑"甚至"领跑",之江实验室、西湖大学、阿里巴巴达摩院等一批瞄准国际一流的新型研发机构加快

---

① 浙江省人民政府办公厅关于印发浙江省培育发展战略性新兴产业行动计划(2017—2020 年)的通知[EB/OL]. (2017-09-26)[2021-11-18]. http://www.dongyang.gov.cn/art/2017/9/26/art_1229406281_1728039.html.

建设,以互联网 SupET 平台、新型贸易中心、新型金融中心、城市大脑、数字政府、未来社区、智慧高速为标志的应用场景层出不穷。浙江将在"十四五"期间在技术革命和产业革命抢占先机,重塑全球价值链地位,实现"换道超车"。科技革命急需与新兴产业契合的人才,新兴专业也将呈现剧增效应。

3. 新兴专业的政策支持、认证和质量保障维度

(1)政策支持问题。浙江省应用型本科第一批试点示范院校中,10 所院校的现有学科专业基本属于应用型学科专业,因此院校认为 70% 的占比不能科学衡量转型成效,对应用型学科专业转型的指标衡定应更多考虑与区域对接或与新科技、新兴产业对接的新兴学科专业建设,而政策层面对新兴学科专业的支持力度比较薄弱。以大宗商品经济学学科为例,大宗商品产业体系协同中心在工作报告中提出建设经费紧缺的问题。鉴于大宗商品经济学学科是一个新兴交叉学科,学校希望浙江省在学科建设管理等方面给予特殊政策支持;对新兴学科在重点课题立项、重点实验室建设、科技创新团队申报等方面给予重点倾斜;能与省内外优势高校实现在高端人才上的合作;申请专项资金支持,建设经费总体需求初步预算为 4.38 亿元,其中协同创新中心自筹资金 3.58 亿元(已投入 1.78 亿元),申请浙江省政府资助专项经费 8000 万元[①]。

(2)专业认证和质量保障。新兴专业如何认证呢?英国高等教育质量保障署于 2002 年发布了一套学术基本规范,其中有对日益变化的专业进行设置指导的规则,提出"新兴专业"主要包括四种:一是单一或主修一个学科的专业;二是由两个学科合并而成的专业,学习成果各自为出;三是交叉学科专业,几个学科学习融合成一个学习产出;四是多学科专业,基于学生根据规则进行模块选择而形成几个学科间融合专业[②]。新兴专业认证和质量保证需要包括以下主要内容:①在课程学习中学生被期望获得的知识和理解;②核心

---

① 浙江省人民政府办公厅关于印发浙江省培育发展战略性新兴产业行动计划(2017—2020 年)的通知[EB/OL].(2017-09-26)[2021-12-10]. http://www.dongyang. gov.cn/art/2017/9/26/art_1229406281_1728039. html.

② Good-practice-case-study-programme-guidance[EB/OL]. https://www. qaa. ac. uk/docs/qaa/about-us/good-practice-case-study-programme-guidance.

技能：交流能力、计算能力、运用信息的能力和学会学习的能力；③综合能力：在方法论上的理解能力或批评性的分析能力；④学科专业能力，如实验室有关技能①。一个专业通常需要包括以下信息：①学位授予部门/机构；②教学机构（如果与学位授予机构不同）；③详细的专业鉴定机构/法定机构；④最终学位名称；⑤专业名称；⑥大学院校招生部（UCAS）规则；⑦专业目的；⑧相应的学科基准声明和其他外部和内部参考项目，用于告知专业学习产出；⑨专业学习预期产出：知识和理解，技能以及其他特征；⑩能达到学习成果和展示学习成果的教、学和评估策略。

编写日益变化和不同类型的专业规格是有一定困难的，但专业规格可以提供高等教育学位资格框架中不同水平的用于教学的指导。在编写专业规格时需要考虑几大类问题。

第一，需要学生产出什么成果。成果可以包括学科知识和理解，知识迁移能力和应用能力的范围，以及实际竞争力、价值观和其他素质。专业学习成果声明可以包括以下句子：①这个专业是有特色的，因为它开发……；②这个课程最重要的价值是……；③这个专业的学术内容主要关注……；④这个课程最重要的智力能力培养是……；⑤这个专业最有用的实践能力、技术和能力提高是……；⑥竞争力的培养将在……；⑦学生学习最重要的途径是……；⑧为完成专业学习我们要求学生认识和理解……；⑨为完成专业学习我们要求学生能做到……。

第二，什么参考准则能衡量学生是否达到学习预期目标，并在学术、专业或就业领域通用。参考准则包括：①高等院校的使命和院校开发学生基本能力的有关政策，如发展交流能力、信息技术、工作团队和职业指导方面的能力；②学科基准声明；③正在进行的研究和学院成员的领先的学业成就；④专业协会和制定规则的机构的要求；⑤相关的职业标准；⑥应用国家学位资格框架中的资格描述；⑦国家核心能力标准。

第三，如何应用学科基准声明。学科基准声明为设计和修正专业规格提

---

① Guidelines for preparing programme specifications[EB/OL]. http：www. qaa. ac. uk.

供了有效的起点,但不是唯一的参考项目,特别是对一些不是与学科定义相一致的课程;高等院校不用仅仅从基准声明中抽取学习成果用于专业规格,学科基准也不起草专业规格,学科基准是专业规格制定时的对照和参考。

第四,怎样期望学生达到和展示学习产出。专业规格指南指出,当思考教、学和评估方法时,有一些方法可能相对比较有效,例如:学科的知识和理解一般通过讲演和讨论来表述。这种直接教学方法一般用于直接的课本和杂志文章学习,和通过作业和设计作业。知识和理解的评估往往不是无形的考试,并且大部分不要求展示;智力能力如分析、综合、评价和解决问题的能力,可能通过实践和更多的活动学习的途径,涉及作业或设计,小组学习活动例讨论或个别辅导,实验,工作场所,或野外学习活动。智力能力的评估可以通过无形的考试或基于问题的练习。独立设计工作或研究论文是最典型的与专业知识、理解和实践技能相联系的学习成果展示;实践能力,需要通过一个合适的学习环境(例在实验室,野外,工作场所)。工作手册或指导手册可用于学习。而评估实践中的竞争力必须涉及实践能力的展示;迁移能力/核心能力,即那些容易迁移到工作中的能力,如交流、团队工作等。核心能力可通过课程教学自然提升,如通过写文章和论文提高写作交流能力,通过讨论报告提升口头交流能力,通过合作设计提升团队工作能力,此外可通过额外的课程活动(extra_curricular activities)包括工作经历、学生社团工作和社会文化活动。

第二节 知识生产模式 2 中的应用型本科质量评价和治理模式

一、知识生产模式 2 中的应用型本科质量评价新维度

知识生产模式变迁理论是 20 世纪 90 年代由英国学者迈克尔·吉本斯等

人提出的,即知识生产模式1和模式2的概念。模式1是在认知的语境中进行的,模式1按照某个特定学科的操作规则进行问题处理,是由统治着基础研究或学科的认知及社会规范所规定的。模式2是在应用的情景中进行的,以跨学科性、异质性和灵活性的特征弥散在大学,以及大学之外的各种机构中,已经对整个社会产生了弥散性的影响。对于浙江省示范院校转型中应用型本科内涵建设新特征,也可以从知识生产模式变迁理论进行理解。

1. 知识生产模式 2 中的应用型本科内涵建设

(1)知识生产模式 2 与应用型本科发展

吉本斯分析了模式2对高等教育的影响,知识生产模式2下的高等教育系统发生了变化,主要表现在6个方面①。一是学生群体的变化。学生来自更为广泛的社会背景,大部分毕业生不再从事领导工作,而成为广大的工薪阶层,服务于公务员队伍和私人企业。二是教学与研究的张力,研究领域中知识生产的加速导致知识的短时性,因此高等教育教学中训练思维的传统被弱化。三是问题导向的研究日益增长。四是问责制的拓展,高等教育受国家、社会和学生、雇主等不同利益相关者问责的趋势日益发展。五是教学技术的开发和运用。六是高等教育经费的变化,高等教育经费从单一的国家拨款,发展到地方财政及各专项拨款和单项拨款,以及与地方合作的任务性拨款等多元拨款模式。这六大转变对高等教育人才培养模式的变革产生了直接的影响。高等教育的办学模式也瞬间多样化,传统的老牌大学、新大学、城市大学、技术大学、职业技术学院和继续教育学院等均进入高等教育范畴,有些国家谓其名曰"第三级教育"(tertiary education)。吉本斯认为,在知识生产模式2背景下,许多发达国家主要参与学术和专门职业精英培养以及纯粹研究的传统大学,如今仅仅是不断扩展的高等教育和研究的一小部分了。两类其他取代性机构出现了,一类是过去的理工学院,比如英国的多科技术学院,一度被"双轨制"认定为第二级教育;一类是企业班级(在国内现在也类似

---

① GIBBONS MICHAEL. Higher education relevance in the 21st century[EB/OL]. https://eric. ed. gov.

一些企业办的院校)。这些新的知识生产的新场所有两个优于传统大学的特征：①第一,它们提供了更多有效的管理模式,在这些场所,战略规划不受同僚治理的限制,选择也不会被保证意见的统一而阻碍；第二,这些机构允许对急速变化的智力和职业需要做出更大调整,拥有向前看的企业文化,怀疑旧有学术文化的分界、分类和等级。

2015 年发布的应用型本科转型的政策导向显示,"转型"主要立足三方面,即办学方向转到服务地方经济、办学机制转到产教融合校企合作、人才培养转到培养应用型技术技能型人才,目的是全面提高学校服务区域经济社会发展和创新驱动发展的能力。正如迈克尔·吉本斯所言,"对于一部分学院和大学的管理者来讲,做出适应性变革的秘诀就在于成为模式 2 的一部分,进入研究网络,参与到大学以外的那个不断变化的商品和服务市场中去"。因此,新一轮应用型本科转型是转到模式 2 知识生产的情景中,在应用型学科专业建设、人才培养模式和研究方向上有新突破。

(2) 知识生产模式 2 中的应用型学科专业

模式 2 对大学学科发展的影响表现在两个方面。第一方面是跨学科概念的出现,随着模式 2 知识生产方式的出现,大学在划分和安排学科教育时经常面对一些新知识新科技无处安放的境况,一些其实是科学前沿的新知识被当作"非学科"处置,相关研究项目也被认为是"非学科"的,这个观念和过程在大学持续了很长时间,模式 2 的知识生产现象最早都是"非学科"性的。模式 2 知识生产的首要特点是在应用情景中的生产,这种知识的生产是更大范围内多种因素作用的结果,这种知识被期望对工业、政府或更广泛的社会中的人有用,因此,在模式 2 知识生产的过程产生了跨学科的概念。吉本斯认为,跨学科性有 4 个特征:跨学科性建立的框架是引导解决问题的、包含了理论和实践两方面要素、成果的传播在生产过程中已经实现、跨学科是动态的。跨学科概念的出现使模式 2 知识生产方式在大学得以有合理的地位和发展空

① 迈克尔·吉本斯,卡米耶·利摩日,黑尔佳·诺沃提尼,等.知识生产的新模式:当代社会科学与研究的动力学[M].陈洪捷,沈文钦,译.北京:北京大学出版社,2011:71.

间。第二方面的影响还表现在出现了专门的职业教育，吉本斯认为现代高等教育系统不再被文理垄断，那些传统的核心科目已经被不同层次的专门职业教育覆盖。这些学科主要体现在工程学科的比重日益增加，技术科学和信息技术科学增加，与福利国家关怀性职业（caring professions）相关的学科专业的设置，与企业职业相关的商学、管理和会计学增加，以及环境科学等之上。

因此，知识生产模式 2 下的应用型学科专业以"跨学科"和"职业性"为特征，高等教育中学科的分化和专门职业教育的特征日益多样化，高校组织中跨学科建立的机构也日益增多。比如宁波财经学院（原宁波大红鹰学院）的二级学院组成中就有财富管理学院、大宗商品商学院、国泰安创业学院，杭州师范大学的阿里巴巴商学院、文化创意学院等。因此，知识生产模式 2 下的应用型学科专业，打破了模式 1 下的传统学科体系设置专业的规律，以产业发展推动专业学科设置，这是一种逆向的逻辑规律。浙江省应用型本科试点示范建设要求应用型专业达到院校的 70%，这个应用型学科专业应指与新兴产业对接的"新兴专业和特色专业"，按这个标准去计算应用型本科转型的专业达成比例比较恰当，能达成目标的学院必然采用的是一种新型的高等教育模式。

（3）知识生产模式 2 下的应用型本科协同创新

模式 2 的发展表明，高等教育大众化引发了供给的增加，不仅仅是越来越多的人掌握了科学及其方法，他们还将自己的知识和技术带到他们曾经接受训练的大学极为疏远的环境中，处理范围很广的问题，这也就意味着大学在继续培养合格毕业生的同时，也削弱了自身作为知识生产者的垄断地位。除此之外，作为科技成果的需求方，公司面临不断增加的国际竞争压力，公司必须引进新技术，或者参与包括大学、政府、其他公司的复杂的合作机制。因此，在供给方面潜在的知识生产者数量的扩张，与需求方面对于专业知识需求的并行扩张为一种新的知识生产模式的出现创造了条件。这种新的方式使大学、政府研究机构以及企业实验室都遵循新的游戏规则，也各自适应新的挑战。

技术知识是编码知识与默会知识的综合，默会知识不像一个文本那样容易获得，它可能存在于从事某种转化工作的人的头脑之中，或者内嵌于一个特定的组织环境中。大多数技术是默会的、嵌入的知识,而且这些知识不容易获得。技术知识随着人员从一个问题转移到另一个问题,从一种组织环境转移到另一种组织环境从而在个体间流动。由于商业应用通常不在大学或政府实验室产生,而是从公司或商业机构中发展出来,因此,模式2情景下大学与产业的紧密结合显得更加重要。应用型本科在转型中做到3个对接:与当地创新要素资源对接,与经济开发区、产业聚集区创新发展对接,与行业企业人才培养和技术创新需求对接,从而形成一批服务产业转型升级和先进技术转移应用特色鲜明的应用技术大学、学院。美国学者D.E.司托克斯对应用研究做了阐述:应用研究指为获得新知识而进行的创造性研究,主要针对一定的实际目的或目标,具有特定的实际目的或应用目标,成果形式是围绕特定目的或目标进行研究的过程中获得的新知识,为解决实际问题提供科学依据。研究成果的形式包括论文、框架型模型、发明专利,或者被采纳的政策咨询和研究报告等。应用型本科院校的研究包括了基础研究和应用研究,但更多需求和占比是应用型研究和技术开发等。

协同创新是高校与产业科技对接的重要平台,我国的协同创新是从"2011计划"开始的,"2011计划"以协同创新中心建设为载体,协同创新中心分为面向科学前沿、面向文化传承创新、面向行业产业和面向区域发展四种类型。按照"2011计划"的目标,未来国内一批高校将从重大前瞻性科学问题、行业产业共性技术问题、区域经济与社会发展的关键问题以及文化传承创新的突出问题出发,充分发挥高校多学科、多功能的综合优势,联合国内外各类创新力量,形成"多元、融合、动态、持续"的协同创新模式与机制,培养大批拔尖创新人才,逐步成为具有国际重大影响的学术高地、行业产业共性技术的研发基地和区域创新发展的引领阵地,在国家创新体系建设中发挥重要作用。全国最终只有14个中心成为"2011计划"首批国家协同创新中心,以浙江省为例,自2012年7月起,浙江省累计认定了4批37个省级"2011协同创新中心",牵头高校20所。从认定的四批协同中心看,国家级有3个,浙大2个,浙江大学、浙江工业大学等合作1个,省级层面的以浙大和划入一本的大学为主。2017年10月起,浙江省教育厅启动"应用技术协同创新中心"建设工作,第一批认定中心是 7 所高职院校。

2. 知识生产模式 2 中的应用型本科质量评价新维度

应用型本科转型评价体系建设既是转型的核心措施,又是需要解决的转型核心问题。浙江省以"基准＋创新"原则建立评估体系,解决了国家层面应用型本科评价体系缺失的问题,院校内部对关键概念的重新认定和绩效评价的制度推进,弥补了顶层设计的不足,"基准"是指符合国家政策提出的"四个度","创新"是指各院校可以根据自身办学需求创造性建立内部评估体系,以及转型中的突破传统办学模式的改革和创新,也为应用型本科转型中的多样性和不确定性提供发展空间,以评促建,推动应用型本科转型发展。

按照 2015 年国家政策要求,应用型本科转型的目标是"将应用技术型高校建设成为直接融入技术进步过程和产业链价值创造过程,和地方、行业、企业共同成长的新型大学"。浙江省应用型本科转型中期导向性指标以"适切性原则"为主旨,以"什么目标什么评价"为院校评价路径选择,以应用型本科转型"四个度"为基准,构建"基准＋创新"相结合的应用型本科转型院校评价体系,具体涉及以下 7 个重要维度,如表 8-3 所示。

表 8-3　应用型本科评价新维度

办学功能契合度	要求定位准确、人才培养目标设定明晰、服务区域经济功能显著,有顶层设计和调研基础
学科专业架构匹配度	体现应用型本科学科特征,有服务和引领地方经济的核心专业群,有应用型学科支撑,突出与区域对接的新兴学科专业建设
人才培养模式职业度	体现以理论加实践导向的教学模式,体现协同创新导向、问题导向和项目导向等人才培养特征
科学研究合作度	突出科技和文化创新导向、解决现实问题导向的科研课题项目,横向课题与纵向课题的比例是 3∶2
社会服务贡献度	突出对当地企业的服务,协同创新以研究、人才培养、职业标准为绩效,对当地的文化影响力以参与政府管理、地方文化建设等为主
人才培养产出社会认可度	突出就业率、创业率
办学特色创新度	更侧重对具有机制创新、管理改革创新和内涵创新的学校加分

一是应用型本科转型发展中的办学功能定位的契合度。契合度以院校获得当地财政投入和应用型建设投入为评估数据,改变了传统大学以纵向的国家学术资源分配为主的评估指标。

二是学科专业架构的匹配度。学科专业建设以应用学科和应用性专业的占比,交叉学科、混合学科背景下的专业数,特别是新兴产业背景下的专业设置,体现当地产业发展需求的专业数,以及由此衍生的学术组织管理模式的创新指标建设为主,打破了"学科等级制"的评价模式。

三是人才培养模式的职业度。观测点以"双师双能"型师资占比、校企合作专业数、校企合作课程建设和实践课程占比为评价指标,改变以理论教学为主的评价模式。

四是科学研究的合作度。观测点包括院校纵向横向课题的构成占比,横向课题观测点重点包括是否立足地方、面向应用,围绕国家重大科技问题,以所在省区市经济社会发展的重要领域的应用型科研导向,以及发挥应用学科优势积极进行校企、校地合作,特别重视评估科技成果转化收入、服务区域创新发展等方面的项目合作情况、取得的社会经济效益,以这些指标评估高校的科研功能。

五是社会服务的贡献度。观测点可以包括积极参与地方社会经济发展及为中小企业和基层服务的质量,例如学院与地方、企业共建科技创新平台,与政府、行业协会签订的重要合作项目协议,承担企事业单位委托项目,横向科研经费,专利授权,获省市领导批示的咨询报告等,以及一些具有科技创新或文化影响力的创新项目或团队。社会服务贡献度指标超越了以"继续教育和培训"为主的评估模式。

六是人才培养质量的社会认可度。观测点重点包括就业率和创业率。就业率是个普适性的指标,关注总就业率和各专业就业率,并以就业率状况调整专业设置。升学率在人才培养质量评价中占一定权重,但人才培养质量评价的核心是就业率。创业率在应用型本科人才培养中是个突显指标,应用型本科毕业生注重创业率,但不以创业规模或者科技含量等为最主要指标,主要关注创业率、创业成功率。

七是办学特色的创新度。由于应用型本科的办学时间、办学规模或办学基础各不相同,因此,办学特色在应用型本科高校评价中应占有较大的权重。除基于应用型本科数量多、竞争激烈和易同质化等因素外,办学特色是应用型本科高校提高人才培养质量、获取社会认可、取得竞争优势的主要支撑。特色可以在人才培养、科学研究、社会服务、文化传承的一个方面或几个方面形成,也可以是办学形式、办学机制、办学管理体制方面的创新,总体指标的权重应不少于20%,以引导学校更注重办学特色,在特色中提高培养质量,更好地服务经济和社会发展需要为目标。

二、应用型本科院校治理模式选择的新维度

关于治理模式的选择,古希腊哲学家亚里士多德认为,优良的立法家和真实的政治家……须注意到本邦实现条件而寻求同它相适应的最良好政体[①],这就意味着不同类型的大学需寻求适切的治理模式。本科职业技术大学兼具职业和高等教育特性,传统高等教育的治理以国家、市场和学术权威三角协调关系为维度构建治理模式[②],是基于大学是知识生产的主体,应用型本科院校遵循与区域产业、行业企业紧密对接的发展要求,以企业知识和学科知识融合为主体,因此,治理模式构建的维度必将发生变化。

1. 治理模式构建的组织变迁

(1)由学术权威扩展为知识生产和传播整体组织

传统大学以知识生产和传播为特征,高深知识的生产是大学的核心,知识生产的主体是大学教授,治理模式体现为大学自治和教授治校,以学术权威为主导。随着科技和产业革命的变迁,知识生产模式发生了变化,大学也

①　林尚立.制度与发展:中国制度自信的政治逻辑[J].中共中央党校学报,2016,20(2):61-69.

②　伯顿·R.克拉克.高等教育系统——学术组织的跨国研究[M].王承绪,等译.杭州:杭州大学出版社,1994:178-186.

不是唯一生产知识的场所,英国学者迈克尔·吉本斯等人提出了知识生产模式1和模式2的观点,模式1是指传统的知识生产模式,即知识生产主要是单一学科的,在认知的语境中产生,模式2是指新的知识生产模式,即知识生产是异质性的,表现为超学科性。知识生产模式2的特征表现在4个方面,一是应用情景中的知识生产,二是超学科的特质,三是异质性和组织的多样性,四是质量控制的新维度。模式1是等级制的,而且倾向于维度这一形式,模式2则是等级化的异质性与组织多样性。模式2的知识是由多种不同的组织和机构创造出来的,它们包括跨国公司、网络公司、基于某个特定技术的小型高科技公司、政府组织、研究型大学、实验室、研究院以及国家的或跨国的研究项目。大学为了保持人才培养的竞争力,开始接纳大量的应用性知识和技术性知识,知识生产模式2推动了大学的组织变革,也催生了大学治理模式的变革,即各利益相关方协同治校。职业本科教育强调产教融合、校企合作,专业与区域产业对接是产教融合的关键,企业知识大量进入学校教育,企业知识是一种隐性知识和显性知识相互作用创造新知识的组织范式,野中郁次郎等人认为企业知识生产有四种模式,包括:社会化(从隐性到隐性)、外显化(从隐性到显性)、组合化(从显性到显性)和内隐化(从显性到隐性),企业知识形成最好的管理模式是"自中向上而下式"的管理过程[①],企业知识创造的最恰当组织模式是超文本组织,即兼得层级/官僚体制的效率和特别工作组的灵活性,企业知识是集基础科学、应用科学,以及技术知识和工艺为一体的知识。因此,职业本科技术大学的治理模式扩展为知识生产和传播整体组织。

(2)由国家精准为区域政府和区域产业整体组织

我国的高等教育系统以国有化为主体,教育部是行使国家权力的主要政府部门,是国务院组成部门,职责包括:负责拟订教育改革与发展的方针、政策和规划,起草有关法律法规草案并监督实施;负责各级各类教育的统筹规划和协调管理,会同有关部门制订各级各类学校的设置标准,指导各级各类

---

① 野中郁次郎,竹内弘高.创造知识的企业:领先企业持续创新的动力[M].李萌,高飞,译.北京:人民邮电出版社,2019:277.

学校的教育教学改革,负责教育基本信息的统计、分析和发布等。国家作为高校治理共同体,主要以制定法律法规,出台相关政策和进行财政拨款为主要手段,保障高校办学方向的正确性。我国的高校按管理属性分三种,分别是中央直属高校、省属高校和地方高校,其中,本科职业技术大学属于地方高校,地方政府成为更直接的组织共同体。2015 年 11 月,教育部、国家发改委、财政部联合印发《关于引导部分地方普通本科高校向应用型转变的指导意见》,应用型本科转型的基本思路之一是"坚持省级统筹、协同推进"①,提出:充分发挥省级政府统筹权,根据区域经济社会发展和高等教育整体布局结构,制定转型发展的实施方案,加强区域内产业、教育、科技资源的统筹和部门之间的协调,积极稳妥推进转型发展工作。可见,区域资源成为应用型本科大学办学的重要支撑。以浙江省为例,在 2015 年启动的应用型本科转型政策实施中,遴选的试点示范院校中宁波市有 4 所,这与宁波市对应用型本科建设的相关政策扶持力度较大密切相关。宁波近几年在政策环境上,出台了一系列推进应用型本科建设的措施,比如实施新一轮宁波市高校学科、专业能力提升计划,四年内推动建设 50 个市级重点学科、85 个市级重点专业,主动对接国家"产教融合"试点改革、"中国制造 2025"试点示范、跨境电商综合试验区等重大战略,支持在甬高校深化与国内外高水平大学合作,开展学科、专业共建,引进先进技术、高水平团队,重点建设一批国家实验室、国家重点实验室、产业技术研究院、工程技术研究中心等一流科研合作和产教融合平台。可见,区域是地理概念,是垂直和扁平兼顾的管理体制,以区域政府、政策和产业为组织共同体,是本科职业技术大学获取政策资源的错位优势,有利于社会参与,更适切本科职业技术大学对接区域产业、服务地方的需求。

(3)由市场聚焦为企业整体组织

市场为组织共同体,是以供需关系为主,学校办学、人才培养和科学研究

① 教育部 国家发展改革委 财政部关于引导部分地方普通本科高校向应用型转变的指导意见[EB/OL].(2015-10-23)[2021-10-28]. http://www.moe.gov.cn/srcsite/A03/moe_1892/moe_630/201511/t20151113_218942.html.

以供方为主体,培养的人才适应面较宽泛,质量目标以就业、创业、升学多样化组合为主。伯顿·克拉克认为高等教育面对的市场包括消费者市场、劳动力市场和院校市场[①]。市场是个比较宽泛的范畴,对接市场的大学包括研究型大学、应用技术大学和职业技术大学等。市场的优胜劣汰必然会产生人才培养的层级体系,也会造成人才培养与就业市场的不匹配等问题。企业是区域经济的基本组成体,不同区域科技、经济发展水平不同,企业对人才的需求也各不相同。以企业为组织共同体,学校办学、人才培养和科学研究是与企业共同完成的,可以实现产业链、创新链、教育链有效衔接,形成供给侧结构性改革。在政策推动下,校企合作、产教融合是应用型本科院校的发展优势,应用技术大学与企业形成供需共同体,有利于提升人才培养定位的精确性和适切性,实现职业教育高质量发展目标。

2. 治理模式构建特征

(1)政治治理与公司治理为一体的治理模式

应用技术大学组织形态的变迁,需要我们寻求适切的治理模式。有学者将大学治理的模式归纳为四种[②]:一是学术治理模式,其基本特征是教授治校,学术同行掌握各项权力,不必顾忌外部领导权力;二是科层治理模式,其强调校长为首的行政权力和董事会作为决策机构在大学治理中应发挥重要作用,大学治理实行威权治理;三是政治治理模式,强调大学治理的开放性和外部利益群体参与大学治理的可行性,也称共同治理;四是创业式或企业式治理模式,强调用企业方式管理,加强与社会合作,促进学校与社会共生长,强调外部力量参与大学治理并建立强有力的核心领导,注重决策的有效与高效,强调学术服从于行政。四种治理模式不是固定的,也不是递进式的演进过程,而是因组织形态的变迁产生的不同治理模式。高校的层次定位不同,

---

① 伯顿·R.克拉克.高等教育系统——学术组织的跨国研究[M].王承绪,等译.杭州:杭州大学出版社,1994:178-186.

② 李立国.大学发展逻辑、组织形态与治理模式的变迁[J].高等教育研究,2017,38(6):24-31.

履行职能任务不同,组织形态与治理模式也不尽相同。目前,对地方政府、社会资本、行业和企业进入应用型本科的政策支持日趋增多,比如支持行业参与产教融合试点项目,对纳入产教融合型企业建设培育范围的试点企业,可按投资额的 30% 抵免当年应缴教育费附加和地方教育附加,出台"金融＋财政＋土地＋信用"的组合式激励政策等。大量社会资本进入应用型大学建设,应用本科院校转型必然呈现多元主体的治理模式。因此,应用技术大学治理模式的构建,从组织变迁的制度逻辑分析,可进行知识—区域—企业大三角和学术—政府—市场内三角的重构,形成融政治治理与公司治理为一体的治理模式。

（2）"一校两制"和"一院一策"治理制度设计

制度包括规制性、规范性和文化认知性要素,这些要素为人们生活提供各种资源,也为人们提供稳定性和意义,从而使人们得以展开各种活动①。应用技术大学建立以章程为核心的现代大学制度,内部组织机构健全、质量保证体系完善,行业企业深度参与办学。学校领导必须符合国家高等学校领导任职条件要求,具有较高政治素质和管理能力,熟悉职业教育原理和规律,了解学校主要专业领域相关的产业或行业②。首先,坚持党委领导下的校长负责制。党委领导下的校长负责制是具有中国特色的现代大学制度,体现国家作为高等教育主要举办者的职责,保证学校贯彻党的教育方针,落实立德树人根本任务。其次,建立董事会议事制度。董事制度是盎格鲁-撒克逊高等教育中的一种共同的法定权力类型③。董事会由校外人士组成,对学校进行一般管理和监督,这些校外人士可能代表一种势力、一个公众机构和一般公众利益,也可能代表某部分人的利益或者某资助团体利益。董事会可以兼容公

---

① W. 理查德·斯科特. 制度与组织:思想观念、利益偏好与身份认同[M]. 姚伟,等译. 北京:中国人民大学出版社,2020:59.
② 教育部关于印发《本科层次职业学校设置标准(试行)》的通知[EB/OL]. http://www.moe.gov.cn/srcsite/A07/zcs_zhgg/202101/t20210129_511682.html.
③ 约翰·范德格拉夫,等编著. 学术权力:七国高等教育管理体制比较[M]. 王承绪,等译. 杭州:浙江教育出版社,2001:191.

私两方利益,具有法定权力。董事会议事机制,具体由举办者及其代表、校长、党委书记、教职工等人员组成,举办者可能是公立的也可能是私立的,也可能是公私混合的,董事会融合政府、企业、行业和学校等多元资源,在依据《高等教育法》《职业教育法》等法律法规前提下,支持创新董事会议事制度,根据出资者构成制定议事规则,比如决策主导型制度、半决策型制度和顾问督导型制度。最后,创新产业学院治理模式。产业学院是深化产教融合、校企合作的产物,是指特色鲜明、与产业紧密联系的高校与地方政府、行业企业等多主体共建共管共享的特色学院。产业学院可实行"一校两制"或"一院一策"治理模式创新,建立"理事会领导下的院长负责制"运行模式,产业学院理事会为产业学院的决策管理机构,院长在理事会的领导下全权负责产业学院的教育教学、社会服务和行政管理,对理事会负责。

(3)以共同价值观和文化认同实现多元治理的效能建设

新制度主义认为,好的制度首先是已形成一套普遍性的价值系统,其次是文化多样性的兼容程度可用来判断制度和制度化过程的成功程度①。面对学校、区域和企业的外在大三角协调,以及传统学术、国家和市场的内在大学逻辑,应用型本科院校组织形态复杂多元,政治治理、公司治理和学术治理模式并存,这就需要学校在尊重各组织文化的基础上,建立共同价值观,形成文化认同的良好治理环境。首先,建立以生为本的共同价值观。职业本科教育的目标是培养适切社会发展的高层次技术技能型人才,提高就业率和就业竞争能力是办学的公共价值观。职教本科专业设置对接区域经济重点领域,培养的人才直接服务区域现代化经济体系,这是区域政府和区域企业支持学校的价值取向。开展校企合作、产教融合,在人才培养中遵循职业教育规律和人才成长规律,增强学生就业创业能力,是学校实现人才培养高质量发展的价值取向。应用技术大学多元利益主体的博弈最终应以人才培养高质量发展为基准。其次,建立多元主体文化认同的良好治理环境。一是建立文化认

---

① B.盖伊·彼得斯.政治科学中的制度理论:"新制度主义"(第二版)[M].王向民,段红伟,译.上海:上海人民出版社,2011:43.

同的传播系统。多元组织是异质的，需要构建互通互学的学习机制，提升不同主体间文化的理解和融合，特别是构建与区域、企业的对话交流，构建不同领域知识生产者的对话和合作，以及不同学科间的交流和学习。二是建立文化认同的协商机制。大学的优势是能吸收社会前沿科技和信息，但存在着多元主体的文化和利益隔阂，这就要求以协商与谈判的方式实现利益分享和责任共担，比如建立专家委员会发挥专家治学作用，有效发挥教职工代表大会制度，建立校企合作（学校发展）理事会增强聚力咨政作用。三是建立开放的文化认同网络。异质性、多元性大学治理主体之间是一种网络关系而非线性关系，应用型本科院校转型发展中需要把网织得更密，网络构建涉及政府、企业、行业和校友，以及相关科研机构、社会组织机构和社区组织等，以产教联盟、现代产业学院和各项协同创新育人项目形式编织网络，延伸办学空间，形成互相尊重共享的文化认同网络。

第三节　应用型本科发展与高等教育学位体系变革国际趋势

从应用型本科发展的国际趋势分析，应用型本科发展有 3 个共同特征。一是成为高等教育适应社会发展的主要力量。工业化产物，为地方经济服务，也是促使高等教育体系变革的主要力量。二是职业性特征。学科专业紧密结合地方产业，人才培养模式区别于传统大学，以"三明治教学""师徒制""双元制""工学结合"等为特征，职业性的课程贯穿在整个发展过程中，高就业率是此类学校的核心竞争力。三是随时代发展不断提升。四是在高等教育学位体系中地位日益提高。应用型本科以具有独特的竞争力使高等教育重新走入社会中心。从承担职业训练开始，发展到以应用科学研究、产业人才培养和地方文化发展为职责，英国的城市大学更是超越服务社会功能，提出"社会参与"的服务功能，成为社会发展中心。

一、英美德应用型本科发展与高等教育结构调整

1. 英国的新大学运动和高等教育结构调整

英国的"新大学运动"是一场持久的运动,1827 年一群具有功利主义思想的国会议员、学者与实业家,捐资创立伦敦大学,其《声明书》明文规定了办学原则与目标,强调取消宗教资格限制,为中等阶层的教育服务;在学科与课程安排上,除了自由教育之外,还规定进行法律、医学、工程学等职业教育,设置化学、政治经济学等新课程,从而使伦敦大学成为一所宗教无甄别、课程实用而现代的新式大学①。

在伦敦大学办学新理念的影响下,从 19 世纪 50 年代开始,主要集中在 19 世纪 70 年代与 19 世纪 80 年代第二次工业革命初期,在英格兰各工业重镇与重要港口地区出现了 10 余所宗教无甄别、课程讲实用的新式高等院校,统称"城市学院"(civic colleges)。城市学院有 3 个特征。第一,地域性明显。城市学院处在新兴工业城市,是实业家和市民捐赠的私立机构,开设造船、采矿、机械、冶金、酿造等职业课程。比如纽卡斯尔大学偏重工程教育和船舶制造,谢菲尔德菲斯学院以采矿课程为主,利兹学院以纺织业为主,伯明翰梅森学院以酿酒制造闻名②。第二,办学形式为全日制和夜校并举,学生以走读为主,修业年限多为短期。第三,学院没有学位授予权,只有毕业文凭或能力证书,毕业后必须通过伦敦大学的考试才能获得学位。

20 世纪初,英国政府在意识到科技教育重要性后,开始有意识地扶持城市学院发展。其中有 11 所城市学院成长较快,在 20 世纪成为完全大学。包括:伯明翰大学、利物浦大学、利兹大学、谢菲尔德大学、布里斯托大学等,成为依托地方特色进行教学研究、培养技术人才、把城市服务视作第一办学目

---

① History of the university of London [EB/OL]. https://london. ac. uk/about-us/history-university-london.

② 徐辉,郑继伟.英国教育史[M].吉林:吉林人民出版社.1993:346.

标,具有社会责任意识的城市大学。英国城市学院创建的目的是满足城市和工业的需求,以"立足城市、服务城市"为办学定位。然而,升格后的英国城市大学仍面临许多问题,如:办学实力薄弱、生源质量偏低、总体声誉不高,且经常被社会和精英教育维护者批评其缺陷。为了回应质疑寻求生机,提升社会地位和学术声誉,城市大学普遍发生了"学术漂移"①现象,重心偏向理论性质的教学和研究,目的是追求全国或全球范围内的学术声誉。所以 20 世纪的城市大学虽然在一般意义上承担社会服务职能,实质上与城市二元割裂,丢失了城市根基,城市需要与实际应用导向的研究和教学弱化,核心目标转化成为学术声誉而进行纯学术研究。

　　20 世纪末学者和公众要求城市大学重新把注意力转移到其所处的城市与区域。传统大学以"教学、科研和社会服务"三大功能为主,而城市大学的功能应是"教学、科研和社会参与"②。城市大学的社会参与划分为 3 个阶段,初级的知识转移阶段:从简单的社区志愿服务(卫生、安全等),到依据社区需要进行技术培训,再到知识产权转移。更高一级的知识交流阶段:大学不再是单纯的输出机构,或者应对问题和挑战的起点,而是与合作方进行思想和观点的双向交流,是一种相互促进的伙伴关系状态。理想形态即嵌入一体式阶段:大学融入社会,与"用户"共同确立研究问题(包括值得关注的社会、环境和健康问题)、设计项目和筹备解决方案,最终形成以学术为基础、参与带动自我强化和可持续的良性循环机制。③在社会参与的办学理念下,新型城市大学呈现 3 个特征,以约克大学为例,一是把城市使命作为办学宗旨。城市使命包括:为国家医疗服务体系提供支持,为年轻人提供教育、技能,提供商务

　　① 张建新.英国多科技术学院的"漂移"及其启示[J].深圳职业技术学院学报,2004(4):72-76.

　　② 张建新.英国多科技术学院的"漂移"及其启示[J].深圳职业技术学院学报,2004(4):72-76.

　　③ GODDARD J,HAZELKORN E,KEMPTON L,et al. The Civic University:The policy and leadership challenges[M]. Cheltenham:Edward Elgar Publishing,2016.

和慈善支持①。二是整体式参与,将社会参与视为整个机构的活动,存在于城市的中心,不仅仅局限于特定的个人或团队。三是成为整合创新机构的中介,改变以往依靠大学推动革新的线性创新方式,把自身看作一个中介机构,整合、联结区域内的创新机构和创新系统。

英国高等教育的历史一般以 12 世纪以来牛津大学和剑桥大学的先后创立为标志,迄今已有八百多年的历程。从 19 世纪 60 年代到 20 世纪末,经历了从"一元"到"二元"再到"一元体制多样化模式"的体系变革。1966 年,英国教育与科学部颁布了《关于多科技术学院与其他学院的计划》(*A Plan for Polytechnics and Other Colleges*)白皮书②,将巴思等 8 所高级技术学院升格为大学,并将原有 90 多所独立学院合并为 30 所与大学平起平坐的多科技术学院,成为二元制中"公共部门"的高等教育。1992 年,英国 34 所多科技术学院以及部分其他学院被改称为大学,一个统一的高等教育体制取代了运行二十多年的二元制,从而完成了由二元制到一元制的变迁。从 2001 年英国高等教育质量保障署(QAA)发布的学位资格框架来看,目前英国的"一元制"已不同于 1963 年《罗宾斯报告》前的"一元制"。确切地说是"一元体制多样化模式"(unified system with multiple modes)③。英国高等教育机构目前类型多样④。从 1992 年《继续和高等教育法》颁布实施后,英国的大学以政府语言分为"1992 年"前"老"大学和"1992 年"后"新"大学。"老"大学包括许多建于 20 世纪五六十年代的城市大学;建于 19 世纪和 21 世纪早期的威尔士大学的首个学院;建于 12 世纪和 13 世纪的牛津和剑桥大学;建于 15 世纪的三所苏格兰大学。"新"大学包括原多科技术学院,具有以职业学院为特征的长期历史,大学具有学位授予权。而高等学院与大学一样具有自治权,其办学

---

① https://www.york.ac.uk/media/staffhome/marketing/corporatepublications/annual-report-2019.pdf.

② 孙敏.英国多科技术学院调研报告(上)[J].职业与终身教育,2013(9):41-44.

③ 陈学飞,张建新.从二元制到一元制——英国高等教育体制变迁的动因研究[J].北京大学教育评论,2005,3(3):80-88.

④ Higher education in UK[EB/OL].https://www.qaa.ac.uk.

规模、使命、学科和历史是多样的。一些学院已有一百五十多年的历史,授予学院学位和其他证书;还有一些学院,证书由大学或国家认证机构认证。高等院校若超过 4000 名学生和具有学位授予权可以被称为"应用大学"。小型学院拥有学位授予权的可以应用私人协商获得"大学学院"的使用权。高等学院的学生数平均 3500 名。一些学院覆盖了广泛的学科,还有一些则专注于一个或两个学科领域,例如艺术和设计,舞蹈和戏剧,农业或护理。许多继续教育学院提供高等教育课程,课程由某个高等教育学院认证或类似爱德思的国家机构认证。

2. 美国的州立大学和加州高等教育规划

教育史学家埃利克·阿什比把美国州立大学的兴起视为中世纪以来高等教育发展史上的"突然变异"①,是"世界上最具民众基础的大学"。作为高等教育民主化进程产物的美国州立大学,承担了高等教育大众化的历史重任。

美国州立大学的建立可以追溯到 18 世纪的启蒙运动。1819 年,托马斯·杰斐逊在弗吉尼亚的夏洛特镇建立美国第一所真正的州立大学。州立大学受 19 世纪德国大学的影响将新的知识领域融入课程以服务于迅速扩张的社会需求②。美国州立大学的创立代表了民主人士在高级学习领域的公共行为,在一定程度上改变了大学教育仅仅作为一种贵族追求的遗风。

美国州立大学的扩张期。19 世纪,美国广泛引入由州授予特许状的学院与大学,1862 年的第一个和 1890 年的第二个毛里尔法案实施后,州立大学广泛建立起来。内战前创办的有印第安纳大学、密歇根大学、依荷华大学、威斯康星大学及明尼苏达大学等。内战后,州立大学扮演了领导角色,联邦政府的赠地基金拨给州立大学使用,1900 年,美国 8 所号称人数超过 2500 人的大学中有 4 所是州立大学,比如威斯康星、明尼苏达、佐治亚以及北卡罗来纳。

────────────────

①　阿什比.科技发达时代的大学教育 [M].滕大春,滕大生,译.北京:人民教育出版社,1983:79-92.

②　余承海,程晋宽.美国州立大学的起源与发展[J].高教发展与评估,2013,29(6):79-104.

美国州立大学发展的全盛期。随着"第三次产业革命"的推进,美国州立大学的发展进入全盛期,650 余所州立大学分布于美国各地,它们可分为两种互有重叠的类型,一类是主要为地区服务的院校,但它们所服务的地区要比社区学院所服务的地区大得多。另一类是为全国服务的院校,但它们仍然是州立大学①。州立大学的规模差别很大,最小的只有 1000 余名学生,最大的有 10 万余名学生。州立大学在文理两科开设了高级学位课程,既训练纯学术人员,也开展应用研究。

美国州立大学的特色。经过两个世纪的发展,美国州立大学逐渐形成了自己的鲜明特征,在服务对象、办学定位、课程设置、管理模式方面都有其独特的方式体系。第一,以服务地方经济社会发展为办学宗旨②。秉承"威斯康星思想",以实现"美国梦"为理想,美国州立大学为地方服务的功能体现在几个方面:①学科专业紧密契合地方经济发展。如"赠地运动"兴起时期,各州都建立了各式各样的"赠地学院",针对当时区域发展迫切需要的农业、工业等人才,在课程设置中增大比重。②服务地方文化和科技发展。开放体育场、图书馆等,以及向本社区的居民开放一些文化、艺术、科学常识等课程,丰富居民的精神文化生活。一些科研能力强的学校承担解决实际应用问题的科研任务,如华盛顿州立大学研究鲑鱼繁殖的问题,得克萨斯州研究棉花的种植和肥料问题等。进入 20 世纪,州立大学以与工商业及国家的合作为途径,将服务的范围扩大到联邦,服务领域也覆盖到所有生产和知识领域,如加利福尼亚大学的劳伦斯实验室等③。第二,"职业性"特征明显。州立大学以培养实用型人才为目标,以应用学科为主要课程,注重实用人才的培养。以圣荷西州立大学为例,该州立大学地处硅谷腹地,把培养计算机科学人才和

① 约翰·范德格拉夫,等编著.学术权力:七国高等教育管理体制比较[M].王承绪,等译.杭州:浙江教育出版社,2001:100.

② AASCU Policy & Advocacy: Publications[EB/OL]. https://www.aascu.org/policy/publications.

③ 德里克·博克.走出象牙塔——现代大学的社会责任[M].徐小洲,等译.杭州:浙江教育出版社,2001.

工程教育实用人才作为重点,聘请硅谷高科技公司中经验丰富的工程师参与教学与辅导,同时把学生送去这些科技公司实习,培养他们解决技术问题的能力。第三,追求学术卓越发展。应用型的发展并不影响州立大学对学术发展的要求,20 世纪 80 年代以后,随着州立大学对学术卓越发展的追求,州立大学的研究生教育和科研服务水平有很大提高。第四,独特的治理模式。由州政府任命校外的董事会,为州立大学的发展提供了智力和机会支持。第五,融资多样性,美国州立大学由州政府提供财力和政策支持,由州政府任命校外董事会。州政府提供近一半经费,其余来源包括联邦政府、教会、基金会、个人捐资、学生学费和资助等。

美国的高等教育结构比较复杂,美国市场化的高等教育机制造成了高度分化的体系①,美国是联邦制国家,教育制度以州立法而定,各州各异,从全美国的高等教育系统看,大致可分为四级。第一,建立于殖民时期的老牌常青藤名校,以及 19 世纪早期和中期成立的一系列州立大学,这些属于精英研究型大学的中坚力量。第二,19 世纪中晚期形成的赠地学院。赠地学院一般会在校名中加上"state"一词。第三,源自 19 世纪末为培养教师而成立的师范学校。这类学校最初仅提供职业课程,先行演变为师范学院,进而成为综合性的州立大学,到 20 世纪 60 年代,成为地区性的州立大学。第四,于 20 世纪初期成立的初等学院,成为目前体系庞大的社区学院,此类学院只开设两学年的课程,许多学生会选择继续去等级高的大学获取学位。

加州高等教育总规划是州政府对高等教育系统干预的典型事例,被誉为扶持加州经济腾飞的规划②。该规划由时任加州大学校长的克拉克·克尔于 1958 年提出,1960 年通过立法,其主要特点就是对加州公立高等教育进行功

---

① 戴维·拉伯雷.复杂结构造就的自主成长:美国高等教育崛起的原因[J].北京大学教育评论,2010,8(3):24-39.

② 克拉克·克尔.美国加利福尼亚州高等教育总体规划(1960—1975)[M].王道余,译.北京:人民教育出版社,2005.

能分层①。首先,确定加州公立高等教育的 3 个层次结构和协调管理模式。规划确定 3 个层次高等教育的分工且每个部分必须力求优秀②。规定社区大学向所有人开放,但只能够提供高中后的两年大学教育,其主要任务是提供职业技术方面的培训,为普及高中后教育提供优质服务。加州州立大学的主要任务是从事本科教育和硕士学位研究生教育。加州大学主要从事研究生和专业教育,加州大学是加州公立高等教育中唯一能授予博士学位的学校,并有权与加州州立大学联合授予博士学位。加州大学是能够使用州研发经费,从事科学研究的唯一学术机构。第三,加州州立大学和加州大学建立不同的录取标准。在全州 SAT 考试成绩中,前 1.25% 才能升入加州大学,加州州立大学在 1.25%~3% 之间,其余学生进入社区学院。第四,不同层次高等教育之间的开放性。加州高等教育 3 个系统之间采取学生向上流动的开放机制,即加州大学和加州州立大学在本科的高年级每年都预留出 25% 的名额接收从社区学院转入的学生。加州高等教育总规划对一些想升格的大学来讲是不利的,因此一出台就受到了公立两年制学院和公立四年制学院的抵制。因为它打碎了社区学院和州立大学的升格梦。但是,人们对其赞誉的声音似乎高于批评,因为,该规划为加州经济腾飞提供了必要的人才梯队。典型的例子就是在硅谷的发展中,从 20 世纪 60 年代三次产业升级中,保证高端人才、中端人才和低端人才的供求平衡③。克尔认为:"对于所有有用的知识都应该得到尊重,对于什么是有用的知识,不应该根据种类进行分类,而是应该根据质量进行分类。我成长在农村,我非常尊重农民的技术和知识。所以对于社区学院存在的价值不应该根据他们教授知识的深浅来衡量,而是应该根

---

① 马万华.功能分层:美国加州高等教育总规划的借鉴[J].中国高等教育,2008(2):60-62.

② 克拉克·克尔.高等教育不能回避历史:21 世纪的问题[M].王承绪,译.杭州:浙江教育出版社,2001:151.

③ The history and future of the California Master Plan for higher education[EB/OL] https://www.lib.berkeley.edu.

据他们教授的质量来判断，这一道理同样适用于加州州立大学和加州大学。"①

3. 德国应用科技大学和"双元制"

德国应用科学大学原来的德文名称是"Fach-hochschule"，即"高等专科学校"。世纪之交以来，更名为"Hochschule"，即"高等学校"，并且在"Hochschule"之后附加"für angewandte Wissenschaften"，即"针对应用科学"一词，"Hochschule für angewandte Wissenschaften"的缩写形式为 HAW，源于已经在世界范围内广泛使用的英文名称"University of Applied Sciences"，现在普遍把这类学校都称为应用科学大学②。名称的演变见证了德国新型大学的五十年变迁。

高等专科学校阶段。1968 年，德国各州州长签订《联邦德国各州统一专科学校的规定》③，将各州经济管理、社会管理、设计和农业教育等方面的原工程师学校、学院及工业设计高级应用科技学校、社会服务应用科技学校、经济高级应用科技学校升格成高等专科学校（Fachhochschulen，简称 FH）。创立初期，学制是三年制高校，20 世纪 70 年代，巴登-符腾堡州和巴伐利亚州的应用科技大学首先增加 2 个实习学期，将学制延长至四年④。专业主要集中在工程、经济以及社会科学三大传统领域。每所学校往往只有 1 个或 2 个专业，学校办学定位在为地方经济发展服务人才培养的目标。1968 年《联邦德国各州统一专科学校的规定》明确提出：高等专科学校旨在通过对学生实施职业训练，培养具备较强实践能力的专门技术人才。

应用科技高等学校阶段。从 19 世纪 70 年代到 80 年代，联邦德国三次修

① 克拉克·克尔.高等教育不能回避历史：21 世纪的问题[M].王承绪，译.杭州：浙江教育出版社，2001：144.

② NICOLAI MÜLLER-BROMLEY.论德国应用科学大学的发展前景[J].应用高等教育研究，2019(12)：59-64.

③ HENDRIK LACKNERDE.应用科学大学 50 年：德国应用型高校的成功模式及其发展前景[J].应用型高等教育研究，2019，4(2)：1-9.

④ ARNE PAUTSCH.巴登-符腾堡州双元制大学：德国双元制高等教育的"典范"[J].应用型高等教育研究，2020，5(4)：42-47.

订《高等教育总法》，确立应用科技大学与综合大学的等值地位，巩固了其在国家发展中的战略地位。1976年，德国联邦会议通过了《高等教育总法》，明确应用科技大学是一种与综合大学等值的高等教育类型，是具有与综合大学同等地位的，被国家重点发展的本科层次的高等教育①。应用科技高等学校的办学理念是为社会职业而实施科学教育，而不是实施职业教育。办学定位是培养具有从事某一职业的专业知识、技能方法及负责任态度的学生。1987年，德国政府要求全国不同类型的高校之间联合培养人才。应用科技高等学校呈现以下特征。第一，招生要求。要求报考本类学校的考生必须有相关的实践经历。实科中学或主体中学的毕业生，可直接报考应用科技大学，完全中学或高级文理中学的毕业生，可以报考应用科技高等学校，也可以报考综合大学。第二，获得相应学位授予权。1980年11月，德国文化部长联席会议专门就其学位问题展开讨论。会议一致同意其具有与研究型大学等值的二级学位授予权，但须在后面注明FH。第三，人才培养模式。德国应用科技大学主要与相关企业联合培养人才，形成闻名世界的"双元"特色。部分应用型高校的实习安排不少于一学期，采取"项目化"学习模式。第四，师资要求。1980年，应用科技大学要求教师需具备"双师"型教授资格，逐渐开始有科研任务。德国《高等教育总法》指出，在应用科技大学任教的教授必须具备博士学位、本专业五年以上（三年必须是在校外实践）的工作经验。教师每隔三年有"研究休假"，到相关的企事业单位集中学习6个月。

应用科学大学阶段。1998年德国政府修订《高等教育总法》，统一要求德国应用科技大学采用全球互认的"学分制"，允许其和研究型大学授予二级学位。2000年以后，其专业设置呈现综合性、聚集性特点，其不仅设置研究型大学所常设的传统专业，还设置跟随时代发展的工程科学专业，强调专业的应

---

① 刘玉菡.德国应用科技大学创建发展、办学特色及其启示[D].石家庄：河北科技大学，2015.

用、实用特点,成为兼具综合性、专业性、应用性的应用科学大学①。这一阶段的应用科学大学呈现以下特色。第一,生源层次增多。目前,申请应用科技大学的人数已经大大超出其招生人数,新生中完全中学的毕业生已经增加到50%左右。第二,培养目标侧重高级应用型人才。目前,德国应用科技大学具体对学生能力的要求主要是三方面。一是应用能力,要求能利用理论科学知识,解决实际遇到的难题;二是科研能力,要求能利用个人经验,顺利进行科技研发活动;三是操控能力,要求能利用科学知识、技术方法操控生产工具进行产品制造或服务,并进行工艺流程、技术方法的优化设计活动。应用科技大学不仅注重培养一线生产的技能型操作工人,更注重培养能够将所学理论知识转化为实际产品开发能力,推动地方经济、产业转型的高级应用人才。第三,专业呈现综合性、聚集性。应用科技大学专业设置的重点转向工程科学领域,特别是建筑、电气、机械工程领域(共有 30 个专业)以及经济科学、信息科学、社会科学和工业设计等领域②。第四,学历层次提高。1999 年,德国文化部长联席会议《关于引入学士学位、硕士学位课程的结构性规定》明确大学和大学类高 Diploma、Magister 相当于其他国家的学士(Baehelor)、硕士(Master)学位。德国应用科技大学的 Diploma(FH)学位不再使用。据德国教育与研究部的数据,截止到 2015 年,德国应用科技大学设有约 2000 多个二级学位专业③。第五,办学模式国际化。2002 年,德国科学审议会要求应用科技大学积极拓展国际市场,走国际化办学路线。据统计,到 2019 年,11.7%是国际学生,德国应用科技大学已在 100 多个国家与 4000 多所高校共建国际性的课程④。第六,毕业生出路多。大多数毕业生都在中型及以上的企

① Universities of applied sciences[EB/OL]. http://www. research-in-germany. org. universities-of-applied-sciences. html.

② Five things you always wanted to know about universities of applied sciences[EB/OL]. https://ec. europa. eu/education.

③ Universities of applied sciences[EB/OL]. http://www. research-in-germany. org/ universities-of-applied-sciences.

④ Education in Germany[EB/OL]. https://wenr. wes. org/2021/01/education-in-germany-2.

业就职,主要从事技术性岗位,是企业中的骨干力量。部分毕业生进入小型企业,主要从事重要技术性或管理性工作。学生毕业后,也可申请攻读博士学位①。

总体来看,德国高等教育体系具有"均等和分化"的特征②,德国高校目前有自治大学、应用科学大学和职业院校(包括"双元制"大学)三类高校。传统德国学位制度只有硕士—博士两级学位制度,无学士学位,学位和任教或专业资格紧密相连。为了方便国际学生交流,培养新型人才,德国引入了英美式的学士(Bachelor)和硕士(Master)学位制度③。综合大学有三种,一是中世纪建立的古典综合性大学,二是行业特色大学,我国常译为工业大学,以及医科、经济等单科大学。三是新建综合性大学,是由原有大学、高等专业学院或高等师范,以及艺术和音乐学校等综合而成④。应用科学大学是第二大类高等教育机构。职业院校、"双元制"大学是德国第三类高等教育机构,从事工科相关专业本科层次的"双元制"职业教育,兼具职业培训和学术教育双重特色。

4. 应用型本科在高等教育学位体系中地位日益强大

可见,21 世纪的高等教育进入普及、多元和公平的主题。高于 45% 的高等教育毛入学率,促使高等教育呈现多元和多样化特征,各国的职业教育呈现上移趋势。职业教育导向的新兴学科专业进入高等教育领域,建立"不同类但等值"的学位框架成为体系建设成熟的标志⑤。高等教育学位体系变化呈现 3 个特征。第一,职业教育和学术教育并存的体系。从联合国教科文组

---

① Universities Research in Germany[EB/OL]. http://www. research-in-germany. orguniversities. html.

② 史秋衡,杨玉婷. 均质与分化:德国高校分类发展的战略选择[J]. 江苏高教,2021(2):9-13.

③ 贺红岩. 博洛尼亚进程下德国学位制度的改革[D]. 石家庄:河北师范大学,2007.

④ The educational system of the Federal Republic of Germany[EB/OL]. https://eric. ed. gov/qED151265.

⑤ 关于加强和改进专业学位教育工作的若干意见[EB/OL]. http://www. cdgdc. cdu. cn/xwyyjsjyxx.

织把中等后教育纳入"第二级"教育①开始,高等教育趋同现象明显。"趋同"的表现异于 20 世纪的"学术漂移",而是"学术"与"职业"的并存,中间层级的高等教育多样化特征明显。2011 年版的《国际教育标准分类法》,明确提出高等教育和职业教育是两个并存的体系,高等教育分为职业(专业)高等教育和普通(专业)高等教育两个类型②,"以职业目的为主"的高等教育和"以学术目的为主"的高等教育并存于专科、本科和研究生各层次教育中,职业教育可形成本科、研究生和博士生层次的类型体系,与高等教育互通互融。第二,扩展中间学位区度。专科和本科层次是中间学位的主要组成部分,德国于 2017 年修订高等教育学位资格框架,从二级学位制改进为三级学位制,增加本科层次学位,并建立学校教育和职业培训两条获取证书和学位的路径。英国在 2011 年重新修订学位资格框架,建立五级制学位制度,其中第四、五和六级是从高等教育证书到荣誉学士学位层级,扩展了 10 个分级的学位名称设置,包括中等后教育的证书、文凭和学位。美国增设副学士学位,建立四级学位制度。中间学位区度的扩展,体现了职业教育在高等教育中地位的变化,是增强职业教育适应性的体现。第三,建立学位资格质量标准。英美德国家纷纷制定学位资历标准,用于明晰每个层级证书或学位的知识和能力水平,并建立质量保证框架,比如英国高等教育质量保障署建立了学科、专业和课程等一系列标准,发布相关评估信息,给学生、家长和雇主明晰的参考。应用型本科学校资历也从证书培养发展到博士培养,成为"不同类但等值"的高等学校。例如英国实行的"双轨制",把部分城市大学和其他院校合并成"多科技术学院",把 34 所多科技术学院列入另一类"公共部分"。二十年后,这些多科技术学院升格为多科技术大学,结束了"双轨制",形成"一元体制多样化模式",所谓多样化,即多科技术大学还保持着为地方服务的特征,以鲜明的职

---

①　关于加强和改进专业学位教育工作的若干意见[EB/OL]. http://www.cdgdc. cdu. cn/xwyyjsjyxx.

②　International standard classification of education? ISCED (2011) [EB/OL]. http://www. uis. uncsco, org/Education/Pages/intcrnational-standard-classification-of-education. aspx.

业课程获取竞争力。由于美国是联邦制国家,教育以州立法进行管理,因此,美国的高等教育体系通过市场竞争,形成复杂的四等级而加州高等教育总体规划打破了市场竞争秩序,州政府规划了三层级高等教育体系,保证加州经济在发展中的各层次人才的供求平衡。德国的高等教育体系,从两级制发展到"均等和分化",保证了应用科技学院的发展和职业性特征,目前其"双元制"课程已渗透到各个层级的大学,应用科学大学提供"双元制"课程的比例占到71%,应用科学大学也具有博士学位授予权。

二、我国应用型本科发展与高等教育系统的进一步优化

2015年启动的应用型本科转型过程,是政策推进和院校建设互动的过程,体现了需要进行价值补充的政策导向。浙江省政策推进中有两点成功经验值得推广,一是建立了应用型本科建设中期检查导向性评价体系,评价体系以分类和契合转型政策为原则,解决了国家层面应用型本科评价体系缺失问题。中期检查导向评估以"基准+创新"的原则,为"应用"建设创立了一个空间。试点示范院校在这个空间中形成了新的办学形态和新格局,新兴学科专业的发展、应用研究与社会服务功能的漂移,教师知识和能力的重构,使得转型院校呈现与区域经济、新科技、新兴产业紧密结合的趋势。二是启动试点示范院校转型项目,第一批10所示范院校转型趋势良好,第二批也已启动,转型院校以"高水平应用型大学"为目标,初步明晰了应用型本科院校内涵建设,勾勒出新型大学的办学模式。因此,建议国家层面启动应用型本科示范院校建设项目,进一步推进应用型本科转型发展,注重政策推进的延续性。省级统筹政策推进中呈现出的新问题,包括应用学科建设缺失、应用研究处于"夹缝"状态、应用建设经费投入空缺等,以及学位体系不完善、质量评价体系缺失等,严重阻碍应用型本科的可持续发展。这些问题需要国家建立更完善的政策系统。

1. 建立分类拨款制度,应用型高校建设经费投入按当地财政收入比例递增

目前从中央到地方,对应用型本科院校转型建设均没有设立专项财政支

持,试点示范院校建设的拨款方式和经费来源也没有转变,浙江省的 10 所试点示范院校,只有宁波工程学院争取到了"工程院校产教融合基地"项目,该项目是国家发展改革委、教育部"十三五"期间实施的教育现代化推进工程应用型本科高校建设项目,支持各省份推荐的 100 所应用型高校建设,中央预算内投资在"十三五"期间对每所项目高校拟投入 1 亿元。其他院校在建设中,均面临经费短缺问题。以一所地级市财经大学和一所省会城市高等职业学院做比较分析,如表 8-4 所示。

表 8-4　两所院校经费投入比较

学校名称	面积	学院与专业	教师数	学生数	投入
地级市财经大学	1700 亩	金融贸易学院、财富管理学院、工商管理学院、机械与电气工程学院、信息工程学院、人文学院、艺术与传媒学院、基础学院、马克思主义学院、成人继续教育学院、国际教育学院、公共体育部、公共文艺部等教学单位 32 个本科专业	1041 人	在校全日制本科生近 2 万人	3.2 亿左右
省会城市高等职业学院	569 亩	经济管理学院、电子商务学院、财会金融学院、旅游烹饪学院、应用工程学院、艺术设计学院、人文学院和外国语学院 8 个二级学院 31 个专业及方向	600 余人	在校生 1.1 万余人	3.0628 亿

两者同属财经类学院,分属应用型本科和高职层次,高等＋职业学院年总投入 3.0628 亿,应用型本科财经大学年总投入 3.2 亿左右。而应用型本科院校转型建设中一个协同创新中心的投入即需几亿左右,浙江省现代大宗商品产业体系协同创新中心建设总体经费需求为 4.38 亿元,其中自筹资金3.58 亿元(包括已投入 1.78 亿元,下一步自筹 1.8 亿元,申请政府资助 8000万元)。因此,从国家到省市地层面都需要加强对应用型本科院校建设的投入。一是加大对应用型本科院校转型建设的投入,以试点示范院校评选项目专项财政拨款投入。二是根据应用型建设高校不同学科专业培养成本,制定

不同学科专业的生均财政拨款基本标准。三是改革以往以学生数为基础的财政拨款制度,采用"基准+绩效"的拨款方式。要突出应用型学科专业建设绩效。四是对于市属高校参与的省级考核竞争项目,如省财政明确不安排奖补资金,市财政应完全落实由地方负责予以奖补的资金。

2. 重视新兴学科建设中的经费投入和政策支持

从应用型本科转型中期检查来分析,新兴学科专业在应用型本科建设中占据着较大比例,新兴学科专业领域扩展至信息经济、节能环保、健康、旅游、时尚、金融、高端装备制造与新材料等,如宁波大红鹰学院的大宗商品交易专业、浙江大学宁波理工学院的系统芯片与信息物理技术等。浙江省"十二五"期间启动新兴特色学科专业建设项目,"十二五"时期浙江省将培育发展战略性新兴产业作为转方式、调结构、促发展的重大战略举措①,并将物联网产业、高端装备制造业、新能源产业、新材料产业、节能环保产业、生物产业、新能源汽车产业、海洋新兴产业以及核电关联产业等九大产业确定为战略性新兴产业。各高校根据浙江省经济社会发展需求建设特色专业,如海洋技术(重点方向:海水淡化与海洋化工)、能源化学工程(重点方向:绿色能源技术与节能减排)等,提高人才培养与社会的契合度。"十二五"期间,10所试点示范院校的立项新兴特色专业(备案)占32/200,但应用型本科在新兴学科专业建设中存在经费短缺,学科评审处于弱势的问题,因此,在学科专业建设中要加强对新兴特色专业的投入。具体包括:一是增设应用型本科新兴学科专业建设项目;二是对新兴学科在重点课题立项、重点实验室建设、科技创新团队申报等方面给予重点倾斜;三是构建与省内外优势高校人才的合作机制,类似地方工程学院的"大院名校联合协同创新"机制;四是加大对新兴学科专业建设专项经费的投入和出台相关的配套政策。

3. 完善高等教育学位体系,建立多元质量评价体系

我国的学位制度始于1980年颁布的《中华人民共和国学位条例》,1991

---

① International standard classification of education? ISCED(2011)[EB/OL]. http://www. uis. uncsco. org/Education/Pagcs/intcrnational-standard-classification-of-education. aspx.

年开始实行专业学位教育制度。目前,我国的学位体系分学术学位和专业学位两大组成部分,学位分学士、硕士、博士三级,具有三十年办学历史的高等职业教育始终没有学位设置名称和授予权,造成高职学生处于难就业、难考试、难录用的尴尬困境。专业学位是针对社会特定职业领域的需要,培养具有较强的专业能力和职业素养、能够创造性地从事实际工作的高层次应用型专门人才而设置的一种学位类型。我国自 1991 年开始实行专业学位教育制度以来,已设置有 13 种博士专业学位、47 种硕士专业学位,1 种学士专业学位(建筑学学士),涵盖教育、工程、医学、法律、经管、农业等多个职业领域,但专业学士学位只有一种(建筑学专业学士学位)。而且专业学位的学士、硕士、博士还未形成贯通体系。目前,纳入应用型本科转型的院校,其办学基础和办学历史各不相同,有百年名校的地方大学,也有 1999 年后的新建本科。以浙江省为例,浙江省第一批试点示范的 10 所应用型本科院校办学时间、学校类型和办学体制各不相同,以 1999 年设立前后划分各 5 所,其中省会城市地方大学的建设目标是"综合性应用科技大学"。一流大学独立城市学院建设目标是"转型为一流本科教育品牌的高水平新型大学"。一流大学单列港口城市理工学院转型为"有区域特色的高水平大学"。省属工业大学独立学院建设目标是"一流的区域性应用型大学"。省属财经大学独立学院转型为在应用型建设中走在全国经管类独立学院前列的"高水平新型大学"。地级市工程学院和工学院,以新工科发展方向为主,建设目标是"高水平工程技术大学"。省市共建地方大学,建设目标是"高水平应用型大学"。省会城市和单列港口城市民办大学建设目标是"特色鲜明的民办大学"。10 所院校中有 8 所学校学科分布超 7 个以上,5 所学校专业数超 40 个,4 所学院专业数为30~40 个,其中,省会城市地方大学学科分布 10 个,专业数 79 个,有服务国家特殊需求博士学位人才培养项目 1 个,联合培养博士学位点 2 个,一级学科硕士学位点 20 个,专业硕士学位授权类别 6 个。其他还有 3 所院校已开展研究生教育。10 所试点示范院校已初步具备本科、专业硕士博士应用人才培养体系。因此,多样化的发展为应用型本科可持续发展奠定了基础。

浙江省 10 所示范院校的转型实践显示,示范院校在"应用"内涵建设中超越传统工业化时代,勾勒出新型大学框架。应用学科专业的重心转移到了新工科、金融、经管商科、信息技术、健康服务、创意产业等领域,并建立起不同学历要求的应用型本科教育体系;以"学术＋职业"的教师价值取向,促使具有企业背景的教师增多,"高学历＋高能力"的应用型课程团队建设,形成新的教师共同体;应用研究与社会服务移位新兴学科新科技新兴产业,呈现模式 2 知识生产的特征。模式 2 下质量控制的新维度是指从传统的同行评议向更加综合的多维度评价转变,是利益相关者的共同体评估,原则是:从知识生产到其市场化,再到其在各种市场的实际绩效,所有干预的策略性措施必须被识别出来,使质量控制得以实施并进行变革。因此,对高校的评价,需要从传统知识生产模式的框架中走出来,建立新的评价体系。在模式 2 情景中的高等教育质量保证更复杂,因为高校会涉及不同的知识生产和传播的使命,混合学科的框架持续扩展,以问题为导向的研究日益伴随。比如英国高等教育质量保障署,针对"一元体制多元化模式"高等教育新系统,建立以"基准＋推进"的评估框架。不同的知识生产和传播要求需要不同的质量保证框架的建立。浙江省应用型本科中期导向性指标的建设,10 所试点示范院校与导向性指标的互动,体现了以评促建的良好评估环境。因此,急需国家层面出台应用型本科示范院校建设项目,建立分类评估体系和高等教育分类系统,为应用型本科转型多元化发展提供政策保障。

总之,按照德国学者 HendrikLacknerde 的解释:应用型的构建是一项不间断的持久性任务,应用型的特征是不断追求进一步发展和优化。比如对于学校和产业界之间建立新的教学计划,学校和企业合作的创新整合或研发,应用型高等教育绝不比传统高校要求低。特殊的应用发展背景赋予了其鲜明的特点,一是办学方向与产业紧密结合,二是科研方向主要集中在对基础研究转化为产业需求的领域,三是课程专业设置灵活,能及时根据产业需求变化做出调整,注重学生实践经验和知识应用能力的培养。应用型本科院校以多元形式走入社会,比如一些大学以教学质量和毕业生就业率为竞争力;一些大学以学生满意度、可雇佣性为优势;一些大学成为领先的创业型大学,与工商业有着密切的联系,成为地方经济发展创新力量;一些大学科打造"工读交替制课程""现代学徒制课程",建立灵活的人才培养机制,成为科技和技能学习的国际输出机构;还有一些大学成为以创新闻名于世的卓越大学。总之,多元化发展是应用型本科院校走向社会中心的未来趋势。

参考文献

[1]阿什比.科技发达时代的大学教育[M].滕大春,滕大生,译.北京:人民教育出版社,1983:79-92.

[2]B.盖伊·彼得斯.政治科学中的制度理论:"新制度主义"(第二版)[M].王向民,段红伟,译.上海:上海人民出版社,2011:43.

[3]毕雪阳.应用型本科人才培养的国际比较[J].中国大学教学,2008(8):89-92.

[4]伯顿·R.克拉克.高等教育系统——学术组织的跨国研究[M].王承绪,等译.杭州:杭州大学出版社,1994:199-201.

[5]伯顿·克拉克.高等教育新论——多学科的研究[M].王承绪,等译.杭州:浙江教育出版社,2001.

[6]陈锋.关于部分普通本科高校转型发展的若干问题思考[J].中国高等教育,2014(12):16-20.

[7]陈光磊,张婕.地方本科院校建设应用型高校的转型路径研究[J].高校教育管理,2017,11(3):66-72.

[8]陈洪捷.知识生产模式的转变与博士质量的危机[J].高等教育研究,2010,31(1):57-63.

[9]陈厚丰,陈艳椿,李海贵.我国专业类高校评价标准与指标体系构建[J].高教学刊,2015(19):16-21.

[10]陈厚丰,李海贵.我国职业类高校分类初探[J].职教论坛,2015(33):11-16.

[11]陈厚丰.中国高等学校分类与定位问题研究[M].长沙:湖南大学出版社,

2004:142-147.

[12]陈厚丰.中国高校分类标准及指标体系设计[J].高等教育研究,2008,29
(6):8-14.

[13]陈劲,阳银娟.协同创新的理论基础与内涵[J].科学学研究,2012,30
(2):161-164.

[14]陈小虎."应用型本科教育":内涵解析及其人才培养体系建构[J].江苏高
教,2008(1):86-88.

[15]陈小虎.论地方新建本科高校转型发展——兼谈创建新型应用型本科
[J].金陵科技学院学报(社会科学版),2014,28(1):1-5.

[16]陈啸,杨艳.找准转型发展的切入点与发力点——论地方本科高校向应
用型转变的10项建设任务[J].应用型高等教育研究,2016,1(1):43-47.

[17]陈学飞,张建新.从二元制到一元制——英国高等教育体制变迁的动因
研究[J].北京大学教育评论,2005,3(3):80-88.

[18]陈致远,左军.地方本科院校创业教育评价体系的构建[J].嘉兴学院学
报,2017,29(3):1-6.

[19]D.E.司托克斯.基础科学与技术创新:巴斯德象限[M].周春彦,谷春立,
译.北京:科学出版社,1999:55.

[20]打造"浙江模式"独立学院 培养应用型本科人才[EB/OL].(2010-09-20)
[2021-11-19].http://www.fjsen.com/zhuanti/2010-09/20/content_
3714643.htm.

[21]打造支撑高质量发展的"学习工厂"——解读《建设产教融合型企业实施
办法(试行)》[EB/OL].(2019-04-03)[2021-12-27].http://www.gov.
cn/zhengce/2019-04/03/content_5379409.htm.

[22]戴维·拉伯雷.复杂结构造就的自主成长:美国高等教育崛起的原因[J].
北京大学教育评论,2010,8(3):24-39.

[23]德里克·博克.走出象牙塔——现代大学的社会责任[M].徐小洲,等译.
杭州:浙江教育出版社,2001.

[24]地方本科院校转型发展实践与政策研究报告[EB/OL].http://gjs.

xxu. edu. cn/info/1011/1075. html.

[25]高林,鲍洁.再论应用性本科教育[J].北京联合大学学报,2015,29(2):
1-6.

[26]高林,等.应用性本科教育导论[M].北京:科学出版社,2006:235-240.

[27]关于加强和改进专业学位教育工作的若干意见[EB/OL]. http://www.
cdgdc. edu. cn/xwyyjsjyxx.

[28]关于印发国家产教融合建设试点实施方案的通知[EB/OL]. (2019-09-
25)[2021-12-15]. https://zfxxgk. ndrc. gov. cn/web/iteminfo. jsp? id
=16431.

[29]郭建如,吴红斌.地方本科院校转型与人才培养模式变革[J].中国高教研
究,2017(11):36-42.

[30]郭建如.地方本科高校转型发展中的核心问题探析[J].黄河科技大学学
报,2017,19(1):1-11.

[31]郭欣红.高职校企深度融合的困境分析及对策研究[J].宁波职业技术学
院学报,2015(12):28-30.

[32]国家发展改革委 教育部关于印发《建设产教融合型企业实施办法(试
行)》的通知[EB/OL]. (2019-03-28)[2021-12-27]. http://www. gov.
cn/zhengce/zhengceku/2019-12/01/content_5435044. htm.

[33]国家发展改革委有关负责人就《关于深化产教融合的若干意见》答记者
问 [EB/OL]. (2017-12-19)[2021-11-18]. http://www. gov. cn/
zhengce/2017-12/19/content_5248610. htm.

[34]国家中长期教育改革和发展规划纲要(2010—2020 年)[EB/OL]. (2010-
08-02)[2020-10-15]. http://www. moe. gov. cn/jyb_xwfb/s6052/moe_
838/201008/t20100802_93704. htm.

[35]国务院关于加快发展现代职业教育的决定[EB/OL]. (2014-05-02)
[2019-10-14]. http://www. moe. gov. cn/jyb_xxgk/moe_20140622.

[36]国务院关于印发"十三五"国家战略性新兴产业发展规划的通知 [EB/
OL]. (2016-12-19)[2021-11-18]. http://www. gov. cn/zhengce/

content/2016-12/19/content_5150090. htm.

[37]HENDRIK LACKNER.应用科学大学 50 年:德国应用型高校的成功模式及其发展前景[J].应用型高等教育研究,2019,4(2):1-9.

[38]何青颖,刘寒雁.高等教育同质化发展的危害及对策[J].教育探索,2011(12):81-85.

[39]贺红岩.博洛尼亚进程下德国学位制度的改革[D].石家庄:河北师范大学,2007.

[40]郝维谦,等.中华人民共和国高等教育史[M].北京:新世界出版社,2011:433.

[41]胡守忠,郑凌莺,刘月波,等.地方应用型高等院校绩效评价与模型研究[J].上海工程技术大学学报,2010,24(2):184-188.

[42]黄继东.基于 CIPP 模型的军队学历教育院校教学评价指标体系的研究[D].重庆:第三军医大学,2013.

[43]黄明亮.地方应用型高校供给侧结构性改革探析——基于符应原则的视角[J].教育导刊,2017(11):27-30.

[44]黄勇.《决策咨询》文稿选编[M].北京:中国计划出版社,2015:16-17.

[45]蒋洪池.托尼·比彻的学科分类观及其价值探析[J].高等教育研究,2008,29(5):93-98.

[46]蒋逸民.新的知识生产模式及其对我国高等教育改革的启示[J].外国教育研究,2009,36(6):73-78.

[47]教育部 国家发展改革委 财政部关于引导部分地方普通本科高校向应用型转变的指导意见 [EB/OL].(2015-11-13)[2019-10-18]. http://www. moe. edu. cn/srcsite/A03/moe_1892/moe_630/201511.

[48]教育部关于印发《本科层次职业学校设置标准(试行)》的通知[EB/OL]. http://www. moe. gov. cn/srcsite/A07/zcs_zhgg/202101/t20210129_511682. html.

[49]教育部 人力资源社会保障部关于深入推进专业学位研究生培养模式改革的意见[EB/OL].(2013-11-13)[2019-10-15]. http://www. moe. gov.

cn/srcsite/A22/moe_826/201311/t20131113_159870. html.

[50]教育部:六百所本科高校转型说法不准确[EB/OL]. (2014-06-27)[2021-11-17]. http://theory. people. com. cn/n/2014/0627/c40531-25207182. html.

[51]教育部办公厅 工业和信息化部办公厅关于公布首批现代产业学院名单的通知[EB/OL]. (2021-12-30)[2022-02-17]. http://www. moe. gov. cn/srcsite/A08/s7056/202201/t20220106_592729. html.

[52]教育部办公厅 工业和信息化部办公厅关于印发《现代产业学院建设指南(试行)》的通知[EB/OL]. (2020-08-12)[2021-11-28]. http://www. gov. cn/zhengce/zhengceku/2020-08/28/content_5538105. htm.

[53]教育部办公厅关于全面开展高职高专院校人才培养工作水平评估的通知[EB/OL]. http://www. moe. gov. cn/srcsite/A07/moe_737/s3876_qt/200404/t20040427.

[54]教育部等六部门关于印发《现代职业教育体系建设规划(2014—2020年)》的通知[EB/OL]. (2014-06-23)[2019-10-15]. http://www. moe. gov. cn/srcsite/A03/moe20140623.

[55]教育部关于《中华人民共和国职业教育法修订草案(征求意见稿)》公开征求意见的公告[EB/OL]. (2019-12-08)[2021-12-27]. http://www. gov. cn/xinwen/2019-12/08/content_5459462. htm.

[56]教育部关于公布2020年度普通高等学校本科专业备案和审批结果的通知[EB/OL]. (2021-02-10)[2021-12-27]. http://www. gov. cn/zhengce/zhengceku/2021-03/05/content_5590415. htm.

[57]教育部关于印发《普通本科学校设置暂行规定》的通知[EB/OL]. http://www. moe. gov. cn/s78/A03/ghs_left/s181/201006/t20100602_88612. html.

[58]教育部关于印发《普通高等学校本科教育教学审核评估实施方案(2021—2025年)》的通知[EB/OL]. (2021-02-03)[2021-11-15]. http://www. moe. gov. cn/srcsite/A11/s7057/202102/t20210205 _ 512709.

html.

[59]教育部关于印发《普通高等学校本科专业目录(2012 年)》《普通高等学校本科专业设置管理规定》等文件的通知[EB/OL]. http：//www. Moe. Edu. cn / publicfiles/ business/ htmlfiles/moe / s3882 /201210.

[60]教育部有关负责人就部分本科高校转型发展问题答问[EB/OL]. (2015-11-16)[2021-11-17]. http：//www. gov. cn/zhengce/2015-11/16/content _5013104. htm.

[61]经济合作与发展组织.重新定义第三级教育[M].谢维和,等编译.北京：高等教育出版社,2002:3.

[62]康艳,赵利军.应用型大学"双师型"教师培养问题研究[J].教育与职业,2008(18):120-122.

[63]克拉克·克尔.高等教育不能回避历史:21 世纪的问题[M].王承绪,译.杭州:浙江教育出版社,2001:151.

[64]克拉克·克尔.美国加利福尼亚州高等教育总体规划(1960-1975)[M].王道余,译.北京:人民教育出版社,2005.

[65]克劳斯·施瓦布.第四次工业革命[M].李菁,译.中信出版社,2016:5.

[66]李定清,等.需求导向应用性本科人才培养模式研究[M].成都:西南交通大学出版社,2012:56-59.

[67]李巨银,等.产教融合视域下的江苏省重点产业学院:群像特征与发展启示[J].职业技术教育,2021,42(30):20-25.

[68]李立国.大学发展逻辑、组织形态与治理模式的变迁[J].高等教育研究,2017,38(6):24-31.

[69]李万木,谢明荣.应用型本科教育与普通本科和高职高专教育之比较[J].职业教育研究,2006(10):20-21.

[70]林聪明,巫铭昌,郑美君,等.台湾高等技职教育的评鉴制度与实施[J].职业技术教育(教科版),2005(22):31-38.

[71]林尚立.制度与发展:中国制度自信的政治逻辑[J].中共中央党校学报,2016,20(2):61-69.

[72]林小英.中国教育政策过程中的策略空间:一个对政策变迁的解释框架[J].北京大学教育评论,2006,4(4):130-149.

[73]刘喜梅,潘立军.新建本科院校服务地方经济评价指标体系的构建[J].商贸人才,2017(1):168-169.

[74]刘献君.以质量为核心的教学评估体系构建——兼论我国本科教学工作水平评估[J].高等教育研究,2007,28(7):37-43.

[75]刘向东,吕艳.高等学校分类的实证研究——基于75所教育部直属高校和19所地方共建高校的分析[J].清华大学教育研究,2010,31(4):45-51.

[76]刘晓保."应用型本科教育"辨析[J].上海电机学院学报,2005,8(4):28-31.

[77]刘玉菡.德国应用科技大学创建发展、办学特色及其启示[D].石家庄:河北科技大学,2015.

[78]刘志鹏,杨祥,陈小虎.应用型本科院校发展模式的创新与实践[J].中国高等教育,2010(11):34-36.

[79]罗云,曾荣光,卢乃桂,等.新社会背景下教育与经济生活之关系——再思"符应原则"[J].北京大学教育评论,2005,3(4):87-94.

[80]马树超.中国特色高等职业教育再认识[J].中国职业技术教育,2008(23):1-6.

[81]马树杉.应用型本科教育:地方本科院校在21世纪的新任务[J].常州工学院学报,2001,14(1):85-88.

[82]马万华.功能分层:美国加州高等教育总规划的借鉴[J].中国高等教育,2008(2):60-62.

[83]马悦.懂技术、能创新创业的复合型高层次应用型人才[N].浙江日报,2015-11-09.

[84]马悦.舍弃"高大上"转向专而精 浙江41所本科院校试点转向应用型[EB/OL].(2015-11-09)[2021-11-17].https://zjnews.zjol.com.cn/system/2015/11/09/020905169.shtml.

[85]迈克尔·吉本斯,卡米耶·利摩日,黑尔佳·诺沃提尼,等.知识生产的新模式:当代社会科学与研究的动力学[M].陈洪捷,沈文钦,等译,北京:北京大学出版社,2011:71.

[86]宁波综合施策助推高校"弯道超车"发展[EB/OL].http://jyt.zj.gov.cn/art.

[87]帕森斯.现代社会的结构与过程[M].梁向阳,译.北京:光明日报出版社,1988:48-60.

[88]潘懋元,陈厚丰.高等教育分类的方法论问题[J].高等教育研究,2006(3):8-13.

[89]潘懋元,董立平.关于高等学校分类、定位、特色发展的探讨[J].教育研究,2009(2):33-38.

[90]潘懋元,吴玫.高等学校分类与定位问题[J].复旦教育论坛,2003,1(3):1-5.

[91]潘懋元.什么是应用型本科?[J].高教探索,2010(1):10-11.

[92]普林林.应用型本科教育解构及其人才培养模式的建构[J].教育与职业,2009(27):8-10.

[93]上海市教育科学研究院,麦可思研究院.2016中国高等职业教育质量年度报高[R].北京:高等教育出版社,2016.

[94]邵波.论应用型本科教育的本质属性[J].职教论坛,2014(13):9-13.

[95]史秋衡,王爱萍.应用型本科教育的基本特征[J].教育发展研究,2008(21):34-37.

[96]史秋衡,杨玉婷.均质与分化:德国高校分类发展的战略选择[J].江苏高教,2021(2):9-13.

[97]宋根壮,康秀平,韩伏彬.新建本科院校人才培养质量社会评价研究——以河北省为例[J].中国高等教育评估,2015(2):16-19.

[98]宋思运.应用型本科人才培养模式的构建[J].徐州工程学院学报,2005,20(A1):11-13.

[99]孙敏.英国多科技术学院调研报告(上)[J].职业与终身教育,2013(9):

41-44.

[100]孙敏.英国多科技术学院调研报告（下）[J].世界教育信息,2013
(11):33.

[101]探索建设多主体共建共管共享的现代产业学院 推动高等教育与区域产
业联动发展[EB/OL].(2020-08-28)[2021-11-17].http://www.moe.
gov.cn/jyb_xwfb/s271/202008/t20200828_481670.html.

[102]唐同军.案例研究方法及其在国内教育研究中的应用述评[J].教育学术
月刊,2011(12):14-17.

[103]托尼·比彻,保罗·特罗勒尔.学术部落及其领地:知识探索与学科文
化[M].唐跃勤,蒲茂华,陈洪捷,译.北京:北京大学出版社,2015:40.

[104]HENDRIK LACKNER.应用科学大学50年:德国应用型高校的成功模
式及其发展前景[J].应用型高等教育研究,2019,4(2):1-9.

[105]万淼.知识生产模式转型与我国专业学位教育人才培养模式创新研究
[J].学术论坛,2016(6):171-175.

[106]王红,佘元冠.我国院校评估指标体系研究——从影响本科教学质量因
素的视角[J].华东师范大学学报(教育科学版),2014(4):55-62.

[107]王红.我国新建本科高校应用型发展问题与对策——基于"十二五"168
所新建本科高校合格评估数据的分析[J].西南大学学报(社会科学
版),2017,43(6):76-81.

[108]王红.我国院校评估制度的变迁及构建策略[J].中国高等教育,2014
(5):56-63.

[109]王婧.欧洲大学协会院校评估项目研究[D].金华:浙江师范大学,2015.

[110]王立人,顾建民.国际视野中的本科应用型人才培养[M].杭州:浙江大
学出版社,2008:69-72.

[111]我省10所高校入选应用型建设试点示范学校[EB/OL].http://www.
zjedu.gov.cn/news.

[112]吴越,曾天山,周光礼.中国高校联盟运行机制研究——基于多案例的
分析[J].高等教育研究,2012(5):95.

[113]吴智泉.2008应用性本科教育国际研讨会会议综述[J].北京联合大学学报(人文社会科学版),2008,6(4):132-136.

[114]伍德勤.新时期应用学科的内涵及其建设与管理[J].应用型高等教育研究,2017,2(4):14-19.

[115]项杨雪.基于知识三角的高校协同创新过程机理研究[D].杭州:浙江大学,2013:2.

[116]徐辉,郑继伟.英国教育史[M].吉林:吉林人民出版社.1993:346.

[117]徐军伟.地方本科院校转型要聚焦应用型学科建设[J].教育发展研究,2017,37(1):10.

[118]徐理勤,顾建民.应用型本科人才培养模式及其运行条件探讨[J].高教探索,2007(2):56-59.

[119]薛天祥.高等教育学[M].桂林:广西师范大学出版社,2001:26.

[120]严丽萍.应用型本科教育课程设计中的两难问题[J].江苏高教,2013(3):85-87.

[121]杨春春,刘俊萍.中外应用型本科教育人才培养模式比较研究[J].南京工程学院学报(社会科学版),2007,7(3):25-28.

[122]杨若凡.技术本科院校评估指标体系研究[M].上海:上海教育出版社,2008:4-6.

[123]野中郁次郎,竹内弘高.创造知识的企业:领先企业持续创新的动力[M].北京:人民邮电出版社,2019:277.

[124]尹宁伟.知识生产模式转型与应用型本科人才培养[J].重庆高教研究,2015,3(2):22-27.

[125]余承海,程晋宽.美国州立大学的起源与发展[J].高教发展与评估,2013(11):79-104.

[126]约翰·范德格拉夫,等.学术权力:七国高等教育管理体制比较[M].王承绪,等译.杭州:浙江教育出版社,2001:191.

[127]张大良.把握"学校主体、地方主责"工作定位 积极引导部分地方本科高校转型发展[J].中国高等教育,2015(10):23-29.

[128]张宏岩.知识生产模式对高校人才培养模式的影响——北京大学软件与微电子学院的案例分析[J].教育学术月刊,2013(3):8-14.

[129]张建新.英国多科技术学院的"漂移"及其启示[J].深圳职业技术学院学报,2004(4):72-76.

[130]张丽萍.地方本科院校向应用型大学转型的难点探析与路径选择[J].理论月刊,2008(10):97-100.

[131]张伟,徐广宇.政府视域下地方本科高校转型发展方式与推进路径[J].教育与职业,2016(10):6-10.

[132]张文斌."八个转变"提升应用型人才培养质量[EB/OL].http://edu.people.com.cn/n/2015/1127html.

[133]张小敏.寻求特色 服务社会——应用型本科高校的发展路径[J].中国职业技术教育,2014(21):90-93.

[134]张晓冬.转型发展地方本科院校经济社会适应性模糊综合评价——基于S大学的案例分析[J].大学(研究版),2016(9):67-75.

[135]张应强,蒋华林.关于地方本科高校转型发展若干问题的思考[J].现代大学教育,2014(6):1-9.

[136]浙江省 2021 年省级重点支持现代产业学院建设点名单的公示[EB/OL].(2021-12-09)[2021-12-21].http://jyt.zj.gov.cn/art/2021/12/9/art_1229266336_4819795.html.

[137]浙江省教育厅 浙江省发展和改革委员会 浙江省财政厅关于积极推进更多本科高校加强应用型建设的指导意见[EB/OL].http://www.zjedu.gov.cn/news/1429669928014060606.html.

[138]浙江省教育厅 浙江省发展和改革委员会 浙江省财政厅关于积极促进更多本科高校加强应用型建设的指导意见[EB/OL].(2015-04-22)[2021-11-19].http://www.zjzwfw.gov.cn/art.

[139]浙江省教育厅办公室 浙江省经信厅办公室转发教育部办公厅 工业和信息化部办公厅关于印发《现代产业学院建设指南(试行)》的通知[EB/OL].(2020-11-13)[2021-12-18].http://jyt.zj.gov.cn/art/2020/11/

13/art_1228998760_58916384. html.

[140]浙江省教育厅办公室关于报送加强应用型建设试点实施方案的通知 [EB/OL].（2015-05-25）[2021-11-19]. http://jyt. zj. gov. cn/art/ 2015/5/25/art_1228998760_27484671. html.

[141]浙江省教育厅办关于公布应用型建设试点示范本科院校名单的通知 [EB/OL].（2015-07-21）[2019-10-19]. http://www. zjedu. gov. cn/ news.

[142]浙江省教育厅浙江省发展和改革委员会浙江省财政厅关于积极促进更 多本科高校加强应用型建设的指导意见[EB/OL]. http://www. zjzwfw. gov. cn/art.

[143]浙江省普通高校 2015—2016 学年本科教学质量报告[EB/OL]. http:// www. pgzx. edu. cn/modules.

[144]浙江省人民政府办公厅关于印发浙江省培育发展战略性新兴产业行动 计划（2017—2020 年）的通知[EB/OL].（2017-09-26）[2021-11-18]. http://www. dongyang. gov. cn/art/2017/9/26/art _ 1229406281 _ 1728039. html.

[145]浙江省应用型本科院校建设指导性评价指标体系（试行）[EB/OL]. http://www. zjedu. gov. cn/news/150840254550946135. html.

[146]浙江省战略性新兴产业发展状况[EB/OL]. http://www. zdpri. cn.

[147]郑荣奕,蒋新革. 现代产业学院建设:发展历程、组织特征与改革路径 [J]. 职业技术教育,2021,42(30):14-19.

[148]中共浙江省委 浙江省人民政府关于推进文化浙江建设的意见[EB/ OL].（2018-03-22 ）[2021-11-25]. https://www. zjzwfw. gov. cn/art/ 2018/3/22/art_42276_16388278. html.

[149]周文辉. 应用型本科院校校企深度融合之困境与策略[J]. 江西社会科 学,2016,36(10):252-256.

[150]中华人民共和国职业教育法[EB/OL]. http://www. gov. cn/xinwen/ 2022-04/21/content_5686375. htm.

[151]朱铁壁.行业特色类高职院校评价指标体系的研究[J].江苏建筑职业技术学院学报,2014(12):36-39.

[152]2011 协同创新中心[EB/OL].https://baike.so.com/doc/5356440-5591937.html.

[153]2017 年浙江教育事业发展统计公报 [EB/OL].(2018-04-03)[2021-11-27].http://jyt.zj.gov.cn/art/2018/4/3/art_1229266680_2379022.html.

[154]2017 年浙江省国民经济和社会发展统计公报[EB/OL].(2018-03-08)[2021-11-17].http://tjj.hangzhou.gov.cn/art/2018/318/art-1229279685-349293.html.

[155]2017 年全国教育事业发展统计公报[EB/OL].(2018-07-19)[2020-10-15].http://www.moe.gov.cn/jyb_sjzl/20180719.343508.html.

[156]2018 年我国高等学校 R&D 活动统计分析[EB/OL].http://www.most.gov.cn/xxgk/xinxifenlei.

[157]2019 年全国教育事业发展统计公报[EB/OL].(2020-05-20)[2021-11-07].http://www.moe.gov.cn/jyb_sjzl/sjzl_fztjgb/202005/t20200520_456751.html.

[158]AASCU Policy & Advocacy:Publications[EB/OL].https://www.aascu.org/policy/publications.

[159]ARNE PAUTSCH.巴登-符腾堡州双元制大学:德国双元制高等教育的"典范"[J].应用型高等教育研究,2020,5(4):42-47.

[160]Bundesinstitut für Berufsbildung(B)IBB (2020):AusbildungPlus in Zahlen. Bonn[EB/OL].https://www.bibb.de/veroeffentlichungen/de/publication/show/16838 DIANA GREEN. What is quality in higher education[M].Buckingham:SRHE and Open University Press,1994:13-15.

[161]DIANA GREEN. What is quality in higher education [M].Buckingham:SRHE and Open University Press,1994:13-15.

［162］Education in Germany［EB/OL］. https：//wenr. wes. org/2021/01/
education-in-germany-2.

［163］Five things you always wanted to know about universities of applied
sciences［EB/OL］. https：//ec. europa. eu/education.

［164］German dual system：A model for Kazakhstan? ［EB/OL］. https：//
eric. ed. gov.

［165］GIBBONS MICHAEL. Higher education relevance in the 21st century
［EB/OL］. https：//eric. ed. gov.

［166］GODDARD J，HAZELKORN E，KEMPTON L，et al. The Civic
University：The policy and leadership challenges［M］Cheltenham：
Edward Elgar Publishing,2016.

［167］Good-practice-case-study-programme-guidance［EB/OL］. https：//
www. qaa. ac. uk/docs/qaa/about-us/good-practice-case-study-
programme-guidance.

［168］Guidelines for preparing programme specifications［EB/OL］. http：
www. qaa. ac. uk.

［169］Handbook for institutional audit：England［DB/OL］. http：//www.
qaa. ac. uk/reviews/subject review/handbook/contents. asp.

［170］Higher education in UK［EB/OL］. https：//www. qaa. ac. uk.

［171］History of the university of London［EB/OL］. https：//london. ac.
uk/about-us/history-university-london.

［172］International standard classification of education，ISCED (2011)［EB/
OL］.

［173］JOHANSSON ROLF. Case Study Methodology［C］. A key
notespeech at the International Conference "Methodologies in
HousingResearch" organised by the Royal Institute of technology
incooperation with the International Association of People-
EnvironmentStudies，Stockholm，22-24 September，2003.

［174］JONES DAVID R. Governing the Civic University［EB/OL］https：// eric. ed.

［175］MICHAEL L SKOLNIK. How do quality assurance systems accommodate the differences between academic and applied higher education? ［J］. High Educ,2016(71)：361-378.

［176］OECD. Frascati manual 2015：Guidelines for collecting and reporting data on research and experimental development［M］. Paris：OECD Publishing,2015.

［177］PETER SCOTT. The crisis of the university［M］. London& Sydney：Croom Helm Ltd,1984：158.

［178］PRATT JOHN. The polytechnic college experiment：1965—1992［EB/OL］. https：//eric. ed. gov/? q＝The＋＋polytechnic＋experiment&ft ＝on&id＝ED415724.

［179］Qualification framework for higher education in Germany［EB/OL］. https：//www. hrk. de/home.

［180］RAVI CHINTA. Aconceptual framework for evaluating higher education institutions ［J］. International Journal of Educational Management,2016,30(6)：989-1002.

［181］ROBERT D BEHN. Why measure performance? Different purposes require different measures［J］. Public Administration Review,2003,63 (5)：586-606.

［182］Subject Benchmark Statement：Finance［EB/OL］. https：//www. qaa. ac. uk/docs/qaa/subject-benchmark-statements/subject-benchmark-statement-finance. pdf.

［183］The educational system of the Federal Republic of Germany［EB/OL］. https：//eric. ed. gov/qED151265.

［184］The frameworks for higher education qualifications of UK degree-awarding bodies ［EB/OL］. https：//www. qaa. ac. uk/quality-code/

qualifications-frameworks.

［185］The history and future of the California Master Plan for higher education［EB/OL］https：//www. lib. berkeley. edu.

［186］TONY BECHER. The significance of disciplinary differences［J］. Studies in Higher Education，1994，19(2)：151-161.

［187］Universities of applied sciences ［EB/OL］. http：//www. research-in-germany. org、universities-of-applied-sciences. html.

［188］Universities Research in Germany［EB/OL］. http：//www. research-in-germany. orguniversities. html.

［189］World development report 2019：The changing nature of work［EB/OL］. https：//www. worldbank. org/en/publication/wdr2019.

附　录

附录1　应用型本科转型建设中的问题调研问卷

时间：

对象：

学校：

职务：

目的：本问卷是应用型本科院校评估研究的一部分，是针对目前在国家和各省政策推动应用型本科转型过程中出现的问题而设计的，目的是通过下列问题，寻找应用型本科建设过程中由于适切性院校评价的缺失而面临的问题。访谈只作研究使用，不宜公开的资料将严格保密，在此衷心感谢您接受访谈并提供宝贵资料。

1. 学校是分别是在哪一年完成下列评估的？请在下列选项中选择。

　(1)普通高等学校本科教学工作水平评估(　　　)

　(2)普通高等学校本科教学工作合格评估(　　　)

　(3)普通高等学校本科教学工作审核评估(　　　)

2. 学校目前需要面对的评估主要有哪些？请在下列选项中选择，若还有别的评估请补充。

　(1)普通高等学校本科教学工作水平评估(　　　)

（2）普通高等学校本科教学工作合格评估（　　　）

（3）普通高等学校本科教学工作审核评估（　　　）

（4）浙江省一流学科建设绩效评估办法（　　　）

（5）浙江省应用型本科院校建设指导性评价体系（　　　）

其他：_____

3. 学校目前在浙江省普通本科高校分类评价管理指标体系中属于哪一类？

（1）研究为主型（　　　）　（2）教学研究型（　　　）　（3）教学为主型（　　　）

4. 学校目前在应用型本科建设中面对不同评估体系出现的主要冲突有哪些？

请根据下列 6 个方面做冲突大小排序（　　　　　　　　　　　　　　　　）

（1）学校定位

（2）人才培养模式

（3）教师结构

（4）经费投入

（5）学科专业结构

（6）教学质量评价

访谈到此结束。衷心感谢您的支持与合作，祝您的事业蒸蒸日上！

附录2 应用型本科转型中的评估问题访谈提纲

访谈时间:

访谈对象:

访谈学校:

访谈对象职务:

访谈目的:本访谈是应用型本科院校评价研究的一部分,是针对目前在国家和各省政策推动应用型本科转型过程中出现的问题而设计的,目的是通过下列问题的访谈,寻找应用型本科建设过程中由于适切性院校评价的缺失而面临的问题。访谈只作研究使用,不宜公开的资料将严格保密,在此衷心感谢您接受访谈并提供宝贵资料。

1.学校定位与规划指标(学校教育事业发展规划、学科专业建设规划、师资队伍建设规划和校园建设规划)中应用型本科建设与普通本科建设的指标的区别在哪里?

(1)学校教育事业规划中服务区域(行业)经济社会发展与普通本科建设中以学科专业架构为基础的冲突有哪些?

(2)学校学科专业建设规划如何体现应用型本科建设?应用型专业占比多少较为合理?与普通本科建设评估指标体系的冲突有哪些?

(3)师资队伍建设规划中硕博士比例和"双师双能"型教师比例与普通本科建设指标体系的冲突有哪些?

(4)校园建设规划中应用型本科建设和普通本科建设的指标区别体现在哪里?(例如:实验室、实习场所、生均藏书量以及相关利用率等哪个指标更重要?占比多少?)

2.学校人才培养模式中应用型本科建设与普通本科建设有哪些冲突?

(1)理论与实践教学的比例如何协调?(普通高校要求是人文社科类专

业实践教学占总学分(学时)不低于20％,理工农医类专业实践教学比例占学分(学时)比例不低于25％,师范类专业教育实习不少于12周;而应用型本科建设中这项指标是人文类不低于20％,经管类专业不低于25％,理工类专业不低于30％。)

　　(2)关于学生毕业论文(设计),应用型本科建设要求选题主要来自行业、企业实际;校企共同开发课程、教材、案例等教学资源。普通本科建设要求50％以上在实验、实习、工作实践和社会调查等中完成。这方面占比该如何衡定?

　　(3)关于人才培养质量评价指标,应用型本科建设指标主要体现在学生职业能力(职业资格考取率)、创新能力(公开发表论文、取得专利、省级学科竞赛获奖、大学生科研项目、创新创业项目的比例)、毕业生创业率、用人单位满意度、专业对口相关度等方面,而普通本科高校建设指标主要体现在德育、专业知识和能力、体育美育、校内外评价、就业率和就业质量等方面。这部分指标冲突主要体现在哪些方面?

　　3.学校在应用型本科建设中,在办学机制和办学模式方面有哪些改革和创新?

　　(1)在政企校合作、产教融合的开放办学机制方面有哪些创新?

　　(2)应用型师资建设中有何制度创新?

　　访谈到此结束。衷心感谢您的支持与合作,祝您的事业蒸蒸日上!

附录3 中期检查导向性评估关键指标调研提纲

调研时间：

调研对象：

调研学校：

调研对象职务：

调研目的：本访谈是应用型本科院校评价研究的一部分，是针对目前在国家和各省政策推动应用型本科转型过程中出现的问题而设计的，目的是通过下列问题的调研，寻找应用型本科建设过程中由于适切性院校评价的缺失而面临的问题。调研只作研究使用，不宜公开的资料将严格保密，在此衷心感谢您接受访谈并提供宝贵资料。

各位专家烦请根据应用型本科建设实际需求和工作实践经验，对下列指标按重点排序：

1.应用型专业占学校专业总数比例。

2.应用型专业就读的学生占学校在校生总数的比例。

3.前8位应用型专业就读学生占学校在校生总数的比例。

4.专业教师中行业、企业、实务部门等兼职教师占比。

5.专业教师中"双师双能"型和具有行业企业实践经历的教师占比。

6.学校加强应用型建设专项经费（自然年度内学校立项用于应用型建设的专项经费总额）。

7.生均本科实验经费（自然年度内学校用于实验教学运行、维护经费生均值）。

8.生均本科实习实训经费（自然年度内用于本科培养方案内的实习实训环节支出经费生均值）。

9.全校开设课程总门数（学年度内实际开设的本科培养计划内课程总

数,跨学期讲授的同一门课程计一门)。

10.实践教学学分占总学分比例(可按学科门类)。

11.实习生数与校外实践基地数比例(学年度内实习生总数与实际承担实习任务的校外实践基地的比例)。

12.选修课学分占总学分比例(可按学科门类)。

13.主讲本科课程的教授占教授总数的比例(不含讲座)。

14.行业、企业、实务部门师资讲授本科课程占课程总门次数的比例(一门课程的全部课时均由实务部门师资授课,计为1;由多名教师共同承担的,按该教师实际承担学时比例计算)。

15.校地、校企深度合作共建产学研协同创新平台数。

16.专任教师师均承担横向科研经费数(人文社科类专任教师和理工科类专任教师分别统计)。

17.科技成果转化收入。

18.学生取得发明专利、实用新型专利和外观设计专利授权总数及生均数。

19.学生参加创新创业活动项目生均数。

20.应用型专业毕业生创业率。

21.应用型专业毕业生对母校的满意度。

22.用人单位对应用型专业毕业生满意度。

23.其他与应用型高校建设相关数据。

附录4　应用型本科转型专业建设访谈提纲

访谈时间：　　　年　　　月　　　日

访谈对象：学院相关领导、专业带头人、教师

访谈学校：应用型本科转型试点院校

访谈对象：质量监督办主任、财务管理专业带头人、课程团队负责人

访谈目的：本访谈是应用型本科转型研究的一部分，是针对目前在国家和各省政策推动应用型本科转型过程中出现的问题而设计的。应用型专业建设是院校转型的关键，从高等教育研究的角度讲，目前对什么是应用型专业没有明确的概念。在从国家和省级层面的政策中，对院校转型中的应用型专业有具体的指标，比如占比70％等。宁波大红鹰学院在转型建设中进行院内专业认证和评估，试图从认证和评估两个层面推动应用型本科专业建设。本访谈选择学院示范专业财务管理专业进行访谈，寻求专业实践者对"应用"建设的认知。访谈只作研究使用，不宜公开的资料将严格保密，在此衷心感谢您接受访谈并提供宝贵资料。

一、质量监督办主任（学院研讨和专家指导的相关记录材料）

1.学院如何认证和评估应用型专业？

2.合格指标和示范指标如何体现？通过评估如何达到建设标准？其中还有专业认证，认证和评估如何衡定？

3.学院是如何评定应用型课程和课程团队的？

二、专业带头人（财务管理专业、大宗商品交易专业）

1.目前财务管理专业在本科院校和高职院校均有设置，宁波大红鹰学院在财务管理专业设置和建设中是如何规划和设计的？

2.人才培养方案是如何制定的？如何考虑课程结构？（理论、实验、实训、校内实践、校外实践等）

3.传统的学科知识体系课程结构如何转型?（改革的依据和研讨过程）

4.应用型专业转型和建设中问题和困难是什么？如何解决？

三、课程带头人（企业税收与会计实务）

1.应用型专业课程建设与传统本科的区别在哪里？

2.课程建设中学科的连贯性和应用导向性如何协调？

3.应用型教材的编写理念是什么？学科创新点体现在哪里？

附录5 应用型本科转型师资建设访谈提纲

访谈时间: 年 月 日

访谈学校:应用型本科转型试点院校

访谈对象:相关院领导、人事处长、"双院制"学院院长、"双师双能"型教师

访谈目的:本访谈是应用型本科转型研究的一部分,是针对目前在国家和各省政策推动应用型本科转型过程中出现的问题而设计的,目的是通过访谈,寻找应用型本科建设过程中面临的问题。"双师双能"型专业教师是教育部在《关于引导部分地方普通本科高校向应用型转变的指导意见》中提出的,目前尚缺乏统一的认定标准,浙江省10所试点示范应用型本科调研显示,"双师双能"型师资力量在应用型本科建设指标中前7位占比甚至超过应用型学科专业占比的指标,是关键中的关键。浙江省教育厅对应用型本科示范院校进行中期检查时,提出的指导性指标是:具有满足应用型建设需要、结构合理的师资队伍;专业教师中行业、企业、实务部门等兼职教师占比原则上不低于30%;专任教师中"双师双能"型和具有行业企业实践经历的教师占比不低于70%;有满足实训教学要求的专职实训教师队伍。但这个指标中概念的界定和评价标准不一,大部分应用型本科建设院校只能根据学院发展和师资现状进行认定和建设。访谈只作研究使用,不宜公开的资料将严格保密。

一、人事处

1.应用型教师是个什么概念? 学院把应用型教师分为应用教学型、应用研究型、应用技术型三种类型,如何评定? 如何管理?

2.谈谈"双师双能"型师资建设中存在的误区、矛盾或困难。

二、"双院制"学院院长(蓝源家族财富管理研究院或大宗商品学院院长、国泰安创业学院院长)

1.学院"双师双能"型师资队伍建设的创新之一是建立了校企融合的混

合制特色学院,学院是如何开展"双师双能"型师资建设和培养的?

2.谈谈"双师双能"型师资建设中存在的误区、矛盾或困难。

三、"双师双能"型教师

1."双师双能"型教师。[体会:专业成长、教学改革、成果、问题(比如:理论与实践能力如何平衡?)]

2.教师对转型为"双师双能"型教师的自我认知和体会是什么?

附录6 应用型本科转型"应用研究与社会服务"建设访谈提纲

访谈时间： 年 月 日

访谈对象：学院相关领导、专业带头人、教师

访谈学校：应用型本科转型试点院校

访谈对象：质量监督办主任、科研处负责人、产学合作处负责人、研究基地负责人

访谈目的：本访谈是应用型本科转型研究的一部分，是针对目前在国家和各省政策推动应用型本科转型过程中出现的问题而设计的，目的是通过访谈，寻找应用型本科建设过程中面临的问题。浙江省应用型本科试点示范建设中期检查中，三、四、五指标均属于"应用研究与社会服务"一级指标中的内容，也是转型示范试点院校实践管理者认定的"应用性"建设的重要指标（23项指标中排序前七），几项指标之间是相互关联的。本访谈选择学院示范专业财务管理专业进行访谈，寻求专业实践者对"应用"建设的认知。访谈只作研究使用，不宜公开的资料将严格保密。

一、校地、校企深度合作共建产学研协同创新平台数（科研处、产学合作处负责人）

1.校地、校企合作共建产学研平台在应用型本科建设中的重要性体现在哪些方面？（科研处负责人）

2.传统大学（老牌大学）的协同创新主要以科技创新、学科建设为主，高职院校目前主要提供校企合作技术创新平台（育人、技术创新），应用型本科的校地合作产学研平台（育人、研发创新）还有哪些优势？（产学合作处负责人）

（提示：自2012年7月起，浙江省累计认定了4批37个省级"2011协同创新中心"，牵头高校20所。从认定的四批协同中心看，国家级有3个，浙大

2 个,浙江大学、浙江工业大学等合作 1 个,省级层面的以浙大和划入一本的大学为主。2017 年 10 月起,浙江省教育厅启动"应用技术协同创新中心"建设工作,第一批认定中心是 7 个高职院校,显然,在协同创新建设中,应用型本科又处于"夹心饼干"状态,因此,寻求应用型本科协同创新优势成为"应用"建设的重要元素。)

二、科技成果转化收入

1.科技成果转化收入为何是应用型本科建设中很重要的指标?(科研处负责人)

三、学生取得发明专利、实用新型专利和外观设计专利授权总数及生均数

1.应用型本科学生的应用科研能力为何也是重要的建设指标?这些能力是否与应用型本科人才的创新创业力有紧密联系?请举例。(创业学院负责人)

四、研究基地(大宗商品交易研究基地)

1.大宗商品研究基地在推进学科建设上的作用体现在哪些方面?纵向科研项目、研发项目、教材开发、课程建设、新的学科专业方向情况如何?(研究基地负责人)

2.请列出研究或创新项目中突破学科点的一些案例。(基地顶尖研究课题负责人)